BAEDEKER

B

BODENSEE

Die Landschaft ist licht und hübsch. Sie sollten einmal kommen.

Hermann Hesse

baedeker.com

DAS IST DER BODENSEE

TOUREN

LEGENDE

Baedeker Wissen
● Textspecial, Infografik & 3D

Baedeker-Sterneziele
★★ Top-Reiseziele
★ Herausragende Reiseziele

ZIELE VON A BIS Z

HINTERGRUND

ERLEBEN UND GENIESSEN

PRAKTISCHE INFORMATIONEN

ANHANG

PREISKATEGORIEN

Restaurants
Preiskategorien für ein Hauptgericht

€€€€	über 40 €
€€€	25 – 40 €
€€	15 – 25 €
€	bis 15 €

Hotels
Preiskategorien für ein Doppelzimmer

€€€€	über 250 €
€€€	150 – 250 €
€€	100 – 150 €
€	bis 100 €

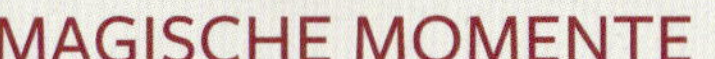

MAGISCHE MOMENTE

ÜBERRASCHENDES

Einschlafen unterm Sternenhimmel, aufwachen zwischen blühenden Obstbäumen im Bubble-Hotel.

D
DAS IST ...

der Bodensee

Die großen Themen
rund um das Schwäbische Meer.
Lassen Sie sich inspirieren!

Vom Land, vom Wasser oder aus der Luft: Die Hafeneinfahrt von Lindau ist immer beeindruckend ►

AUF FELCHENJAGD

Rolf Meier jammert nicht. Auch wenn sein Fang gerade mal dafür reicht, seine eigene Gaststätte im schweizerischen Ermatingen mit frischem Fisch zu versorgen. Der Berufsfischer ist in jungen Jahren als Globetrotter um die Welt gereist und weiß es heute zu schätzen, dass er am Bodensee in einer der schönsten Landschaften an der frischen Luft arbeiten kann. »Kein Stress, kein Chef – mir geht's gut«, sagt Meier. Dafür nimmt er gerne in Kauf, dass er jeden Tag bei Wind und Wetter um 4 Uhr früh raus muss, auch wenn die Fische immer weniger werden.

FN 34445

NOCH 1975 arbeiteten etwa 400 Fischer am Bodensee. Heute versuchen nur noch 64 Berufsfischer, von ihrem Fang zu leben und die Gastronomie zu versorgen. Nicht wenige von ihnen bangen um ihre Existenz, denn die Fangerträge gehen kontinuierlich zurück.
Die Fischereiforschungsstelle Langenargen kennt den Grund: Moderne Kläranlagen sorgen für so **sauberes Wasser**, dass kaum mehr Algen wachsen. Doch wo keine Algen gedeihen, gibt es auch keine Wasserflöhe. Beide sind jedoch die wichtigsten Nahrungsquellen der Fische. Für 2015 ermittelte die Langenargener Fischereiforschungsstelle eine Jahresfangquote für den gesamten Bodensee von 419 Tonnen, 2022 waren es nur mehr 21 Tonnen.
Der Druck steigt auch durch die zunehmende Menge billiger **Importfische**,

Bedrohte Existenz: Die Fischer am Bodensee können bald nicht mehr vom Fischfang allein leben. Es gibt immer weniger zu fangen.

denn für viele zählt noch immer der günstigste Preis bei Lebensmitteln. »Importfisch stammt oft aus asiatischen Zuchtanstalten, wofür man Urwald rodet und die Tiere mit Antibiotika gesund hält«, sagt Meier. Auch deshalb nimmt der Fischer manchmal Gäste mit auf den See, damit die sich ein Bild von seiner Arbeit machen können.

Fremdlinge und Feinde

In den letzten Jahren verbreiteten sich im Bodensee immer mehr fremde Fischarten, die mit den einheimischen Tieren ums eh' schon schmaler gewordene Futter kämpfen. Da frisst der hungrige Stichling den Felchen nicht nur Plankton weg, sondern auch die Felchen-Larven selbst. Mehr als 90 Prozent der Fische sind mittlerweile Stichlinge, die nun verstärkt rausgefangen werden sollen, während man den Brotfisch des Bodensees, die als Speisefische beliebten Felchen ab 2024 drei Jahre nicht mehr fangen darf, damit sich der Bestand erholen kann. Daneben gibt es noch Barsche, die am deutschen Seeufer **Kretzer** und auf der Schweizer Seite **Egli** heißen. Und natürlich auch Forellen, Saiblinge, Brassen, Barben, Zander und Hechte.

Zur ungeliebten Konkurrenz zählen die Fischer auch den **Kormoran**. Ihrer Behauptung, dass die Vögel für den Rückgang des Bestands verantwortlich seien, halten Naturschützer allerdings entgegen, es habe auch schon ohne Kormorane schlechte Fangquoten gegeben.

Große Mühe, wenig Ertrag

Für die Berufsfischer ist es ein Kampf an mehreren Fronten. Während sich die Politik inzwischen für das Einrichten von Aquakulturen stark macht, lehnen das die meisten Fischer ab. Sie sehen Risiken fürs Ökosystem und befürchten zusätzliche Konkurrenz durch Preisdumping. Weshalb viele von ihnen für eine geringfügige und kontrollierte Erhöhung des Phosphatgehalts im Wasser plädieren, die unbedenklich für die Trinkwasserqualitiät und die Gesundheit der Menschen bliebe, aber wieder mehr Fische ernähren könnte.

»Klinisch rein muss der See ja auch nicht sein«, meint Rolf Meier. Für ihn ist ohnehin nur der Wildfisch der echte Bodenseefisch. Schließlich verstehen sich Fischer wie er, die einen der ältesten Berufe am Bodensee ausüben, eindeutig als Jäger und nicht als Bauern.

FRISCH AUF DEN TISCH

Noch liegt der See komplett im Dunkeln. Bereits um vier Uhr morgens fährt Rolf Meier jeden Tag mit seinem kleinen Fischerboot hinaus auf den Untersee. Sehr früh aufstehen muss also, wer den Berufsfischern einmal bei der Arbeit zusehen will, wenn er die ausgesetzten Netze vom Vorabend einholt. Der Lohn: ein fantastischer Sonnenaufgang und ein Frühstück mit fangfrischem Fisch in Rolf Meiers Gasthof Seegarten im schweizerischen Ermatingen (▶ S. 119).

LEISE GIGANTEN

Sieht man einen Zeppelin elegant und leise über den Bodensee gleiten, denkt man sofort an entschleunigtes und entspanntes Reisen. Das Luftschiff fliegt mit gerade mal 70 km/h und nicht höher als 300 Meter, sodass die Fluggäste in der Kabine sogar die Fenster öffnen können, um schöne Fotos zu schießen.

MIT den Zeppelinen begann eine neue Ära der Luftfahrt. Zu einem längeren Flug ging ein Zeppelin in Deutschland erstmals 1908 in **Friedrichshafen** an den Start. Schon 1937 aber kam das Aus, als die »Hindenburg« bei der Landung in Lakehurst nahe New York Feuer fing. Erst seit 1997 werden in Friedrichshafen wieder Zeppeline gebaut. Die frühen Zeppeline waren alles andere als gemächliche Fortbewegungsmittel. Schließlich sollten sie den großen Oceanlinern Konkurrenz machen und waren für Passagiere gedacht, die es eilig hatten. Ein Zeppelin schaffte es über den Atlantik nach Nord- oder Südamerika in der Hälfte der Zeit, die ein Schiff brauchte. Auch an **Luxus** hatten die Zeppeline einiges zu bieten. Es gab natürlich Schlafkabinen, ein Restaurant, einen Lese- und Schreibraum, einen Gesellschaftsraum mit Piano und einen Rauchersalon. Einiges davon kann man heute noch in einem originalgetreuen Teilnachbau der »Hindenburg« im Zeppelinmuseum in Friedrichshafen sehen.

ABGEHOBEN

Sanft und fast unbemerkt steigt der weiße Riese in die Höhe. Bald schon können sich die Passagiere in der Kabine frei bewegen und durch große Panoramafenster die atemberaubende Aussicht genießen: Unter ihnen ziehen geometrisch angeordnete Äcker, kleine Dörfer, Schlösschen und smaragdgrün leuchtende Buchten vorbei. Zwar gibt es an Bord keinen mondänen Luxus wie früher, doch wird den Passagieren die Ankunft mit einem Graf-Zeppelin-Perlwein versüßt (www.zeppelinflug.de).

Fliegende Zigarren

Auf die Idee, Luftschiffe zu bauen, kam Ferdinand Graf von Zeppelin im Amerikanischen Bürgerkrieg, als er 1863 als württembergischer Leutnant das Geschehen dort beobachtete. Er war fasziniert von den Ballons, mit denen die Nordstaatler die Südstaatler auskundschafteten. Fortan träumte er von einem lenkbaren Fluggerät für den Personen- und Frachttransport über weite Strecken. 1911 gelang ihm der Durchbruch mit seinen »fliegenden Zigarren«. Den größten Erfolg verzeichnete die **»Graf Zeppelin«**, der 1929 ein triumphaler Flug in sechs Etappen rund um den Globus gelang. 1934 bauten die Zeppelin-Werke in Friedrichshafen den bis dahin größten Zeppelin, die 245 m lange **»Hindenburg«**, die 1936 den Linienverkehr zwischen Frankfurt am Main und New York aufnahm. Die Landung des majestätischen Luxusliners war immer auch ein großes Medienereignis. So kam es, dass am **6. Mai 1937** neben vielen Zuschauern auch Presseleute die Ankunft der »Hindenburg« auf dem Flughafen Lakehurst erwarteten – und dokumentieren mussten, wie sie Feuer fing. Ihren Auftrieb erhielten Zeppeline durch leicht entzündbaren Wasserstoff; das heute verwendete, nicht entzündliche Helium war damals schwer zu beschaffen. Diese Katastrophe bedeutete das Ende der Luftschifffahrt; 1940 ließen die Nazis die Werfthallen sprengen.

OBEN: Auf dem Bodensee um 1915: Die »LZ 6« wird aus ihrem Hangar gezogen.
UNTEN: Die Gegenwart heißt »Zeppelin NT«.

Vom Blimp zum NT

Die Zeit der Giganten schien endgültig vorüber. Die heliumgefüllten »Blimps«, die man zuweilen als fliegende Litfaßsäulen über Deutschland erblickt, sehen zwar wie Zeppeline aus, sind aber keine, da ihnen das starre Innengerüst fehlt. Doch der Zeppelin erlebte seine Wiedergeburt, als 1997 in Friedrichshafen der erste, halbstarre Zeppelin NT (»Neue Technologie«) für Rund- und Forschungsflüge startete (▶ Baedeker Wissen, S. 72).

Zeppelinpiloten gibt es heute weltweit weniger als Astronauten. In Friedrichshafen sind es gerade mal fünf, die abwechselnd die beiden im Einsatz befindlichen Zeppeline fliegen. Darunter ist **Katharine Board**, die erste Zeppelinpilotin der Welt. Die Britin fliegt Passagiere ab Friedrichshafen für halb- bis zweistündige Rundflüge über den Bodensee und beruhigt schon mal die Skeptiker. Die neuen Zeppeline sind schließlich nicht mit Wasserstoff, sondern mit Helium gefüllt. Und: »Selbst wenn alle drei Motoren ausfallen, machen wir keinen Sturzflug, sondern schweben langsam nach unten«, sagt die Pilotin lächelnd.

EINER FÜR ALLE

Eine kleine Länderreise durch vier Staaten – am Bodensee ist das an einem Tag problemlos zu machen. Wo sonst könnte man ohne Visum und große Verständigungsprobleme am Morgen in Deutschland frühstücken, das Mittagessen in der Schweiz auf dem 2500 m hohen Säntis einnehmen, abends in Österreich große Oper auf einer der schönsten Freilichtbühnen der Welt erleben und vielleicht für einen Absacker noch kurz nach Liechtenstein fahren?

»Kunst statt Maschendraht«: Unter diesem Motto wurde die Ländergrenze zwischen Kreuzlingen und Konstanz mit 22 Skulpturen markiert.

GLEICH vier Nationen verbindet der Bodensee: Deutschland, Österreich, die Schweiz und Liechtenstein. Bei einer Seeumrundung lassen sich also regionale Besonderheiten und Kuriositäten entdecken. So ist zum Beispiel die Grenzziehung im See bis heute nicht eindeutig geregelt.

Wer es gemächlich liebt, kann die vielfältigen Landschaften, Kulturen und kulinarischen Genüsse auf dem 260 Kilometer langen **Bodensee-Radweg** erkunden. Auch die Personenschifffahrt sorgt mit sehr vielen Fährverbindungen dafür, dass man die Ländergrenzen am See meist nicht wahrnimmt.

Grenzen?

In Baden-Württemberg und der Schweiz geht man davon aus, dass die Grenze zwischen beiden in der Seemitte verläuft, während man in Bayern und Österreich den ganzen Bodensee als gemeinsames Hoheitsgebiet betrachtet. Österreich vertritt zudem die so genannte Haldentheorie, wonach der Großteil des Sees zwar gemeinschaftli-

KUNST VERBINDET

Ein Spaziergang entlang der Grenze. Ohne Zaun, aber mit viel Kunst. Während zwischen vielen Ländern wieder Zäune gebaut werden, öffnet am Bodensee die Kunst Grenzen. Statt einer Sperre stehen an der deutsch-schweizerischen Grenze zwischen Konstanz und Kreuzlingen 22 Skulpturen des Künstlers Johannes Dörflinger. Die acht Meter hohen Tarot-Figuren aus rotem Edelstahl symbolisieren alte Weisheiten und menschliche Sehnsüchte (https://www.kunstgrenze-galerie.ch).

ches Gebiet ist, nicht aber die Halde, jener Abschnitt in Ufernähe, der weniger als 25 Meter tief ist und damit zum Anrainerstaat gehöre. Doch auch ohne geklärte Rechtsverhältnisse lebt man recht pragmatisch und problemlos.

Auch an Land hat sich manches Kuriosum erhalten. So ist die 1300-Einwohner-Gemeinde **Büsingen** am Hochrhein eine deutsche Exklave mitten in der Schweiz, und hat daher gleich zwei Postleitzahlen: D-78266 und CH-8238. Das Leben regelt ein Staatsvertrag von 1967, der Büsingen politisch Deutschland und wirtschaftlich der Schweiz zuordnet. Deshalb zahlt man mit Franken, ihr Einkommen müssen die Büsinger aber in Deutschland versteuern.

Auch das **Tägermoos** ist ein einmaliges Konstrukt. Dieses etwa 150 Hektar große Ackerland ist zwar Schweizer Staatsgebiet, gehört aber seit über 500 Jahren zur Gemarkung Konstanz. »Ich wohne in Deutschland und arbeite auf meinen Feldern in der Schweiz«, sagt der Bio-Gemüsegärtner Dieter Schächtle aus Konstanz. Er bewirtschaftet schon seit 30 Jahren die von den Eltern geerbten Felder. Die Steuern fürs Treibhaus führt er aber an das eidgenössische Finanzamt ab, und sein Gemüse darf er in der Schweiz steuerfrei verkaufen.

Um **Müller-Thurgau-Reben** endlich auch in Deutschland anbauen zu können und dem Weinbau daheim wieder auf die Beine zu helfen, haben Winzer aus Hagnau und Immenstaad 1925 Reben aus dem schweizerischen Ermatingen bei Nacht und Nebel über die Grenze geschmuggelt.

Einkaufstourismus

Auch **Hermann Hesse**, der eine Zeitlang in Gaienhofen auf der Höri lebte, ruderte zum Einkaufen lieber hinüber nach Steckborn in die Schweiz: »Ich kann schon den ganzen Zolltarif für Küchensachen usw. auswendig, ziehe aber womöglich das Schmuggeln vor«, schrieb er damals an einen Schriftstellerkollegen.

Heute fahren die Schweizer zum Einkaufen gerne nach Deutschland (zum Ärger Parkplatz suchender Konstanzer) oder Österreich, denn der Franken ist seit 2015 nicht mehr an den Euro gekoppelt und hat eine starke Aufwertung erfahren. Über die Jahre hinweg profitiert allerdings einmal die eine und dann wieder die andere Region davon. Der Gast am Bodensee kann sich von allem immer das Beste heraussuchen.

DA BLÜHT DIR WAS!

Kaum ein Schloss, das nicht mit schönen Gärten aufwarten kann. Schließlich gilt der Bodensee als Wiege der europäischen Gartenbaukunst. Sogar viele Privatgärten öffnen im Sommer ihre Pforten. Gleich eine ganze Insel voller Blumen und Bäume kann man auf der Mainau erleben. Hier sprießt, grünt und blüht es das ganze Jahr über.

PARADIESISCHER kann man kaum aufwachsen. Graf Björn Bernadotte und seine Geschwister sind **auf der Mainau** groß geworden. Für sie war die 45 Hektar große Insel ein riesiger Abenteuerspielplatz. Sie kletterten auf Bäume und versteckten sich in Büschen. »Zum Leidwesen mancher Gärtner«, wie Graf Björn heute einräumt. Der 48-Jährige lebt im Nordflügel des Schlosses und hat zusammen mit seiner Schwester Bettina die Geschäftsführung der Mainau GmbH inne.
Mit der Liebe nahm auf der Mainau alles seinen Lauf. Bettinas und Björns Vater, **Graf Lennart Bernadotte**, verzichtete auf seine Rechte am schwedischen Thron und heiratete eine Bürgerliche. 1932 ließ er sich auf der dem schwedischen Königshaus gehörenden Mainau nieder und wandelte die damals verwilderte Insel in ein Blumenparadies um. Um sein Werk zukunftssicher zu machen, brachten der Graf und seine zweite Ehefrau Sonja die Mainau 1974 in die gemeinnützige Lennart-Bernadotte-Stiftung ein, die Hauptgesellschafterin der Mainau GmbH ist.

ADELIGE ABLEGER

Wer im Frühjahr einen bunten Garten mit Tulpen, Narzissen, Zierlauch und Hyazinthen haben möchte, muss bereits im Herbst Blumenzwiebeln pflanzen. Anfang Oktober findet auf der Mainau das jährliche Schlossfest statt, im Foyer des Schmetterlingshauses kann man dann aus mehr als 180 Sorten Blumenzwiebeln ein paar schöne Exemplare aus gräflicher Aufzucht als Andenken mit nach Hause nehmen – und vielleicht bald seine eigene kleine Blumeninsel pflanzen (https://www.mainau.de, ► S. 136).

Blüten und Blätter

Inzwischen besuchen jährlich mehr als eine Million Touristen die Blumeninsel. Dank des milden Bodenseeklimas gibt es hier **das ganze Jahr über** besondere Blütenpflanzen zu bestaunen. Von März bis Mai bilden Schneeglöckchen, Krokusse, Narzissen und Tulpen einen prächtigen Blütenteppich. Üppig blühende Bougainvilleen und der schwere Duft der Engelstrompeten zeugen davon, dass der Sommer auf der Insel eingekehrt ist. Während die uralten Wildrosen nur in der warmen Jahreszeit blühen, erfüllen neuere Züchtungen die Luft das ganze Jahr mit ihrem Duft. Am Südhang leuchten im Herbst Tausende von Dahlien in kräftigsten Farben.
Nicht nur an ruhigen Wintertagen ist das **Arboretum** ein Geheimtipp, eine Sammlung jahrhundertealter Bäume im Herzen der Insel. Auch an sehr belebten Sommertagen findet Graf Björn hier immer einen Platz zum Durchatmen. »Ich bin ein großer Freund unserer Bäume, sowohl der altehrwürdigen Baumriesen wie auch vom großen Ginkgo an der Schlosskirche. Wenn er seine goldgelbe Herbstfärbung annimmt, dann kann ich mich daran nie satt sehen«, sagt er. Viele Mainau-Bäume bergen spannende Geschichten, wie das letzte noch erhaltene Exemplar einer ganzen **Allee von Maulbeerbäumen**. Großherzog Friedrich I., der die Mainau als

Sommerresidenz nutzte, ließ sie pflanzen, weil Seidenraupen deren Blätter gerne fressen. Die Tiere sollten die Seide für das Hochzeitskleid seiner Tochter Victoria, der Großmutter Graf Lennarts, liefern. Doch die Bäume gediehen auf der Insel einfach nicht.

Jenseits der Mainau

Was in England eine lange Tradition hat, wird nun auch in Deutschland immer beliebter: Gärten als Reiseziel. Am Bodensee gibt es jede Menge davon. Kaiser Napoleon III. etwa ließ rund um **Schloss Arenenberg** am Südufer des Untersees von dem berühmten Landschaftsarchitekten Fürst Pückler einen grandiosen Park anlegen. Die **Kartause Ittingen** bei Stein am Rhein wartet mit einem mittelalterlichen Garten auf und sowohl am **Schloss Salem** als auch am **Schloss Meersburg** fallen die durchkomponierten Barockgärten auf. Auch die **Künstlergärten** von Hermann Hesse und Otto Dix, die beide am Untersee zu Hause waren, gehören zur regionalen Gartenbaukultur.

Hilfe per Mail

Wem dann noch immer eine Idee für die heimische Balkon- oder Gartenbepflanzung fehlt oder wer verzweifelt ist, weil die Lieblingszimmerpflanze auf dem Fensterbrett gelbe Blätter hat, der kann direkt auf der Insel Mainau im Platanenweg 5 oder auf der Internetseite https://www.mainau.de/de/gartenwissen per Mail Rat suchen.

Die Mainau lockt mit außergewöhnlichen Gewächsen aus aller Welt.

VON MÖNCHEN UND MÖHREN

Sie sind zurück. Seit 2001 leben auf der Reichenau wieder Benediktiner. Nachdem die letzten Mönche die Insel 1803 im Zuge der Säkularisierung verlassen mussten, wollen Pater Stephan und Pater Hugo die Reichenau wieder zu einem Ort des gelebten Glaubens machen.

Bei »Campus Galli« wird wie im Mittelalter gearbeitet. Eine schweißtreibende Sache.

»EINE Insel mit drei Kirchen ist ein ganz besonderer Ort. Da spürt man noch immer, wie wichtig die benediktinische Tradition hier ist, denn nur über den Damm besteht eine Verbindung nach draußen«, sagt Pater Stephan.

Frühe Spitzenkunst

Der heilige Pirmin gründete 724 das Kloster, das sich rasch zu einem kulturellen und wissenschaftlichen Zentrum Mitteleuropas entwickelte. Karl der Große berief Abt Waldo, erster Klostervorsteher von 786 bis 806, zum Erzieher seines Sohnes Pippin, und Waldos Nachfolger reiste im Auftrag des Herrschers nach Byzanz. Berühmtester Abt des Klosters ist aber **Walahfrid Strabo** (reg. 838 – 849), ein Dichter und Gelehrter, der eines der ganz frühen Werke zur Gartenbaukunst schrieb.

Unter Abt Witigowo begann die Blütezeit der **Reichenauer Buchmalerei**. Im Scriptorium entstanden im 10. und 11. Jh. Handschriften, von denen viele heute zum UNESCO-Weltdokumentenerbe gehören. Dabei schrieben und malten die Mönche meist nicht für den Eigenbedarf, sondern für auswärtige Auftraggeber. Mit solch aufwändig illustrierten Codices beeinflusste die Reichenauer Malerschule die Kunst in ganz Europa.
Die Handschriften sind heute über viele europäische Museen und Bibliotheken verstreut. Auf der Reichenau lassen sich nur noch Faksimiles bestaunen.Umso mehr sind die zum UNESCO-Weltkulturerbe zählenden drei romanischen Kirchen Zeugen der großen Vergangenheit. Von außen wirken sie eher unscheinbar, bergen aber außerordentli-

Pater Stephan bringt das Mönchtum wieder zurück nach Reichenau.

che Kostbarkeiten. St. Georg in Oberzell etwa ist mit grandiosen Wandmalereien aus ottonischer Zeit ausgestattet.

Lebendige Tradition

Christliche Traditionen sind auf der Reichenau immer noch lebendig. Bis heute gibt es **drei kirchliche Feiertage**, die so nur auf der Insel begangen werden: das Heiligblut-Fest, das Markusfest und Mariä Himmelfahrt. In feierlichen Prozessionen werden dann die Reliquienschreine über die Insel getragen. Fast den ganzen Rest des Jahres bestimmen aber Gurken, Salatköpfe und Möhren den Inselalltag, denn viele Einwohner leben vom Gemüseanbau.
Der im frühen 9. Jh. auf der Reichenau entstandene St. Galler Klosterplan (Stiftsbibliothek St. Gallen) lässt viele, die sich für das Mittelalter begeistern, nicht los. In **Meßkirch,** 55 km nördlich von der Reichenau entsteht ein Klosterbau, der auf dem Reichenauer Plan fußt. Mit wissenschaftlicher Unterstützung verwenden die Handwerker und Ehrenamtlichen des Projekts »Campus Galli«, ausschließlich mittelalterliche Arbeitstechniken. Jeder darf mitmachen. Begonnen wurde 2013, mindestens 30 Jahre werden noch bis zur Fertigstellung vergehen (https://www.campus-galli.de).

KLOSTER RELOADED

Schon ab 7.30 Uhr morgens versucht die kleine Gemeinschaft der benediktinischen Mönche auf der Reichenau, einen alten Kraftort wieder mit Leben zu füllen. Mehrmals täglich erklingt in der Cella St. Benedikt in der Egino-Kapelle von Niederzell das Stundengebet der Mönche. Jeder, der will, kann daran teilnehmen und dabei das Klosterleben kennenlernen. Nur montags nehmen sich auch die Mönche der Reichenau eine Auszeit (▶ S. 165).

T
TOUREN

Durchdacht, inspirierend, entspannt

Mit unseren Tourenvorschlägen lernen Sie die besten Seiten des Bodensees kennen..

Ab und zu muss man einfach anhalten, um die Schönheit der Landschaft so richtig zu genießen. ►

ALPINA

UNTERWEGS AM BODENSEE

Ob mit dem Fahrrad oder auf Schusters Rappen, ob im Auto, per Schiff oder im Zug: Die Bodenseeregion lässt sich auf ganz verschiedene Weise erkunden. Rund um den See locken bezaubernde Landstädtchen, Burgen, Schlösser und facettenreiche Naturlandschaften.

Radeln und Wandern

Die Rad- und Wanderwege in der Bodenseeregion führen meist direkt am Wasser entlang. Wandervereine und Touristiker haben zahlreiche Routen entworfen, die zu den großen Sehenswürdigkeiten führen und perfekt ausgeschildert sind. Auf deutscher Seite herrschen die Markierungen des Schwarzwaldvereins (Raute) und seines Hauptwanderwegs (Balken) vor. Im österreichischen Vorarlberg geben die Wegweiser den Schwierigkeitsgrad sowie das Ziel und die ungefähre Gehzeit bis dorthin an. Die meisten Wanderwege am See sind leicht begehbar (gelbe Markierung). Die Wegweiser in der Schweiz sind gelb-weiß mit gelben Rauten. Ein blauer Punkt mit schwarzem Pfeil kennzeichnet den bekanntesten Weg, den **Bodensee-Rundwanderweg** (▶ Urlaub aktiv). Nicht weniger beliebt ist der **Bodensee-Radweg** (▶ Tour 1) mit einem Radler mit blauem Hinterrad als Logo. Beide Touren weisen nur wenig Steigung auf, so dass sie relativ leicht zu bewältigen sind. Beeindruckende Seeerlebnisse sind garantiert. Zudem kann man sich je nach Geschmack und Kondition einzelne Streckenabschnitte heraussuchen. Besonders attraktiv sind Abkürzungen mit dem Schiff.

Mit dem Schiff geht's schneller

Zuverlässig bringen die Schiffe der Weißen Flotte ihre Passagiere zum Zielhafen. Vor allem die Strecken **Friedrichshafen – Romanshorn** (quer über den Obersee) und **Meersburg – Konstanz** sind stark frequentiert. Diese Fähren verkehren ganzjährig und nehmen Autos mit. Auch die Linien- und Ausflugsschiffe steuern zahlreiche Häfen am See an. Einige Routen werden jedoch nur von März/April bis Ende Oktober bedient (▶ Praktische Informationen/Schifffahrt).

Bus und Bahn

In allen drei Anrainerstaaten ist der öffentliche Nahverkehr perfekt ausgebaut. Vor allem das fein austarierte, äußerst pünktliche Bahn- und Postbussystem der Schweiz bringt die Gäste auch in die hintersten Winkel.

Abgaben-Allerlei fürs Auto

Auch im PKW lässt sich die Bodenseeregion recht komfortabel erkunden. Allerdings laufen Autofahrer in Deutschland auf der parallel zum Nordufer verlaufenden B 31 während der Hauptsaison Gefahr,

im Stau stecken zu bleiben. Parkplätze sind oft Mangelware. In Vorarlberg gilt ab dem Pfändertunnel für die Autobahn die Mautpflicht, auch die Schweizer erheben für die Nutzung ihrer Autobahnen eine Gebühr (▶ Praktische Informationen/Verkehr). Wer Zeit mitbringt, kann aber auch in Österreich und in der Schweiz kostenlos auf Landstraßen den See entlangfahren. Einige deutsche Gemeinden am See verlangen eine Feinstaubplakette an den Autos.

BODENSEE-RADWEG

Länge: 273 km | **Dauer:** 7 – 8 Tage

Der Bodensee-Radweg zählt zu den beliebtesten Radwegen Europas. Auf dieser Tour lernt man die vielen Gesichter des Bodensees auf besonders gesunde und umweltschonende Art kennen.

Tour 1

Die **weitgehend flache Strecke** führt um alle drei Teile des Sees herum und verläuft in allen Anrainerstaaten meist in Ufernähe. Lediglich an der Alpenrheinmündung schlägt sie zur Umgehung des Deltas einen Bogen landeinwärts. Auch die topografischen Gegebenheiten

Im Uhrzeigersinn um den See

BAEDEKER ÜBERRASCHENDES

6X UNTERSCHÄTZT

Genau hinsehen, nicht dran vorbeigehen, einfach probieren!

1. TEURE SCHWEIZ

Eine Bratwurst mit Pommes kostet 15 € und ein normales Hauptgericht zwischen 40 und 50 €. Bei einem Urlaub in der Schweiz sollte man ein Drittel **höhere Reisekosten** einkalkulieren. (▶ **S. 292**)

2. INSTABIL

Seit 1573 wechselt eine Johannes-Büste bei einer Seegfröne den Standort. Zuletzt wurde sie 1963 **von Hagnau nach Münsterlingen** über den zugefrorenen See getragen. Ob sie zurückkehrt, ist wegen des Klimawandels ungewiss. (▶ **S. 122 bzw. 150**)

3. PARKPLATZNOT

Die Parkflächen sind rund um den See knapp. Am besten lässt man das Auto am Hotel stehen und nimmt ein **Fahrrad, den Bus oder ein Schiff**. (▶ **S. 295**)

4. LITERATUR

Das **Festival »Wort-Menue«** findet alle zwei Jahre in Überlingen statt. Auf Dinnerpartys lesen dann Autoren aus den drei Anrainerstaaten Texte, die sich ums Schlemmen drehen. (▶ **S. 204**)

5. SHORT CUTS

Wer den See umrundet, hat oft 300 km mehr auf dem Kilometerzähler. Mit **Autofähren** kann man sich viel Fahrerei ersparen. (▶ **Friedrichshafen,** ▶ **Konstanz,** ▶ **Meersburg,** ▶ **Romanshorn**)

6. KURIOS

Dass die mit 57 cm Breite schmalste Hausfassade Europas in **Bregenz** sage und schreibe 60 m² Wohnfläche verbirgt, liegt daran, dass das Haus nach hinten breiter wird. (▶ **S. 57**)

am Südufer des Überlinger Sees zwischen Bodman und Wallhausen lassen eine Streckenführung in Ufernähe nicht zu. Die meisten Radler umrunden den Bodensee im Uhrzeigersinn, denn dann können sie auf der Seeseite der Straßen fahren.

Welches Rad?

Die Wege sind asphaltiert oder geschottert, meist bestens in Schuss und lassen sich gut mit einem gewöhnlichen City- bzw. Trekking-Rad befahren. Dank der guten Unterkunfts- und Transportmöglichkeiten kann man die Tagesstrecken individuell planen, selbst Kinder, Untrainierte und Senioren können die Tour so bewältigen. Ganz entspannt radelt es sich **in einer Woche um den gesamten See.** Natürlich gibt es auch Cracks, die die Tour in zwei Tagen herunterreißen. Für Sightseeing, ein Bad im See, die Einkehr in einen Landgasthof und andere schöne Dinge bleibt dann aber keine Zeit.

Wo geht's lang?

Der Radweg ist, bis auf wenige Abschnitte, einheitlich ausgeschildert. Sein Logo zeigt einen Radler mit blauem Hinterrad. Alle Unterlagen – auch ein Prospekt mit den **Radweg-Hotels** – sind beim **Bodensee-Radweg Service** in Konstanz erhältlich (s. u.). Radwanderführer und Radwanderkarten für den Bodensee-Radweg gibt es im Buchhandel.

Wo schlafen?

Zum Übernachten stehen zahlreiche Hotels, Gasthöfe, Jugendherbergen und Heuhotels zur Verfügung. Vor allem in der Sommersaison sollte man unbedingt im Voraus buchen. Ohne vollgepackte Satteltaschen loszuradeln, ist eine Erleichterung. Den **Bodensee-Radweg-Service,** einen gewerblichen Reiseveranstalter, der Koffer und Taschen transportiert, kann man bis zu sieben Tage im Voraus online oder per E-Mail buchen. Das Gepäck steht bis spätestens 18 Uhr am gewünschten Ziel bereit. Preis ab 17 €, Voraussetzung ist, dass man am Bodensee im Uhrzeigersinn radelt und in Hotels mit tagsüber durchgehend besetzter Rezeption übernachtet (https://www.bodensee-radweg.com/gepaecktransport).

Von Konstanz nach Stein am Rhein

Als Ausgangspunkt für die Bodensee-Runde haben wir Konstanz, die größte Stadt am Bodensee, gewählt, man kann die Tour natürlich auch an jedem anderen Ort beginnen. Konstanz bietet sich an, weil es hier viele Unterkünfte gibt und auch die Anreise mit den öffentlichen Verkehrsmitteln besonders einfach ist. In ❶ ★★ **Konstanz** empfiehlt sich als Einstieg ein kurzer Abstecher zur UNESCO-Welterbe-Insel ❷ ★★ **Reichenau** mit den berühmten Kirchen, allen voran St. Georg – die romanischen Wandmalereien dort sind fast schon ein Muss! Die eigentliche Tour beginnt am Konstanzer Bahnhof und führt zunächst in die mit Konstanz fest verwachsene Schwesterstadt ❸ ★ **Kreuzlingen.** Die folgenden 33 km (ca. 2,5 Std.) radelt man durch Schweizer Territorium. Auch wenn der Euro als Zahlungsmittel

im Grenzgebiet im allgemeinen akzeptiert ist, sollte man immer ein paar Franken dabei haben. Sehr lohnend ist ein Schlenker zum ★ **Schloss Arenenberg** bei **Ermatingen,** wo Napoleon III. seine Jugend verbrachte. Gute Küche bietet das Bistro im Schloss, fantastische Aussicht hingegen der Schlosspark, der übrigens gratis zugänglich ist. Radelt man weiter, taucht auf der anderen Seite des Untersees die Halbinsel Höri auf, die es Hermann Hesse so angetan hatte. Rasch ist ❹ ★★ **Stein am Rhein** erreicht. Die malerische Altstadt mit ihren zahlreichen prachtvoll bemalten Fachwerkhäusern lohnt einen längeren Zwischenstopp. Rund um den Marktplatz lassen sich die schönsten Fassaden bestaunen. Lust auf Delikatessen aus der Metzgerei oder der Käsetheke? Dann lohnt ein Stopp bei Villiger-Delikatessen (Rathausplatz 23, https://villiger-delikatessen.ch).

Auf der Höri

Jenseits von Stein am Rhein ist der erste Ausflug in die Schweiz auch schon wieder zu Ende. Nun führt der Bodensee-Radweg auf die berühmte ★ **Halbinsel Höri.** Gott selbst soll angeblich nach der Erschaffung der Höri als seinem Meisterstück sein Schöpfungswerk mit den Worten »jetzt hör' i auf« beendet haben. Tatsächlich zählt dieses kleine Fleckchen Erde zu den schönsten Ecken am Bodensee. In **Hemmenhofen** erinnert das Otto-Dix-Haus an den großen Maler. Der Nachbarort **Gaienhofen** hingegen steht ganz im Zeichen von

Hermann Hesse. Anschließend muss in die Pedale getreten werden, bis in Horn der höchste Punkt erreicht ist und man einen grandiosen Blick auf die **Insel Reichenau** und den Untersee genießen kann.

Von Radolfzell nach Meersburg

An Gundholzen und Iznang vorbei verlässt man den Malerwinkel Höri und erreicht 5 ★ **Radolfzell.** Von dort aus würde die klassische Bodensee-Radweg-Route um den gesamten Bodanrück herumführen. Dessen schönster Teil, das nördliche Steilufer, ist jedoch für Radler nicht zugänglich. Unsere Variante erspart Ihnen die beträchtliche Steigung zwischen Wallhausen und Liggeringen und führt direkt von Radolfzell über Güttingen nach **Bodman** am Überlinger See. Ab Ludwigshafen entspricht die Route ▶ Tour 3, die die hübschen Ferienstädtchen 6 ★ **Überlingen** (Abstecher zur Wallfahrtskirche Birnau bei Nussdorf), 7 ★★ **Uhldingen-Mühlhofen** mit dem Pfahlbaumuseum und das malerische 8 ★★**Meersburg** berührt.

Von Friedrichshafen nach Lindau

Der Radweg führt nun sehr schön immer am Ufer entlang zum Winzerstädtchen **Hagnau,** nach **Immenstaad** und weiter zur Zeppelinstadt 9 ★★ **Friedrichshafen** – ein klares Kontrastprogramm zur bisherigen Idylle: Flugplatz, Industrieanlagen und Gewerbegebiete zeigen an, dass man sich in der wichtigsten Industriestadt am Bodensee befindet. Als Radler durchfährt man diese Zone nur ganz kurz, passiert Schloss, Zeppelindenkmal, Parkanlagen und erreicht am Hafen schließlich das **Zeppelin Museum.** Kaum hat man die Häuser von Friedrichshafen hinter sich gelassen, dürfte Naturfreunden das Herz aufgehen: Der Radweg führt mitten durchs **Eriskircher Ried.** Von Ende Mai bis Anfang Juni blühen hier die Sibirischen Schwertlilien, eine heimische, selten gewordene Blütenpflanze, deren Verbreitungsgebiet sich bis nach Sibirien erstreckt. Das ganze Frühjahr brüten im Röhricht Vögel. Nächste Station ist 10 ★ **Langenargen;** hier lädt das Café im schön gelegenen **Schloss Montfort** zu einer Rast ein. In 11 ★ **Kressbronn** sollte man nicht versäumen, sich die **Argen-Hängebrücke,** die älteste ihrer Art in Deutschland, anzuschauen. Am Malerwinkel kurz hinter Nonnenhorn bildet die viel fotografierte Ansicht des Bodensees mit dem Zwiebelturm von **St. Georg in Wasserburg** einen Blickfang. Schließlich erreicht man über den Eisenbahndamm die herrlich gelegene Inselstadt 12 ★★ **Lindau.** Hier sollte man unbedingt ein wenig Zeit einplanen, um sich in der autofreien Altstadt umzusehen und einen Blick auf den berühmten Bayerischen Löwen an der Hafeneinfahrt zu werfen.

Von Lindau zum Rheindelta

Östlich von Lindau passiert man nun die Grenze zu Österreich und gelangt nach 13 ★★ **Bregenz,** die Hauptstadt Vorarlbergs. Hier bietet sich die **»Mili«,** ein historisches Badehaus, das an der Bregenzer Stadtgrenze in den See hinaus gebaut ist, für einen Zwischenstopp an. Ein nicht nur bei Radlern beliebter Platz für eine Pause sind aber

auch die **Sunset-Stufen** an der Seepromenade. In Bregenz ist der östlichste Punkt der Tour erreicht. Richtung Westen passiert der Radweg die Bregenzer Ach, den Rhein und den Alten Rhein, die alle drei in den Bodensee münden. Zwischen **Hard** und der Halbinsel Rheinspitz dehnt sich das **Rheindelta** aus, das größte Süßwasserdelta Europas und das wichtigste Vogelschutzgebiet am Bodensee. Wer ein Fernglas zur Hand hat, kann hier Reiher, Flussseeschwalben und viele andere gefährdete Wasservögel beobachten.
www.hard-sport-freizeit.at

Vom Rhein zurück nach Konstanz

Nachdem der Rhein überquert ist, befindet man sich wieder auf Schweizer Gebiet. Der erste größere Ort ist die alte Handelsstadt 14 ★ **Rorschach**. Die Route verläuft nun weiter entlang des Seeufers. Was fehlt, ist die Aussicht auf die schneebedeckten Gipfel der Alpen, die auf der deutschen Seite für so eindrucksvolle Bilder gesorgt haben. Dafür freuen sich Radler über die gepflegten Asphaltwege, auf denen man es in 1,5 Stunden bis nach **Romanshorn** schafft. Am größten Hafen des Sees geht es immer recht geschäftig zu. Vor allem Autofahrer nutzen die kurze Fährverbindung ans deutsche Ufer nach Friedrichshafen. Schnurgerade führt der Weg nun bis **Kreuzlingen** und dann nach **Konstanz** zum Ausgangspunkt der Tour auf deutscher Seite.

KÜNSTLER UND KIRCHEN

Länge: 70 km | **Dauer:** 2 Tage

Tour 2

Zu der Tour rund um den Untersee gehören gleich zwei Inseln: die Reichenau, die mit ihren drei romanischen Kirchen zum Weltkulturerbe der UNESCO gehört, und die Blumeninsel Mainau. Von da aus geht es nach Konstanz und weiter durch die Schweiz nach Stein am Rhein. Der Rückweg führt über die legendäre Halbinsel Höri, den Zufluchtsort von Schriftstellern und Malern.

Von Radolfzell auf die Mainau und die Reichenau

Die Tour beginnt in 1 ★ **Radolfzell,** wo die malerische Altstadt zu einem Bummel einlädt. Sehenswert ist insbesondere das gotische Münster. Mittwoch- oder samstagvormittags kann man den Wochenmarkt rund ums Münster besuchen. Sieben Kilometer südwestlich kommt man durch **Allensbach,** bekannt als Ort der Demoskopie. Kurz hinter Hegne muss man sich entscheiden: zuerst auf die Insel Reichenau oder auf die Mainau? Fällt die Wahl auf die Blumeninsel,

was vor allem bei gutem Wetter nahe liegt, biegt man von der Bundesstraße 33 ab Richtung Norden und überquert den **Bodanrück.** Hinweisschilder führen zum Parkplatz, von dem aus eine Brücke auf die 2 ★★ **Mainau** führt. Für den Besuch sollte man mindestens einen halben Tag einplanen. Auf der Mainau herrscht kein Mangel an Einkehrmöglichkeiten, und ein großer Kinderspielplatz bietet den Kids viel Freizeitspaß. Um auf die 3 ★★ **Reichenau** zu gelangen, fährt man wieder zurück auf der B 33 und erreicht über einen kurzen Damm die Klosterinsel mit den drei berühmten romanischen Kirchen, die seit 2000 auf der UNESCO-Welterbeliste stehen. Schön ist der Kräutergarten beim **Münster St. Maria und Markus** in Mittelzell, der nach Plänen von Walahfrid Strabo, von 838 bis 849 Abt auf der Reichenau, angelegt wurde. In der »Küferei« lassen sich die Weine der südlichsten Weinbauregion Deutschlands genießen.
Spiegelberg 17 | Tel. 07534 555 | Mi. – So. ab 17.30 Uhr
https://diekueferei.de

Zwischenstopp in Konstanz

Nächster Etappenpunkt ist 4 ★★ **Konstanz,** Hauptort des Bodenseeraums. Das Münster dort ist ein bedeutendes Werk der Romanik. Zu weiteren Höhepunkten zählen das **Rosgartenmuseum** und die Statue der **»Imperia«** an der Hafeneinfahrt. Bei Schlechtwetter bietet das ★ **SeaLife** eine ideale Alternative zum Radeln. Rund um die **Marktstätte** mit ihren Geschäften, Cafés und Restaurants schlägt das Herz der Bodensee-Metropole. Im Hörnle, einem der nettesten Seebäder am Bodensee, kann man sich gratis in die Fluten stürzen, oder aber man gönnt sich in der **Bodensee-Therme** eine Auszeit (https://www.therme-konstanz.de). Im schweizerischen ★**Kreuzlingen** lohnt ein Spaziergang in der naturnahen Seeuferanlage.

Von Kreuzlingen zurück nach Radolfzell

Man fährt nun in der Schweiz auf der Bundesstraße 13 nach Westen und erreicht den alten Fischerort **Ermatingen.** Westlich davon erhebt sich hoch über dem Untersee ★ **Schloss Arenenberg,** das schönste Schloss am Bodensee (▶ Tour 1). An der Bundesstraße folgt nun **Steckborn,** dessen Ortsbild von malerischen Fachwerkhäusern geprägt ist. Dann geht es weiter die Schweizer Seite des Untersees entlang bis nach 5 ★★ **Stein am Rhein,** das mit einem geschlossenen historischen Ortskern aufwarten kann. Die Route führt wieder aus der Schweiz heraus auf die Halbinsel Höri mit ihrer idyllischen Landschaft. Bekannt ist die 6 ★ **Höri** als Wohnort berühmter Künstler: In **Gaienhofen** lebte der Dichter Hermann Hesse und in Hemmenhofen der Maler Otto Dix. Beiden Künstlern sind vor Ort Museen gewidmet. Von der Höri erreicht man weiter nördlich bald wieder den Ausgangspunkt Radolfzell. Noch Zeit, sich die Füße zu vertreten? Dann auf die Halbinsel Mettnau, wo erstklassige Plätze für die Vogelbeobachtung winken.

AUF IN DIE STEINZEIT

Länge: 30 km | **Dauer:** 1 – 2 Tage

Tour 3

Diese Tour versammelt viele Attraktionen wie die Barockkirche Birnau und das Pfahlbaumuseum in Unteruhldingen auf kleinstem Raum und ist ideal für Leute, die wenig Zeit mit an den Bodensee bringen, aber dennoch viel sehen möchten. Wenn man die Insel Mainau weglässt, ist sie sogar in einem Tag zu schaffen.

Von Stockach nach Meersburg

Ausgangspunkt der Tour ist 1 **Stockach,** das »Tor zum Bodensee«. Fährt man von Stockach die B 31 nach Süden, kommt man durch den Erholungsort **Ludwigshafen,** Teil der Doppelgemeinde Bodman-Ludwigshafen. Die Bundesstraße führt nun am Ostufer des Überlinger Sees bis nach 2 ★ **Sipplingen.** Wer sich für Technik interessiert, sollte eine Führung bei der Bodenseewasserversorgung einplanen. Diese beansprucht einen halben Tag; man muss sich jedoch vorab anmelden und einen Ausweis vorlegen (▶ S. 51). In 3 ★ **Überlingen** empfiehlt es sich, an der schönen langen Uferpromenade zu flanieren. Nicht verpassen sollte man Peter Lenks Bronzebrunnen »Bodenseereiter« auf dem Landungsplatz an der Schiffsanlegestelle. Die zentrale Skulptur dieses kuriosen Brunnens zeigt den Schriftsteller Martin Walser und hat wie andere Werke Lenks für Aufregung gesorgt. Das gotische Münster besitzt einen meisterhaft geschnitzten Hochaltar von Jörg Zürn.

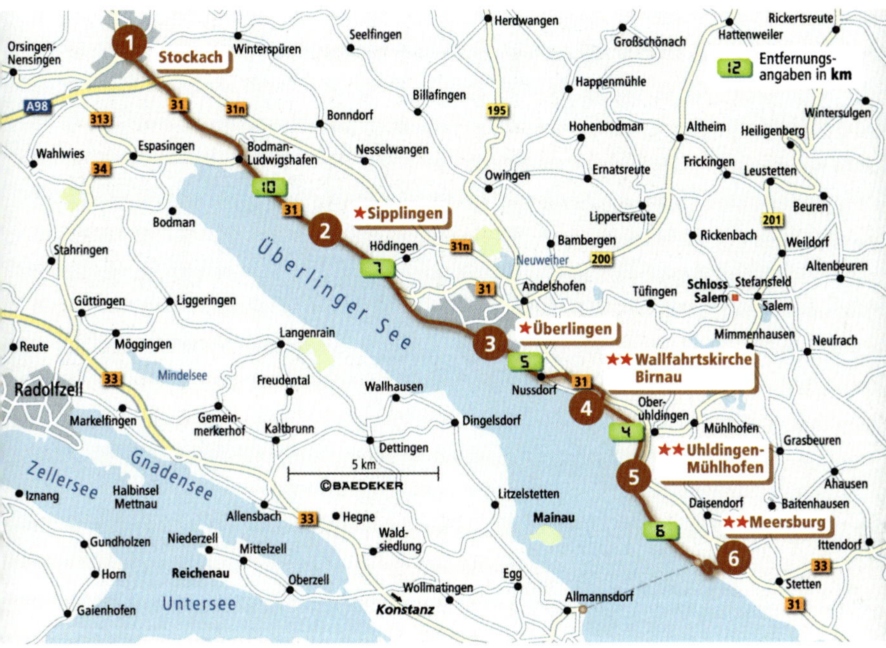

Drei Kilometer entfernt thront die prächtige, barocke ❹ ★★ **Wallfahrtskirche Birnau** auf einem Weinhang über dem Überlinger See. Im Mai herrscht in dem Barockjuwel besonders viel Andrang, weil sich dann dort viele Paare trauen lassen. Mitten hinein in die Vorgeschichte führt das **Pfahlbaumuseum** in ❺ ★★ **Uhldingen-Mühlhofen,** eine der Hauptattraktionen am Bodensee. In den Nachbauten prähistorischer Pfahlhütten wird der Alltag der Menschen in der Stein- und in der Bronzezeit wieder lebendig. Besonders reizvoll ist ein Schiffsausflug zur ★★ **Insel Mainau,** das Blumenparadies mit dem mediterranen Flair.

Zurück am Ostufer, gelangt man auf der Uferstraße zu dem malerischen Städtchen ❻ ★★ **Meersburg,** dem Touristenort schlechthin. Das sollte jedoch niemanden davon abhalten, diesen wirklich schönen Flecken mit seinen imposanten Fachwerkhäusern zu besuchen. Auf der Meersburg taucht man nicht nur in die Welt des Mittelalters, sondern auch in die von Annette von Droste-Hülshoff ein. Die Dichterin verbrachte ihre letzten Lebensjahre auf der Burg, ihre Wohnräume können besichtigt werden. Bei einer Weinprobe im benachbarten **Staatsweingut** kann man den Tag dann entspannt ausklingen lassen.

Z
ZIELE

Magisch, aufregend, einfach schön

Alle Reiseziele sind alphabetisch geordnet. Sie haben die Freiheit der Reiseplanung.

Palmen wachsen nicht nur auf der Blumeninsel Mainau, sondern auch an der Uferpromenade in Überlingen. ►

ARBON

Staat: Schweiz | **Höhe:** 398 m ü. NN | **Einwohnerzahl:** 15 400

F 3

Kastell Arbor Felix – Glück bringender Baum, so hieß der Ort am Südufer des Bodensees zu Zeiten der Römer. Und da muss etwas dran sein, denn noch heute ist Arbon von im Frühjahr prächtig blühenden Obstplantagen umgeben. Vermutlich verdankt der Kanton Thurgau den scherzhaften Beinamen »Mostindien« den dort ansässigen Keltereien, die das Obst zu Most verarbeiten.

Vom Römerkastell zur Industriestadt

Das riesige Kastell, das um 250 n. Chr. erbaut wurde, erstreckte sich damals über die gesamte Landzunge rund um das heutige Schloss und zählte zu den wichtigsten und bedeutendsten Befestigungsanlagen der Römer am Bodensee. Als Bollwerk gegen die Alemannen kam dem See eine enorme strategische Bedeutung zu. Erst um 401 n. Chr. gaben die Römer den Standort auf. Im 18. Jh. ließ sich die Leinwand- und Stickerei-Industrie in Arbon nieder. Seit der Mitte des 19. Jh.s prägten dann der Industriepionier **Franz Saurer** (1806 – 1882) und seine Nachkommen die wirtschaftliche Entwicklung Arbons. Das Unternehmen, das von ihm 1853 als Eisengießerei gegründet worden war und das zunächst Stickmaschinen produzierte, stieg unter seinem Enkel Hippolyt (1878 – 1936) zu einem der weltweit bedeutendsten Hersteller von Nutzfahrzeugen auf. Erst in den 1980er-Jahren wurde die Produktion eingestellt. Heute baut das 2013 unter dem Namen »Saurer« neu gegründete Unternehmen, das zur chinesischen Jinsheng-Gruppe gehört, wieder Maschinen für die Textilindustrie.

Wohin in Arbon?

Von steinzeitlichen Werkzeugen zu industrieller Produktion

Museum Schloss Arbon

Wer Einblick in die Geschichte der Bodensee-Region gewinnen möchte, ist hier richtig. Angefangen bei Modellen jungsteinzeitlicher Pfahlbauten über Fundstücke aus der Römerzeit bis hin zu den Maschinen und Fahrzeugen der Firma Saurer: Im historischen Museum Schloss Arbon können die Besucher mehr als 5000 Jahre menschheitlicher Entwicklung Revue passieren lassen. Das Schloss wurde an der Stelle einer mittelalterlichen Burg auf dem Areal des römischen Kastells um 1518 errichtet. Sein Turm stammt aus dem 13. Jahrhundert.

Mitte Juni – Mitte Sept. tgl. 14 – 17, sonst nur So. 14 – 17 Uhr
Eintritt: 6 CHF | https://museum-arbon.ch

Eine Hinterlassenschaft des Heiligen Gallus?

Galluskapelle

Gleich am Eingang des romanischen Kirchleins soll der hl. Gallus (▶ Interessante Menschen) mit dem Teufel gekämpft haben. Die Legende erzählt, dass die Vertiefungen in dem geheimnisvollen Gallusstein an der Westseite der Kapelle nichts anderes seien als die Fußabdrücke, die der Heilige bei dem Kampf hinterlassen habe. Doch Geologen sind da anderer Meinung. Für sie sind die Einbuchtungen in dem Stein nur das Ergebnis natürlicher Auswitterung. Die Kapelle steht gleich hinter der Katholischen Kirche.

Streifzug durch die Jahrhunderte

In Arbons Altstadt

In Arbons beschaulicher Altstadt finden sich viele sorgfältig restaurierte bauliche Zeugnisse einer reichen Geschichte. Aus römischer Zeit sind Teile einer Stadtmauer sowie zwei Wachtürme erhalten. Das ehemalige Rathaus sowie der Römer- und der Rollenhof gehen auf

ARBON ERLEBEN

ARBON TOURISMUS
Schmiedgasse 5
CH-9320 Arbon
Tel. 0041 071 5 31 01 31
https://www.arbon.ch

FROHSINN €€/€€€
Im historischen Gewölbekeller der ältesten und kleinsten Hausbrauerei der Schweiz lässt sich wohl am besten feststellen, ob das hauseigene »Frohsinn-Bier« tatsächlich heiter macht. Im Restaurant und im Biergarten unter Kastanienbäumen wird Hausmannskost serviert. Zum Haus gehört ein Hotel mit hellen, freundlichen Zimmern.
Romanshornerstr. 15
Tel. 0 71 4 47 84 84
14 Zi.
https://frohsinn-arbon.ch

SEEGARTEN €€€
Das Haus liegt mitten im Grünen und bietet sich als Ausgangspunkt für Ausflüge in die naturnahe Umgebung Arbons an. Den Gast erwarten helle Zimmer und ein elegantes Restaurant mit schöner Terrasse (mittags und abends geöffnet, So. Ruhetag).
Seestr. 66
Tel. 0041 71 4 47 57 57
42 Zi.
https://www.hotelseegarten.ch

HOTEL DE CHARME RÖMERHOF €€€
Das geschichtsträchtige Boutiquehotel in einem historischen Riegelbau inmitten der Altstadt ist klein und charmant mit nur 11 Zimmern, die modern gestaltet und mit hochwertigen Kirschbaummöbel eingerichtet sind. Von manchen Zimmern hat man Seeblick. Im Gourmetrestaurant mit Sonnenterrasse wird mit französischer Note gekocht.
Freiheitsgasse 3
Tel. 0041 71 4 47 30 30
https://www.roemerhof-arbon.ch

Der Tag geht zu Ende im Hafen von Arbon. Noch leuchten die Appenzeller Alpen aber in der Abendsonne.

Wachtürme des 13. Jh.s zurück, die u. a. im 18. Jh. repräsentative Anbauten erhielten. Das Bohlenständerhaus, in dem heute die Touristeninformation residiert, ist ein typischer Fachwerkbau des 15. Jh.s, den einfache Leute bewohnten. Die pittoresken Fachwerkbauten in der Untertorgasse wurden im 18. Jh. auf den Resten der alten Stadtmauer errichtet. Am besten lässt man den Tag im fast 40 m hohen Schädlerturm ausklingen, einst Hochkamin eines Metallpresswerks und heute ein beliebtes Ausflugziel. Die Außenterrasse des kleinen Bistros in der Turmspitze bietet besonders bei Sonnenuntergang die wohl schönste Aussicht über die Stadt und ihre Umgebung.

Industriearchitektur im Spiegel zeitgenössischer Kunst

Kunsthalle Arbon

»Kunst ist Widerspruch, Irritation und Wagnis, nicht Bestätigung« – unter diesem Motto lädt die Kunsthalle Arbon vornehmlich Künstler der Region zu Auseinandersetzungen mit experimentellen Formen zeitgenössischen Kunstschaffens ein. Dabei soll die Architektur der

Ausstellungsräume – die Kunsthalle residiert in einer ehemaligen Fabrik – in die Projekte mit einbezogen werden und so in einen Dialog mit der Kunst der Gegenwart treten.
Grabenstr. 6, nur an Ausstellungstagen geöffnet | Fr. 17 – 19, Sa., So. 13 – 17 Uhr | Eintritt: frei | https://kunsthallearbon.ch

Das Erbe eines Industriepioniers

Saurer Museum

Angefangen bei den historischen Stick- und Webmaschinen über historische Militärfahrzeuge, Feuerwehr-und Postautos bis hin zu Lastwagen und Motoren: Das Museum zeigt die ganze Palette der von der weltberühmten Firma Saurer hergestellten Maschinen und Kraftfahrzeuge. Bei entsprechender Voranmeldung nehmen Mitarbeiter des Museums die Textilmaschinen in Betrieb und fertigen zauberhafte Stickereien an. Das Museum gehört zum Verbund Classic Bodensee, einem Zusammenschluss von Technik- und Verkehrsmuseen am Bodensee.
Weitegasse 8 | tgl. 10 – 18 Uhr | Eintritt: 8 CHF
https://www.saurermuseum.ch

Kelterei mit Museum

Mosterei Möhl

In der Mosterei Möhl sind historische Maschinen der traditionellen Saft- und Apfelweinherstellung zu sehen, und man kann etwas über die Geschichte der 1895 gegründeten Mosterei erfahren. Für geführte Rundgänge und Degustationen ist eine Voranmeldung notwendig.
St. Gallerstr. 213 | Apr.-Okt. Mi. – Fr. 9 – 18.30, Sa., So. bis 17, Nov. bis März Mi.- So. 10 – 17 Uhr | Tel. 0041 71 4 47 10 00 | https://www.moehl.ch

BODMAN - LUDWIGSHAFEN

Höhe: 400 – 410 m ü. NN | **Einwohnerzahl:** 4500

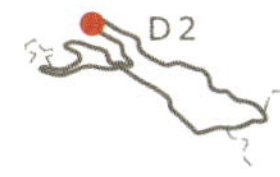

Fast jede seiner Skulpturen provoziert einen Skandal. Dafür ist der Bildhauer Peter Lenk bekannt, der in Bodman seine Wahlheimat gefunden hat. Fast tritt dabei ganz in den Hintergrund, dass der Bodensee von der hier gelegenen Burg Bodman einst seinen Namen erhalten hat. Ludwigshafen, das bis 1826 Sermatingen hieß, verdankt seinen heutigen Namen dem badischen Großherzog Ludwig, der den Hafen in der Stadt errichten und nach sich selbst benennen ließ.

Die 1975 zu einer Kommune zusammengeschlossenen Ortschaften Bodman und Ludwigshafen liegen sich am nordwestlichen Ende des Überlinger Sees direkt gegenüber. Durch eine Fähre sind sie miteinander verbunden. Das Gemeindegebiet ist natürlich größer und zieht sich das Nordufer des Sees entlang. Seit 1984 steht der gesamte Uferbereich unter Naturschutz. Nicht nur der See, sondern auch die ländliche Umgebung, die von Rad- und Wanderwegen durchzogen ist, bietet Aktivurlaubern jede Menge Abwechslung.

Vereinte Nachbarn

Wohin in Bodman?

Bildhauer mit Lust zur Provokation

Peter Lenks Skulpturengarten

Hofnarr ohne Hof, so bezeichnet sich der Bildhauer Peter Lenk gern selbst. Der Berufsprovokateur vom Bodensee hat sein nicht öffentlich zugängliches Atelier in Bodman in der Kaiserpfalzstraße 20, leider ist der Skulpturengarten nur von der Straße aus zu sehen. Lenk arbeitet gern mit den Mitteln sanfter Übertreibung. Abstraktion ist seine Sache nicht, und je nackter die dargestellte Prominenz, desto gewaltiger ist meist die Aufregung. Bekannt wurde er am Bodensee vor allem durch die Statue der **Imperia** im Hafen von ► Konstanz.

https://www.peter-lenk.de

Eine Burgruine, ein Kloster und ihre Geschichte

Burgruine Altbodman, Kloster Frauenberg

Bis heute residieren die Grafen von Bodman in dem 1831/1832 errichteten Schloss unweit der Kirche St. Peter und Paul. Der schlichte Bau selbst kann nicht besichtigt werden, aber der im Stil eines englischen Landschaftsgartens angelegte Schlosspark ist öffentlich zugänglich. Ein Vorfahr des heutigen Grafen, Johannes von Bodmann, ließ um 1332 die Burg Bodman errichten, die heute als Ruine auf einem bewaldeten **Höhenzug des Bodanrück** thront und über einen Wanderweg erreicht werden kann. Es heißt, dass die Vorgängerburg, die auf dem gegenüberliegenden Frauenberg stand, 1309 durch einen Großbrand zerstört worden war, bei dem fast die ganze Grafenfamilie den Tod gefunden hatte. Nur der kleine Stammhalter Johannes soll dank seiner Amme den Flammen entkommen sein und später dann die neue Burg erbaut haben. Sein Großvater ließ aus Dankbarkeit für die Rettung des Enkels an der Stelle der abgebrannten Burg eine kleine Kapelle errichten, um die herum das bis heute von einer Mönchsgemeinschaft betriebene **Kloster Frauenburg** entstand. Der Neubau Johannes von Bodmans, die heutige Burgruine Altbodman, wurde erst während des Dreißigjährigen Kriegs zerstört.

Schlosspark: April – Okt. Mo. – Fr. 9 – 18 Uhr

Da kann man schon mal einen Blick über den Zaun riskieren in Peter Lenks Skulpturengarten.

EINE QUELLE FÜR MILLIONEN

1895 nahm St. Gallen das erste Wasserwerk am Bodensee in Betrieb. Heute sind es 17. Das größte ist die »Bodensee-Wasserversorgung« (BWV), die Baden-Württemberg beliefert. Ein hoher technischer Aufwand ist erforderlich, um das in Sipplingen gezapfte Wasser in einen hygienisch einwandfreien Zustand zu versetzen und weit in den Norden zu pumpen.

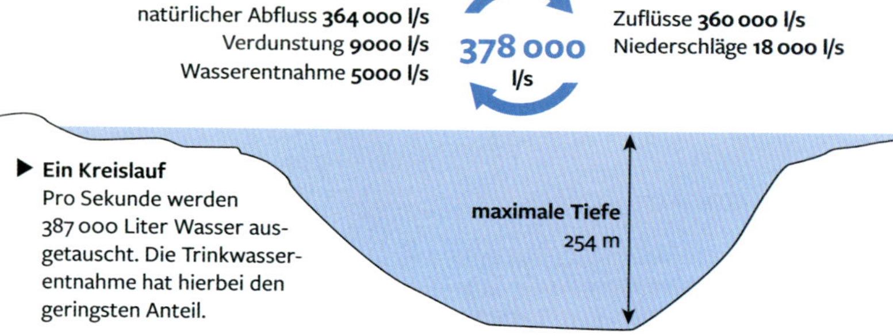

▶ **Ein Kreislauf**
Pro Sekunde werden 387 000 Liter Wasser ausgetauscht. Die Trinkwasserentnahme hat hierbei den geringsten Anteil.

▶ **Das Pumpwerk**
Drei Pumpen transportieren das Wasser aus dem Bodensee über das Seepumpwerk auf den Sipplinger Berg zur Aufbereitung. Bis zu 9000 Liter pro Sekunde können so gefördert werden.

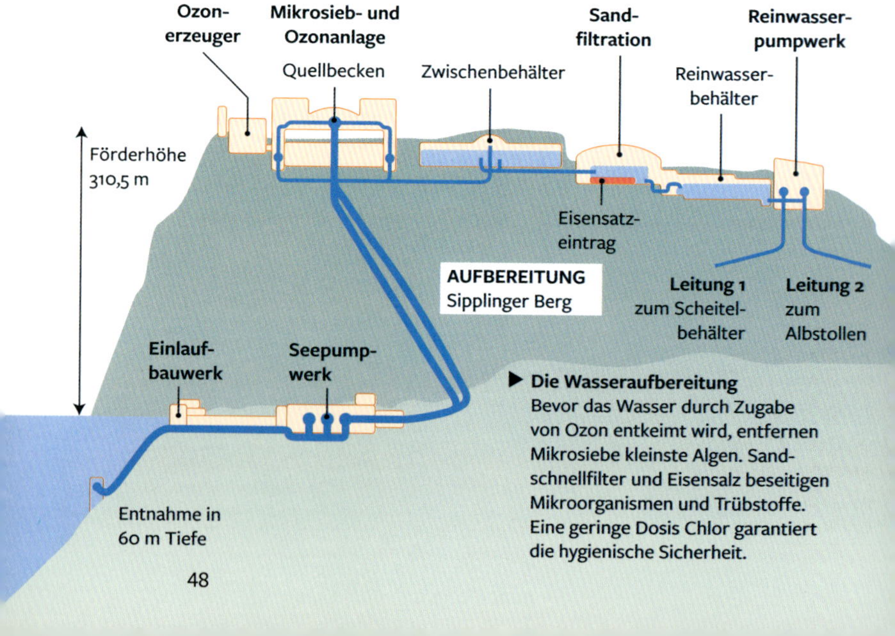

Ozonerzeuger
Mikrosieb- und Ozonanlage
Quellbecken
Zwischenbehälter
Sandfiltration
Reinwasserbehälter
Reinwasserpumpwerk
Förderhöhe 310,5 m
Eisensatzeintrag
AUFBEREITUNG
Sipplinger Berg
Leitung 1 zum Scheitelbehälter
Leitung 2 zum Albstollen
Einlaufbauwerk
Seepumpwerk
Entnahme in 60 m Tiefe

▶ **Die Wasseraufbereitung**
Bevor das Wasser durch Zugabe von Ozon entkeimt wird, entfernen Mikrosiebe kleinste Algen. Sandschnellfilter und Eisensalz beseitigen Mikroorganismen und Trübstoffe. Eine geringe Dosis Chlor garantiert die hygienische Sicherheit.

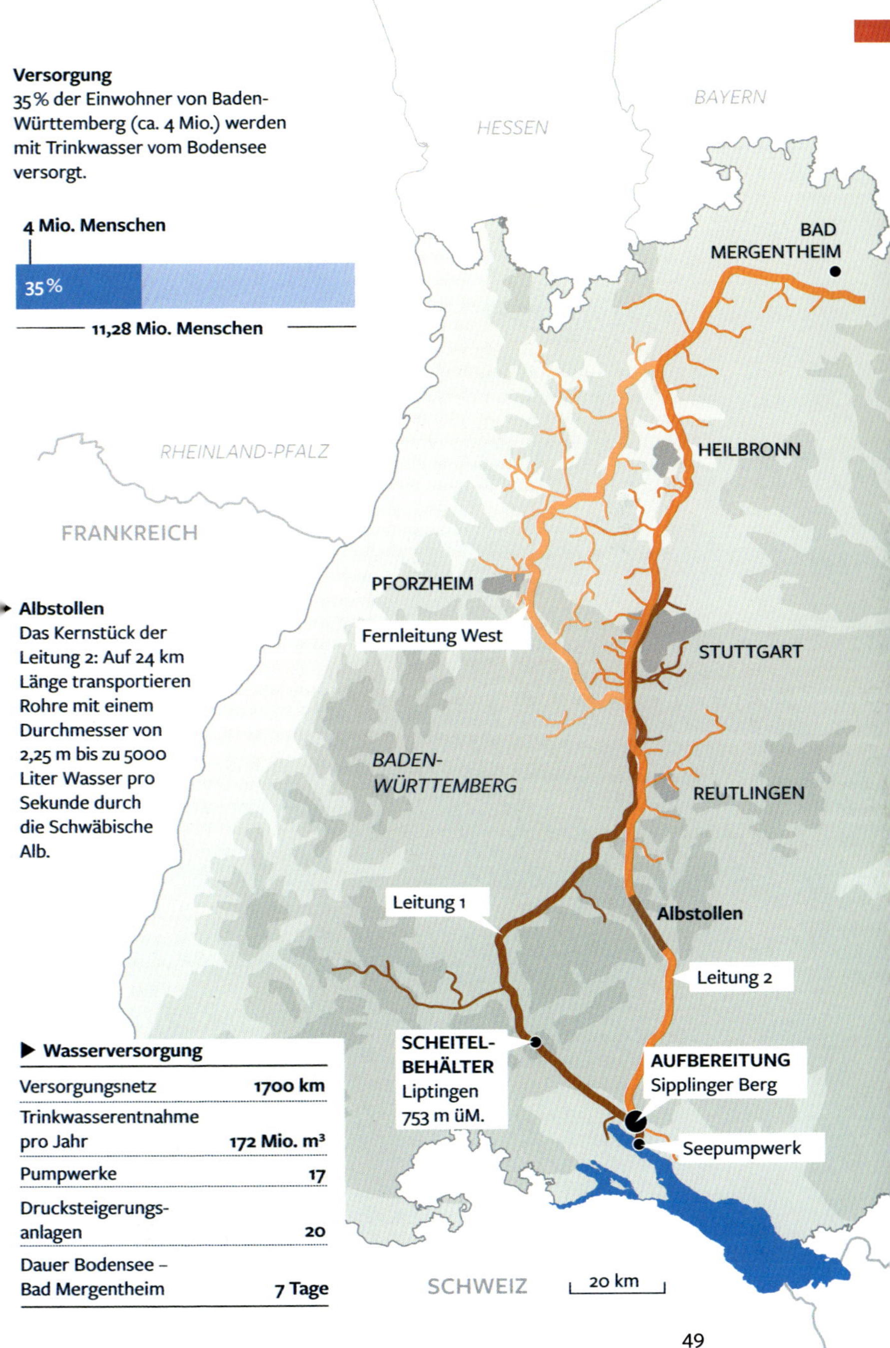

Versorgung
35 % der Einwohner von Baden-Württemberg (ca. 4 Mio.) werden mit Trinkwasser vom Bodensee versorgt.

Albstollen
Das Kernstück der Leitung 2: Auf 24 km Länge transportieren Rohre mit einem Durchmesser von 2,25 m bis zu 5000 Liter Wasser pro Sekunde durch die Schwäbische Alb.

▶ Wasserversorgung

Versorgungsnetz	**1700 km**
Trinkwasserentnahme pro Jahr	**172 Mio. m³**
Pumpwerke	**17**
Drucksteigerungs-anlagen	**20**
Dauer Bodensee – Bad Mergentheim	**7 Tage**

BODMAN-LUDWIGSHAFEN ERLEBEN

TOURIST-INFORMATION BODMAN
Seestr. 5
D-78351 Bodman-Ludwigshafen
Tel. 07773 93 00 40

TOURIST-INFORMATION LUDWIGSHAFEN
Im Zollhaus
Hafenstr. 5
D-78351 Bodman-Ludwigshafen
Tel. 07773 93 00 40
https://www.bodman-ludwigshafen.de

SEEHOTEL ADLER RESORT €€€
Das Haus liegt direkt am See, und die meisten der komfortabel und modern eingerichteten Zimmer haben einen Balkon mit Blick aufs Wasser. Zwei Restaurants sorgen für das leibliche Wohl der Gäste, und in der Wellnessoase mit Sauna, Dampfbad, Außenpool und Fitnessraum kann man herrlich entspannen. Wer möchte, kann mit dem hoteleigenen Motorboot über den See düsen oder die Yacht mit Skipper mieten.
Hafenstraße 4
Ludwigshafen
Tel. 07773 933 90
60 Zi.
www.seehotel-adler.de

Wohin in Ludwigshafen und Umgebung?

Illustre Nackedeis

Relief »Ludwigs Erbe«

Angela Merkel und Gerhard Schröder grüßen nackt als Global Player, und der ehemalige Deutsche-Bank-Chef Josef Ackermann triumphiert mit viel gescholtener Victory-Geste. Großherzog Ludwig von Baden wäre sicher nicht erfreut über dieses dreimal zehn Meter große dreigliedrige Relief, das der Bildhauer **Peter Lenk** 2008 unter dem Titel »Ludwigs Erbe« entworfen hat. Der Provokateur schuf eine Satire auf das wirtschaftliche und politische Establishment – frei zu besichtigen am Zollhaus hinter dem Ludwigshafener Rathaus.

Ein echtes Schmuckstück

Sipplingen

Das malerische, ehemalige Fischer- und Weinbaudorf am Fuße des bewaldeten und von zwei Burgruinen bekrönten Sipplinger Berges, vier Kilometer südöstlich von Ludwigshafen, ist auf jeden Fall eine Stippvisite wert. Stattliche Fachwerkbauten, enge Gassen und Amtshäuser mit mächtigen Walmdächern prägen den historischen Ortskern. Unter den Fachwerkhäusern verdient besonders das Bruderschaftshaus (17. Jh.) Beachtung. An der Bundesstraße steht der Konstanzer Spitalhof (1601) mit einem Staffelgiebel. Das Rathaus (1669) besitzt einen schönen Saal mit Kassettendecke. Die Galerie

im Bahnhof zeigt wechselnde Kunstausstellungen. Der Kirchturm von St. Martin und St. Georg stammt noch aus dem 13. Jh., während der Chor und das Langhaus auf das 15./16. Jh. zurückgehen. Das Innere wurde im 18. Jh. barockisiert. Meisterwerke sind die Figuren der Kirchenpatrone (1750) von **Joseph Anton Feuchtmayer.**
Das Pfahlbaumuseum Unteruhldingen (▶ S. 212) und das Heimatmuseum Überlingen bewahren die Reste einer 4000 Jahre alten Pfahlbausiedlung auf, die man in der Nähe von Sipplingen im See fand. Wer wissen will, wie das Wasser aus dem See zu den Wasserhähnen der Verbraucher kommt, kann die Anlagen der **Bodenseewasserversorgung** auf dem Sipplinger Berg besichtigen (▶ Baedeker Wissen, S. 48).

Bodenseewasserversorgung: Mitte Mai – Mitte Okt. Mi. 15.30 Uhr, nur mit Voranmeldung und Personalausweis unter
Tel. 07551 8 33 11 56 | https://www.bodensee-wasserversorgung.de

Gasthof mit Aussicht

Alt-Hohenfels, Haldenhof

Auf einer halbstündigenWanderung gelangt man von Ludwigshafen aus zur Ruine Alt-Hohenfels (530 m), die um 1200 Sitz des Minnesängers Burkhard war. Rund 20 Gehminuten weiter bergauf ist auf 635 m Höhe der Haldenhof erreicht, einst Spitalgut der Reichsstadt Überlingen und heute ein Gasthof. Von dort eröffnet sich eine prächtige Aussicht auf den Bodensee und die Alpen.

★★ BREGENZ

Staat: Österreich | **Höhe:** 395 m ü. NN | **Einwohnerzahl:** 29 500

»Lass dich überraschen« – dies scheint die Devise der Landeshauptstadt von Vorarlberg zu sein. Schon aus dem neuen Bühnenbild der Seebühne machen die Bregenzer bis kurz vor der Eröffnung der Festspiele gern ein Geheimnis. Sogar James Bond war schon hier. Wer sich in Bregenz wie 007 auf Spurensuche begibt, erfährt nicht nur, was der Agent hier wollte, sondern auch warum es eine Hausfassade mit der Zahl 0,0000000001 gibt und ein Fliegenpilz-Kiosk die beste Milch im ganzen Land verkauft oder warum man die Bregenzer einst spöttisch »Seebrünzler« nannte.

Die Anfänge des modernen Bregenz, das zur Römerzeit Standort mehrerer strategisch wichtiger Kastelle war, gehen auf den Grafen Hugo II. von Monfort zurück, der 1250 die Siedlungen auf dem Plateau der heutigen Oberstadt zu einer Stadt zusammenfasste, deren Bewohner aber abgabepflichtig waren. 1451 ging der Ort zusammen mit der Hälfte der Grafschaft Bregenz in den Besitz der Habsburger über. Zwischen 1806 und 1814 gehörte Bregenz zum von Napoleon neu gegründeten Königreich Bayern, nach dem Wiener Kongress wurde es österreichisch. Mit der Anbindung an das deutsche und österreichische Eisenbahnnetz 1884 und der Inbetriebnahme der österreichischen Bodenseedampfschifffahrt im selben Jahr siedelten sich Unternehmen der Nahrungsmittel- und der Textilindustrie in Bregenz an. Ein enormer wirtschaftlicher Aufschwung begann. Heute ist Bregenz, das 1923 Landeshauptstadt von Vorarlberg wurde, ein wichtiger Verkehrsknotenpunkt im Dreiländereck Deutschland–Österreich–Schweiz. Die seit 1946 alljährlich stattfindenden Bregenzer Festspiele haben es überdies zu einem Treffpunkt für Musikfreunde aus aller Welt gemacht. Über die Jahrhunderte ist Bregenz über die

BREGENZ ERLEBEN

TOURISMUS UND STADTMARKETING

Rathausstr. 35 a
A-6900 Bregenz
Tel. 0043 5574 49 59-0
https://visitbregenz.com

BREGENZER FESTSPIELE

Dank großartiger Inszenierungen und fantastischer Bühnenbilder sind die Veranstaltungen auf der Seebühne fester Bestandteil der internationalen Musiktheaterwelt. Die Opern, Konzerte und Ballettaufführungen im Juli und August ziehen alljährlich Hunderttausende von Besuchern an.
Bregenzer Festspiele GmbH
Platz der Wiener Symphoniker 1
A-6900 Bregenz
Tel. 0043 05574 40 76
https://bregenzerfestspiele.com/de

HAFENFEST

Jährlich Ende August wird drei Tagang rund um die Seepromenade gefeiert.

HISTORISCHE SCHIFFE

Die Hohentwiel (Baujahr 1913) ist heute das einzige noch betriebene Dampfschiff, und die Oesterreich (Baujahr 1928) war das erste Motorschiff auf dem Bodensee. Beide laufen regelmäßig zu Ausflugsfahrten aus. Beliebt sind auch die Fahrten mit einem Galadiner vor Beginn der Festspielveranstaltung. Der Heimathafen liegt im OT Hard östlich des Neuen Rheins.
https://www.hs-bodensee.eu

❶ BURGRESTAURANT GEBHARDSBERG €€€

In dem Nobelrestaurant lässt sich die Aussicht über den Bodensee bei regionalen Spezialitäten aus dem Bregenzerwald genießen. Für hungrige Feinschmecker gibt's das Kulinarium, ein Fünf-Gänge-Menü.
Gebhardsberg
Tel. 0043 5574 425 15
Mo. und Di. Ruhetag
https://www.greber.cc

❷ GOLDENER HIRSCHEN €€

Die Traditionswirtschaft in einem alten Fachwerkhaus mit Innenhofterrasse serviert traditionelle österreichische Gerichte. Ihre Vorarlberger Käsknöpfle, aber auch der feine Tafelspitz, die Wiener Schnitzel und die Marillenknödel sind berühmt. Bis 22 Uhr geöffnet, Getränke gibt es danach noch in der Bierbar.
Kirchstraße 6–8
Tel. 0043 5574 428 15
Mo., So. Ruhetag; https://www.hotelweisseskreuz.at

❸ MAURACHBUND €€

Gourmetkoch Heino Huber schwingt hier den Kochlöffel und bereitet gutbürgerliche, saisonale und regionale Küche zu. Sein Restaurant residiert in einer der ältesten Gastwirtschaften der Stadt. So. Ruhetag.
Maurachgasse 11
Tel. 0043 5574 4 44 46
https://www.maurachbund.at

❶ HOTEL WEISSES KREUZ €€€

Das Familien geführte Traditionshotel liegt im Zentrum von Bregenz. Alle

Zimmer sind hell und komfortabel eingerichtet und Seepromenade sowie Hauptbahnhof schnell zu Fuß zu erreichen. Das Restaurant Goldener Hirschen (Nr. 2) gehört zum Hotel.
Römerstr. 5
Tel. 0043 5574 49 88-0
44 Zi., https://www.hotelweisseskreuz.at

❷ SEEHOTEL AM KAISERSTRAND €€€

Für Individualisten: Das legendäre Hotel, in dem schon Kaiser Karl I. urlaubte, ist seit Sommer 2023 frisch renoviert zurück. Mit Blick auf Bregenz und Lindau, ist es eines der wenigen denkmalgeschützten Juwelen mit direktem Seezugang. Ein Steg führt vom Kaiserstrand hinaus ins Badehaus, das auch Bar und Restaurant ist (102 Zi.).
Am Kaiserstrand 1
A-6911 Lochau
Tel. 0043 5574 581 11
https://www.kaiserstrand.at

---

bis heute von Fachwerkhäuschen gesäumten Gassen der mittelalterlichen Oberstadt hinausgewachsen. In der Unterstadt bilden das Festspielhaus und das von Peter Zumthor entworfene Kunsthaus Bregenz (KUB) einen besonderen Blickfang.

Wohin in Bregenz?

★ Seepromenade

Logenplatz am Wasser

Die zum Wasser führenden Sunset-Stufen an der Westseite des Molo, der Bregenzer Hafenmole, sind ein beliebter Treffpunkt für Locals wie Touristen. Hier lassen sich die spektakulären Sonnenuntergänge über dem Bodensee besonders gut beobachten. Tagsüber sieht man Müßiggänger durch die Parkanlage auf der Mole flanieren oder auf der Treppe sitzen und das Seepanorama genießen. In westlicher Richtung liegen das **Festspiel- und Kongresshaus mit der Seebühne.** Die weitläufigen Parkanlagen, die sich zwischen der Mole und dem Festspielareal am Seeufer entlangziehen, bieten an heißen Sommertagen viele angenehm schattige Plätzchen. An der Ostseite der Mole beginnt der Hafen mit den Anlegestellen für die Ausflugs- und Linienschiffe. **Tickets** für einen Bodenseetörn gibt es in dem gläsernen Hafengebäude »Die Welle« am Beginn der Mole.

Seebühne

Ein Mekka für Opernfans

Die Geschichte der Bregenzer Festspiele beginnt 1946 auf zwei Kieskähnen im Gondelhafen vor der Strandpromenade. Auf dem einen dirigierte Otmar Suitner das Vorarlberger Rundfunkorchester, auf dem anderen trällerten Sebastian Hauser und Else Böltcher als »Bastien und Bastienne« Lieder des jungen Mozart. Was zunächst als Notlösung gedacht war, eine Opernaufführung unter freiem Himmel, geriet zu einem Riesenerfolg und lockte jedes Jahr mehr Musikfans an. Bereits 1950 fanden die Festspiele erstmals auf einer auf Holzpfählen im See ruhenden Plattform statt. Der **Bodensee als Kulisse**

für Opern, Ballettaufführungen und Konzerte – bis heute wirkt das wie ein Publikumsmagnet. Seit 1979 gibt es einen Betonkern mit Orchestergraben, um den herum die nach wie vor auf Holzpfählen ruhende Bühne zusammen mit dem Bühnenbild aufgebaut wird. Auf der Tribüne am Ufer finden fast 7000 Zuschauer Platz. Mittlerweile zählen die Bregenzer Festspiele zu den bekanntesten Musikfestivals der Welt. 2008 jagte Daniel Craig als James-Bond in »Ein Quantum Trost« während einer »Tosca«-Aufführung hier ein paar Schurken hinterher. Die Seebühne ist durch einen Steg mit dem 1980 eröffneten Festspiel- und Kongresshaus, einem modernen Zweckbau, verbunden.

Führungen: Juni – Mitte Juli Mo., Mi., Fr. 16, Mitte Juli – Mitte Aug. tgl. 10.30, 11.30, 12.30, 13.30, 14.30, 15.30 Uhr | Eintritt: 8 €

Flaniermeile mit großer Kunst

Kornmarktstraße und -platz

Der Kornmarktplatz und die anschließende gleichnamige Straße bilden das quirlige Zentrum der Bodenseemetropole. Als **»Kulturmeile«** ist der Kornmarkt schon lange bekannt. Zwei der bedeutendsten Museen Österreichs und das Landestheater Vorarlberg haben hier ihren Sitz. Direkt am Kornmarktplatz bildet der 2013 eröffnete Neubau des **Vorarlberg Museums** einen spektakulären Blickfang. Die helle Fassade des Hauses schmücken mehr als 16 000 Betonblüten, die aus den Böden ganz normaler PET-Flaschen gegossen wurden. Das Museum ist der regionalen Alltagskultur in Geschichte und Gegenwart gewidmet und besitzt darüber hinaus eine Sammlung mit Werken der Malerin **Angelika Kauffmann.** Das **Kornhaus,** ein langgestreckter, eher nüchtern wirkender Bau des 19. Jh.s, schließt den Kornmarkt nach Nordosten ab. Hier residiert das Landestheater Vorarlberg. Die schmale, mit einer Arkadenvorhalle ausgestattete Schauseite des Gebäudes weist auf die dort beginnende Kornmarktstraße, die sich gleich hinter dem Theater zum Karl-Tizian-Platz weitet. Der gläserne Kubus des **Kunsthauses Bregenz** nimmt die ganze Nordseite des Platzes ein. Das 1997 eröffnete Museum, ein Entwurf des Pritzker-Preisträgers **Peter Zumthor,** wird als Meisterwerk moderner Architektur gerühmt, ist aber auch dank spektakulärer Wechselausstellungen eine erste Adresse für die Kunst der Gegenwart. Eine Rokokorundkapelle von 1757 beherrscht den kleinen Platz am nordöstlichen Ende der Fußgängerzone. Sie ist dem hl. Johannes Nepomuk geweiht, der vor den Gefahren des Wassers schützen soll. Die Bregenzer Kulturmeile hat aber nicht nur historische und moderne Architektur zu bieten. Bei einem Bummel durch die Fußgängerzone locken allenthalben nette Cafés und Restaurants, die, sobald die Sonne sich blicken lässt, auch draußen Tische und Stühle aufstellen.

Kunsthaus Bregenz: Karl-Tizian-Platz | Di. – So. 10 –18, Do. bis 21 Uhr | Eintritt: 12 € | https://www.kunsthaus-bregenz.at
Vorarlberg Museum: Kornmarktplatz 1 | Di. – So. 10 – 18, Do. bis 20 Uhr | Eintritt: 10 € | https://www.vorarlbergmuseum.at

OBEN: Die Bühnenbilder der Bregenzer Festspiele sind allein schon eine Reise wert, hier bei »Carmen«.

UNTEN: In der Sunsetbar auf dem Fischersteg wäre es ohne See nur halb so schön.

Wie lang ist ein Nanometer?

Gappmayr-Haus

In der Rathausstraße hat der Künstler Hans Gappmayr über dem Portal des Hauses gegenüber dem Rathaus die Länge eines Nanometers in riesigen Ziffern niedergeschrieben: 0,0000000001 mm. Das entspricht 10 Millionstel Zentimeter oder einem Milliardstel Meter, eine für uns unvorstellbar kleine Größe. Der Künstler will damit auf die Spannung zwischen den Möglichkeiten des Denkens und unserer Alltagserfahrung aufmerksam machen. Die Länge der Ziffernfolge an der Hauswand beträgt immerhin 12 Meter. Wer wissen möchte, was es mit den »Seebrünzlern« auf sich hat, der erhält in der vom Leutbühel abzweigenden Kirchstraße eine Antwort. Dort steht die Statue eines Mannes, der in ein Steinbecken pinkelt bzw. wie es im Vorarlbergischen heißt »brünzelt«. Früher, so heißt es, nannten die Bewohner Dornbirns die Bregenzer **»Seebrünzler«,** weil sie zwar die größere Stadt, aber keinen Seezugang hatten und sich deshalb gegenüber dem kleineren Nachbarort benachteiligt fühlten. Ebenfalls in der Kirchstraße, unter der Hausnummer 29, lässt sich die schmalste Hausfront Europas bestaunen. Sie ist gerade mal 57 Zentimeter bzw. eine Tür breit.

Die Milch macht's

Milchpilz

Wer sich nach einem anstrengenden Stadtbummel mit einem Glas eiskalter Milch erfrischen möchte, muss in Bregenz nicht lange nach einem Café suchen. Gleich am Eingang zu den Seeanlagen steht der Milchpilz, ein Kiosk, der auf den Verkauf von frischer Milch und anderer Molkereiprodukte spezialisiert ist. In den 1950er-Jahren waren diese kleinen Verkaufshallen in ganz Mitteleuropa verbreitet. Sie wurden von einer Allgäuer Firma auf den Markt gebracht und sollten den Verkauf von Molkereiprodukten ankurbeln. Heute sind nur noch sechs in Betrieb. Einige von ihnen, darunter der in Bregenz, stehen unter Denkmalschutz.

Nostalgie-Bad

Militärhistorische Badeanstalt

Die »**Mili**«, wie die Bregenzer die älteste, noch in Betrieb befindliche Badeanstalt am Bodensee nennen, öffnete 1825 ausschließlich für Angehörige des Militärs ihre Pforten, heute ist sie für jedermann zugänglich. Fast jeder, der den doppelstöckigen, u-förmigen und zum See hin offenen Holzpfahlbau betritt, fühlt sich in die gute alte Zeit versetzt. Nur die im Vergleich zu früher spärlich bekleideten Badegäste erinnern daran, dass wir mittlerweile im 21. Jh. leben.

Nordöstl. vom Schiffshafen auf der Reichsstraße Höhe Kiosk
geöffnet bei schönem Wetter Mai/Sept. tgl. 11 – 18, Juni 10 – 19, Juli/Aug. 10 – 20 Uhr | Tel. 05574 44 24 20 | Eintritt: 6 €

Idylle mit Geschichte

Oberstadt

Wer dem Trubel an der Seepromenade und im Stadtzentrum entfliehen möchte, dem sei ein Ausflug in die Oberstadt empfohlen. Die mittelalterliche Keimzelle des modernen Bregenz ist ein ruhiger, stiller und beschaulicher Ort, der nicht nur mit viel historischer Bausubstanz, sondern auch mit einigen **Kuriositäten** und einer alten Geschichte aufwarten kann. Von der Bregenzer Innenstadt führt der Weg über die kopfsteingepflasterte Maurachgasse und den Stadtsteig zunächst zum **Unteren Tor,** einem Teil der mittelalterlichen Befestigungsanlage, die die Oberstadt immer noch umgibt. Das ursprünglich wohl aus dem 14. oder 15. Jh. stammende und später um einige Geschosse mit Wohnräumen erweiterte Bauwerk ist mit allerlei skurrilen Dingen geschmückt. Neben einigen Wappen, Hirsch- und Elchgeweihen fällt besonders ein mumifizierter Hai auf, der unter dem Torbogen baumelt. Ein Antiquitätenhändler, der in dem Gebäude wohnte, soll ihn aus reiner Lust an Kuriosem dort angebracht haben. Hat man das Tor durchschritten, stößt man auf den **Ehregutaplatz,** benannt nach der Bettlerin Guta, die während des Appenzeller Krieges die von eidgenössischen Truppen belagerte Stadt vor der Zerstörung rettete. Folgt man der Überlieferung, so konnte Guta ein Gespräch von Schweizern über den kommenden Angriff belauschen und so die Bewohner von Bregenz vor der drohenden Gefahr warnen. Zur Erinnerung an die Rettung der Stadt rief die Nachtwache jeden Abend noch bis in die 1920er-Jahre »Ehret die Guta!« vom **Martinsturm,** dem weithin sichtbaren Wahrzeichen. Es ragt in der Nordostecke der Oberstadt auf und ist das erste barocke Bauwerk am Bodensee. Seine gigantische Zwiebelhaube soll die größte Mitteleuropas sein. Das Obergeschoss erlaubt einen herrlichen Blick auf Stadt und See. Der Martinsturm beherbergt eine militärische Sammlung und die **Martinskapelle** mit Fresken aus dem 14. Jh. Das barocke **Deuring Schlössle** (1660 – 1690) in der Westecke der Oberstadt hat den Maler Egon Schiele zu einem Aquarell inspiriert. Auf dem Hügel südlich der Oberstadt erhebt sich die **Pfarrkir-**

SEE IM RAHMEN

Nichts steht in diesem Raum im Obergeschoss des Vorarlberg Museums. Und dunkel ist er auch noch. Doch fast seine gesamte Breite nimmt ein riesiges Fenster ein. Wie in einem gerahmten Gemälde tut sich vor Ihnen ein phantastisches Panorama des Sees auf mit dem Bregenzer Hafen im Vordergrund.

che St. Gallus, ein einfacher gotischer Bau (14./15. Jh.), den Franz Anton Beer um 1738 innen zu einem spätbarocken Juwel umbaute. Auf dem Altarblatt »Anbetung der Könige« trägt eine der Hirtinnen die Züge der österreichischen Regentin Maria Theresia.

Martinsturm: Mai – Okt. Di. – So. 10 – 18 Uhr | Eintritt: 4,50 €

Rund um Bregenz

Burgruine mit Wallfahrtskirche

Hoch über dem Rheintal erhebt sich drei Kilometer südlich von Bregenz auf einer steil abfallenden Felskanzel der **Gebhardsberg** (600 m) mit der während des Dreißigjährigen Krieges bis auf die Ringmauer und Teile des Palas zerstörten **Burg Hohenbregenz.** Die **Wallfahrtskirche** von 1791 lohnt wegen der Fresken, die der Maler Gebhard Fugel um 1900 anbrachte, eine Besichtigung. Von der Terrasse des noblen Burgrestaurants (► S. 54) bietet sich ein herrlicher Blick auf Bregenz, den Bodensee und das Rheintal.

Auf dem Bregenzer Hausberg

Nirgendwo sonst bieten sich so fantastische Ausblicke über den Bodensee und die Bergwelt der Alpen als auf dem **Pfänder,** der mit 1064 m höchsten Erhebung am Bodensee. Zwar kann man das Plateau auch mit dem Auto über eine schmale Straße erreichen, die **Pfänderbahn,** eine Kabinenseilschwebebahn, bringt Ausflügler aber in nur wenigen Minuten nach oben. Der höchste Punkt des Bergrückens ist von der Bergstation aus in wenigen Minuten erreicht. Das ganze, waldreiche Gebiet um den Pfänder ist von zahlreichen ausgewiesenen Wanderwegen durchzogen. Dabei kann man zwischen entspannenden Spaziergängen und anstrengenden, mehrstündigen Touren wählen. Der gleich an der Bergstation angelegte **Alpenwildtierpark** ist bei Kindern besonders beliebt. Hier lassen sich auf einem halbstündigen Rundweg Steinböcke, Wildschweine, Hirsche und auch Murmeltiere beobachten. Mehrere Gaststätten mit Restaurantbetrieb bieten Einkehrmöglichkeiten. Natürlich gelangt man mit der Pfänderbahn auch wieder nach unten, schöner ist aber ein Abstieg über die Hintermoos oder die Fluh. In etwa drei Stunden ist man dann wieder am Bodensee. Im Winter verwandelt sich der Pfänder in ein Wintersportparadies.

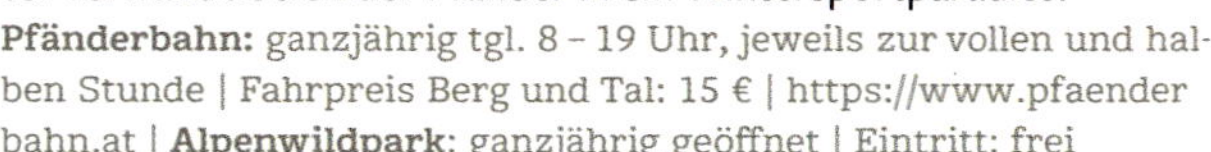
Pfänderbahn: ganzjährig tgl. 8 – 19 Uhr, jeweils zur vollen und halben Stunde | Fahrpreis Berg und Tal: 15 € | https://www.pfaenderbahn.at | **Alpenwildpark:** ganzjährig geöffnet | Eintritt: frei

Zwischen altem und neuem Rhein

Das **Alpenrheindelta** westlich von Bregenz ist in vieler Hinsicht einzigartig. Man wollte verhindern, dass das Mündungsgebiet durch die rund drei Millionen Kubikmeter Schlamm und Sand, die der Fluss

Nervenkitzel, erster Teil: grenzenlose Aussichten aus der Kabine der Pfänderbahn

jedes Jahr in den See spült, allmählich verlandet. Deswegen hat man die Mündung in den 1920er-Jahren durch den Bau von Dämmen einen Kilometer weit auf den See hinaus verlegt. **Der Rhein fließt nun einen ganzen Kilometer** durch den Bodensee und lädt seine Sedimente nicht mehr im seichten Uferbereich, sondern an einer tieferen Stelle ab. Auch nach der Mündung vermischt sich das hellgraue, sedimentreiche Rheinwasser nicht oder nur wenig mit dem wärmeren, grünblauen Wasser des Bodensees und sinkt stattdessen in die Tiefe ab. Dieses Phänomen wird »Rheinbrech« genannt. Um den immer wiederkehrenden Überschwemmungen Herr zu werden, hatte man bereits um 1900 damit begonnen, den Verlauf des Alpenrheins zu korrigieren, und ein künstliches, begradigtes Bett für den Fluss geschaffen. Dieser neue Rhein verläuft nun etwa ab **Lustenau** einige Kilometer östlich des Alten Rheins, der nahe der Halbinsel Rheinspitz in den Bodensee mündet und die Grenze zwischen der Schweiz und Österreich bildet. Die Uferbereiche zwischen der Rheinspitz und der neuen Rheinmündung nahe der Ortschaft Hard sind als **Naturschutzgebiet Rheindelta** ausgewiesen.

Die Flachwasserzonen, Auenwälder und Feuchtwiesen bieten allein 330 Vogelarten, darunter seltenen Wasser- und Watvögeln, einen Lebensraum. Das **Rheindeltahaus** bietet geführte Exkursionen an.

Das **Flussbau-Museum Rhein-Schauen** im Norden von Lustenau (▶ Dornbirn) informiert mittels einer Fülle von Dokumenten über

die Geschichte des Rheins und seiner Regulierung und bietet überdies Fahrten mit dem Rheinbähnle entlang des neuen Rheins an.
Rheindeltahaus: Im Böschen 25, A-6971 Hard | April - Okt. Sa., So. 11 - 17 Uhr | https://www.rheindelta.com
Rhein-Schauen: Höchster Str. 4, A-6890 Lustenau | Ende April - Ende Okt. Di., Do. 8.30 - 12, 13 - 16, Sa., So. 13 - 17.30 Uhr
Führung: So. 14 Uhr | Eintritt: 9 €, mit Rheinbähnlefahrt 16 €
https://www.rheinschauen.at

Im Land der Heumilch

Bregenzer Wald

Ein sanft geschwungenes Hügelland, das Richtung Süden in ein Mittelgebirge übergeht, dichte Wälder, im Sommer bunt blühende Wiesen und Weiden sowie beschauliche Bauerndörfer – der Bregenzerwald ist eine Landschaft wie aus dem Bilderbuch und ein Paradies für Wanderer. Seit um 1000 die ersten Siedler kamen, wird sie von Menschen gestaltet und geformt. Bis heute sorgen Bauern für ihren Bestand. Die von ihnen betriebene **Dreistufenlandwirtschaft,** bei der das Vieh im Mai zunächst auf die Mittelalmen und Ende Juni dann auf die Hochalmen getrieben wird, steht seit 2011 auf der österreichischen UNESCO-Liste des immateriellen Welterbes. Diese Form der Weidewirtschaft trägt aber nicht nur zum Erhalt der Kulturlandschaft bei, sondern erlaubt auch den Verzicht auf künstliche Futtermittel, denn den Winter über können die Tiere mit dem Heu von den Mittelalmen versorgt werden. Die Milch der Kühe wird als »Heumilch« europaweit vermarktet. Auch der Bergkäse aus dem Bregenzerwald ist eine weit über die Landesgrenzen hinaus bekannte Spezialität. Während einer Führung durch Europas größte Käserei in Lingenau kann man verschiedene Sorten probieren.
Käsekeller Lingenau: Zeihenbühl 423 | Mo. - Sa. 10 - 15 Uhr
Eintritt mit Käseverkostung: 9,90 € | https://www.kaesestrasse.at

★ DORNBIRN

Staat: Österreich | **Höhe:** 436 m ü. NN | **Einwohnerzahl:** 51 200

Hier trifft urbane Industriekultur auf wildromantische Natur und ein ländliches Idyll. Die Unternehmen, die seit der Mitte des 19. Jh.s in Dornbirn siedelten, hinterließen auch im Stadtbild ihre Spuren. Mehr und mehr prägen aber moderne Glaspaläste die Messe- und beliebte Einkaufsstadt. Die Umgebung wartet mit fantastischen Schluchten, viel Wald und abgeschiedenen Bergdörfern auf.

Shopping-paradies

Dornbirn ist nicht nur die größte Stadt Vorarlbergs, sondern nach Hohenems auch die jüngste: Erst 1901 wurde das bis dahin größte Dorf der Donaumonarchie zur Stadt erhoben. Heute ist Dornbirn das wirtschaftliche Zentrum Vorarlbergs und ein Messestandort von internationalem Rang. Viele namhafte Betriebe der Textil- und Metallindustrie haben hier ihren Sitz. In Dornbirn kann man **kleine Boutiquen,** aber auch Läden international **bekannter Designerlabels** finden.

Wohin in Dornbirn?

Rot wie Ochsenblut

Rotes Haus

Die bekannte Vorarlberger Familie Rhomberg ließ 1639 am Marktplatz 13 dieses typische Rheintaler Haus mit Außenstiege und Butzenscheiben erbauen. Seinen Namen verdankt es dem bis in das 18. Jh. üblichen Anstrich aus Ochsenblut, der das Holz der Außenwände schützen sollte. Heute residiert im Roten Haus ein Restaurant mit ausgezeichneter Küche (▶ S. 63).

Ein Haus für die Geschichte

Stadtmuseum

Zwar hatten einige Dornbirner Bürger schon zu Beginn des 20. Jh.s mit der Idee geliebäugelt, aber erst 1997 war es so weit und das Stadtmuseum öffnete seine Pforten. Es residiert in einem 200 Jahre alten Patrizierhaus am Marktplatz und informiert in der ständigen Ausstellung über die Geschichte und die Alltagskultur der Stadt. Übers Jahr finden regelmäßig Sonderausstellungen statt.

Marktplatz 11 | Di. – So. 10 – 17 Uhr | Eintritt: 7,50 €
https://stadtmuseum.dornbirn.at

Eine Kirche wie ein Tempel

St. Martin

Mit seiner mächtigen Säulenvorhalle und dem bemalten Dreiecksgiebel darüber sieht der 1857 geweihte klassizistische Kirchenbau von Weitem fast wie ein römischer Tempel aus. Nur der im übrigen freistehende Glockenturm mit spitzem Helm weist St. Martin als christliches Gotteshaus aus. Innen fallen die gewaltigen Deckenfresken auf.

Architektur und Gesellschaft

Vorarlberger Architekturinstitut

Wer sich für das Wechselspiel zwischen Architektur und gesellschaftlichen Prozessen interessiert, dem sei ein Besuch dieses Instituts empfohlen. Es zeigt in Ausstellungen und Vorträgen, dass die Architektur einen wichtigen Beitrag zu einer **lebenswerten Gesellschaft** leisten kann und bietet Exkursionen zu architektonisch interessanten Bauten der Umgebung an. Das Institut versteht sich als Impulsgeber für alle, die sich mit Architektur befassen oder sich für sie interessieren.

Marktstr. 33 | Di. – Fr. 14 – 17, Do. bis 20, Sa. 11 – 15 Uhr
https://v-a-i.at

DORNBIRN ERLEBEN

DORNBIRN TOURISMUS & STADTMARKETING

Rathausplatz 1 a
A-6850 Dornbirn
Tel. 0043 5572 2 21 88
https://www.dornbirn.info/de

SENNEREILADEN

Die besten regionalen Spezialitäten wie frischen Bergkäse von der Alm, Marmeladen, Honig oder Obstbrände bekommt man im Sennereiladen oder auf dem mittwochs und samstags stattfindenden Wochenmarkt.
Mozartstr. 11 a
Tel. 0043 5572 39 47 81
https://www.alpenkaese.at

ROTES HAUS **€€€**

Hier speist man in einem der ältesten Häuser am Ort stilvoll in rustikalen Räumen und hinter Butzenscheiben. Die Küche bietet Spezialitäten der gehobenen Gastronomie mit regionalem Schwerpunkt.
Marktpl. 13
Tel. 0043 5572 315 55
Ruhetag: Mo.
https://roteshaus.at

GASTHOF GÜTLE **€€**

In der Kaiserstube des Traditionsgasthauses kehrte schon Kaiser Franz Josef I. und verputzte einen Tafelspitz mit Salzkartoffeln und Gemüse – seine Leibspeise und bis heute eine Spezialität des Hauses. Die Küche insgesamt ist gut bürgerlich. Bei gutem Wetter kann man auch im idyllischen Garten Platz nehmen.
Gütle 11
Tel. 0043 5572 20 15 40
Ruhetag: Mo., Di
https://guetle-gasthof.at

FOURPOINTS BY SHERATON PANORAMAHAUS **€€€**

Die modern und großzügig eingerichteten Zimmer liegen ebenso wie das Skyrestaurant und das Spa in den oberen Etagen dieses rundum verglasten Hauses und bieten grandiose Aussichten über die Vorarlberger Gebirgslandschaft.
Messe Strasse 1
Tel. 0043 5572 38 88-0
120 Zi.
www.fourpointsdornbirn.com

KRONE **€€**

Die Zimmer dieses traditionsreichen Hauses wirken hell und sind komfortabel eingerichtet. Das Restaurant serviert regionale und auch internationale Spezialitäten, in der Weinstube im Vorarlberger Landhausstil kann man den Abend gemütlich ausklingen lassen.
Hatlerstr. 2
Tel. 0043 5572 2 27 20
77 Zi.
https://www.kronehotel.at

HARRY'S HOME **€€**

Mitten im Stattzentrum gelegen ist Harry's Home ein Design- und Apartmenthotel zum kleinen Preis, ausgestattet mit Parkettböden, moderner Einrichtung und großen begehbaren Kleiderschränken.
Klostergasse 8
Tel. 0043 50 12 14 13 90
https://harrys-home.com/dornbirn

Zweimal Natur

Kunstraum und Museum Inatura

In der Montagehalle der stillgelegten Rüschwerke erhalten Kunstschaffende die Gelegenheit, sich experimentell mit dem Thema **»Kunst und Natur«** auseinanderzusetzen. Anliegen der Organisatoren ist dabei, dass die Künstler ihre Installationen möglichst am Ort in der alten Fabrik und nicht etwa in ihren Ateliers anfertigen. Die Montagehalle, die man in ihrem ursprünglichen Zustand beließ, soll dabei – so hoffen die Initiatoren – wie ein Impulsgeber wirken. Gleich gegenüber, im Museum Inatura, nähert man sich der Natur auf etwas andere Weise. Hier können die Besucher **mit allen Sinnen** Wissenswertes über die natürlichen Lebensräume in der Region in Erfahrung bringen. Durch den Einsatz modernster multimedialer Präsentationen können sie außerdem 3-D-Reisen zu anderen Planeten und zu urzeitlichen Meerestieren unternehmen oder im Unterwasserkino heimische Fische aus nächster Nähe beobachten.

Jahngasse 9 | tgl. 10 – 18 Uhr | Eintritt: 4 € (kunstraum), 12,20 € (inatura) | https://www.kunstraumdornbirn.at, https://www.inatura.at

Rund um Dornbirn

Schlemmen über dem Abgrund

Karren

Auf dem Dornbirner Hausberg, dem Karren (975 m), lädt ein rundum verglastes **Panoramarestaurant,** das über das Felsplateau hinausragt und auf Stelzen am Hang steht, zu genussvollem Schlemmen über dem Abgrund ein. Die sich dabei bietende **Aussicht über das Rheintal** ist einfach fantastisch! Auf dem Steg, der unterhalb des Restaurants zwölf Meter über die Felskante hinausragt, steht man dann buchstäblich in der Luft. Das Panoramarestaurant ist mit der Bergstation der Karrenseilbahn verbunden, die in fünf Minuten auf den Berg führt. Der Karren ist beliebtes Wandergebiet und wird gern als Ausgangspunkte für Touren zu den Schluchten der Region oder in das abgeschiedene Bergdorf Ebnit genutzt.

Talstation der Seilbahn: Gütlestraße 6 | ganzjährig Mo.– Sa. 9 – 23, So. bis 24 Uhr | Berg- und Talfahrt: 15 € | https://www.karren.at

Wildes Vorarlberg

Rappenlochschlucht

Rund vier Kilometer südlich der Stadt fließt die Dornbirner Ach durch die wildromantische Rappenlochschlucht, die im Sommer den Wanderern ein **schönes Licht- und Schattenspiel** bietet. Ausgangspunkt für die Tour ist das Gütle, von hier erreicht man in ca. zehn Minuten den Einstieg zur Schlucht. Der mächtige Granitblock am Eingang ist ein Findling, der während der Eiszeit von Gletschern mitgeführt und dort abgelegt wurde. Die Begehung der Schlucht dauert etwa 30 Minuten, führt teilweise auf einem spektakulären Steig an der Felswand entlang und endet am Staufensee-Stausee. Am

Nervenkitzel, zweiter Teil: Es geht noch spektakulärer als der Ausblick von der Pfänderbahn. Auf der Karrenplattform verliert man fast den Boden unter den Füßen.

südlichen Ende des Stausees befindet sich das Kraftwerk Ebensand, hier beginnt die Alplochschlucht, die man ebenfalls noch durchwandern kann, oder aber man geht auf demselben Weg zurück.

Von Nov. bis April ist die Schlucht geschlossen, ansonsten ganztägig begehbar | Eintritt frei | https://www.rappenloch.at

Mit dem Rolls Royce in die Roaring Twenties

Rolls-Royce Museum Gütle

Für alle, die schon immer mal wissen wollten, wie es ist, in einem Rolls-Royce kutschiert zu werden: Das Rolls-Royce-Museum am Eingang zur Rappenlochschlucht bietet Touren mit den Luxus-Limousinen an. Es residiert in dem 150 Jahre alten Gebäude einer Spinnerei und zeigt vorwiegend Fahrzeuge der Goldenen 1920er- und 1930er-Jahre, die alle berühmte Vorbesitzer wie König George V., den Diktator Franco oder John Lennon hatten. Im Erdgeschoss kann man einen Teil der ersten, 1903 in Manchester eröffneten **Rolls-Royce Fabrik** besichtigen. Im Tea Room des Museumsrestaurants mit Möbeln aus feinstem Rosenholz, Vitrinen mit edlen Gläsern und Tafelgeschirr fühlt man sich dann endgültig in die 1920er-Jahre versetzt. Schräg gegenüber dem Rolls-Royce-Museum zeigt das **Krippenmuseum** 150 Krippen aus aller Welt.

Rolls-Royce-Museum: März – Nov. Di. – So. 10 – 18 Uhr
Eintritt: 6 € (Erwachsene), 3 € (Kinder)
https://www.rolls-royce-museum.at
Krippenmuseum: Mai – 6. Jan. Di. – So, 10–17 Uhr | Eintritt: 4 €
http://www.krippenmuseum-dornbirn.at

Von den Anfängen des Skisports

Bödele

Mit dem Skisport hat man sich auf dem Bödele (1148 m), das die Bauern der Region einst als Alm nutzten, schon zu Beginn des 20. Jh.s beschäftigt. Viele österreichische Skipioniere zog es zum Training hierher. Bereits 1904 gab es erste einfache Sprunghügel zum Skispringen, und 1907 kam der erste Lift zum Einsatz, der die Pistenpioniere mittels eines motorbetriebenen Seiles, an dem ein Schlitten hing, den Berg hinaufzog. Das landschaftlich reizvolle Gebiet liegt etwa 10 km östlich von Dornbirn und ist auch im Sommer dank des **Moorsees, der Wiesen und Fichtenwälder** ein ideales Naherholungsziel. An vielen Stellen eröffnen sich schöne Aussichten, die vom Säntis im Westen über das Bodenseegebiet bis zu den Allgäuer Alpen und dem Bregenzerwald im Osten reichen.
https://www.boedele.info

Ein musikalischer Ort

Hohenems

Die Rheintal-Stadt sechs Kilometer südwestlich von Dornbirn kann nicht nur mit einer Burgruine und zwei Schlössern, sondern auch mit einer ausgeprägten Musikkultur punkten. Die in unregelmäßigen Abständen über das ganze Jahr stattfindenden **Schubertiaden** sind über die Grenzen Österreichs hinaus bekannt. Gleich **vier Museen** widmen sich der Musik: zwei zu Franz Schubert, eines über den Schallplattenproduzenten Walter Legge und ein drittes stellt die legendäre Sopranistin Elisabeth Schwarzkopf vor.
Im Palast der Grafen Hohenems, einem Renaissance-Prachtbau aus der zweiten Hälfte des 16. Jh.s, fand man gegen Ende des 18. Jh.s zwei bedeutende Handschriften des Nibelungenliedes. Faksimiles sind heute im **Nibelungen-Museum** ausgestellt. In der Nachbarschaft des Palasts lockt die spätbarocke Kirche Karl Borromäus mit Fresken von Andreas Brugger und einem geschnitzten Hochaltar aus der Renaissance. Im historischen Gewerbegebiet südlich des Stadtzentrums informiert **Stoffels Säge-Mühle** über die Geschichte der Mühlentechnik. An das jüdische Erbe der Stadt erinnert seit 1991 das **Jüdische Museum** Hohenems. Bis zu ihrer Deportation in die Vernichtungslager haben Juden die Stadt mitgeprägt. Hohenems' jüdisches Viertel zählt zu den wenigen noch erhaltenen jüdischen Wohnquartieren Österreichs. Die zumeist kleinen Häuser aus dem 18. und 19. Jh. gruppieren sich um die ehemalige Synagoge, die man nach ihrer Zerstörung durch die Nazis zu Beginn des 21. Jh.s wieder aufbaute und nun als Veranstaltungssaal nutzt. Nahe der Kirche Karl

Borromäus führt ein Serpentinenweg auf den Schlossberg mit der Burgruine Alt-Ems und der noch bewohnten Burg Neu-Ems (Glopper). Hier bietet sich eine schöne Aussicht über das Rheintal bis zum Bodensee.

Die **Musikmuseen** und das **Nibelungen-Museum** haben während der Schubertiaden geöffnet | https://www.schubertiade.at
Jüdisches Museum: Schweizer Str. 5 | Tel. 0043 5576 73 98 90, Di. – So. 10 – 17 Uhr | Eintritt: 9 € | https://www.jm-hohenems.at
Stoffels Säge-Mühle: Sägerstr. 11 | Ende April – Okt. tgl. 9 – 18 Uhr
Eintritt: 2,20 € | https://www.museum-stoffels-saege-muehle.at

★★ FRIEDRICHSHAFEN

Höhe: 400 – 500 m ü. NN | **Einwohnerzahl:** 63 000

Am Himmel über dem Bodensee ist er zu Hause: der Zeppelin. Die eleganten und leise dahinschwebenden Luftschiffe haben das Bild der Region entscheidend mitgeprägt. In den Zeppelinwerken von Friedrichshafen baut man die Giganten der Lüfte inzwischen für Touristen. An Bord eines Zeppelins lernt man die Stadt, den See und seine Landschaften aus einer ganz neuen Perspektive kennen.

Die Stadt verdankt ihren Namen Friedrich I., dem ersten König von Württemberg, der 1811 das alte Buchhorn mit dem Dorf und ehemaligen Kloster Hofen vereinigte und den Hafen anlegen ließ. Das im Zweiten Weltkrieg größtenteils zerstörte Friedrichshafen hat sich im Zuge des Wiederaufbaus zur bedeutendsten Industriestadt am Bodensee entwickelt. Global Player wie MTU und EADS (früher Dornier) residieren hier. Auch als Messestadt hat sich Friedrichshafen einen Namen gemacht: Die neuen Messehallen wurden 2002 eröffnet. Das Stadtbild wird von modernen, funktionalen Bauten geprägt. Friedrichshafen ist ein wichtiger Verkehrsknotenpunkt mit einem bedeutenden Bodenseehafen und einem Regionalflughafen.

Wohin in Friedrichshafen?

Flaniermeile mit Aussicht

Uferpromenade

Friedrichshafens viel gerühmte Uferpromenade bietet sich als Ausgangspunkt für eine Stadterkundung an. Sie führt vom Graf-Zeppelin-Haus, dem Kultur- und Kongresszentrum der Stadt, im Westen zum Gondelhafen im Osten und gewährt **herrliche Aus-**

blicke auf den See, die bei klarem Wetter bis zu den Alpen reichen. Nördlich der Promenade erstreckt sich der Stadtgarten mit dem Zeppelin-Denkmal, eine schlichte, 13 m hohe und sich nach oben verjüngende Säule, auf der Ferdinand Graf von Zeppelin (1838 – 1917) mit den Worten zitiert wird: »Man muss nur wollen und daran glauben, dann wird es gelingen.« Weiter östlich liegt seit 2001 das Klangschiff, eine filigrane Installation des Bildhauers Helmut Lutz, als Mahnmal für den Frieden in Europa vor Anker. Am Gondelhafen geht die Uferpromenade in die Seestraße über, die sich den Hafen entlangzieht. Vom stählernen Aussichtsturm an der Hafenmole überblickt man aus 22 m Höhe das Geschehen am und auf dem Wasser.

Zeppelin Museum

Mehr als nur eine Erinnerung an einen Mythos

Kunst und Technik – für viele Menschen sind das zwei ganz verschiedene Welten, die nicht zusammen passen. Im Zeppelin Museum, das im Gebäude des ehemaligen Hafenbahnhofs gleich hinter den Anlegestellen der Fähren residiert, wird dennoch nach Schnittstellen und Verbindungslinien gesucht. Es nennt nicht nur die weltweit größ-

1 Hotel-Restaurant Maier
2 Felders Restaurant

1 Seehotel
2 Gerbe

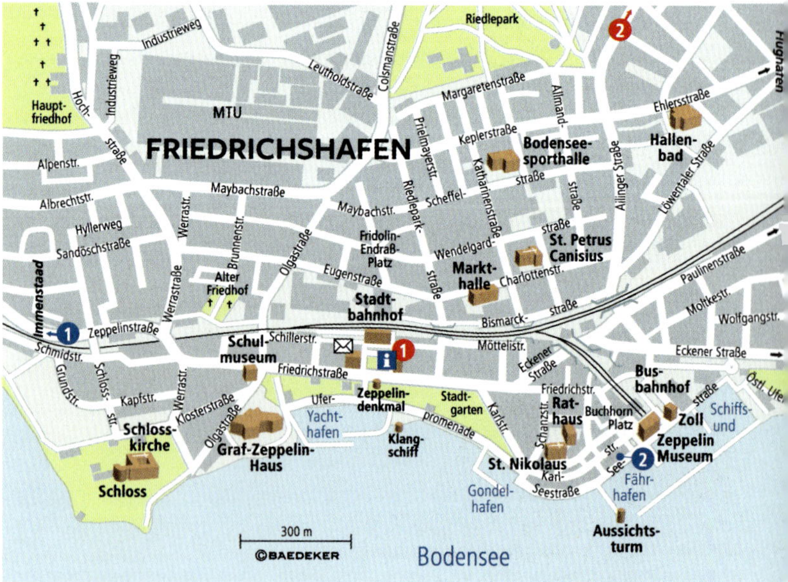

FRIEDRICHSHAFEN

300 m
©BAEDEKER

Bodensee

FRIEDRICHSHAFEN ERLEBEN

TOURISTENINFORMATION

Bahnhofplatz 2
Tel. 07541 20 35 54 44
https://www.friedrichshafen.de

WEBER & WEISS

Die Konditoren von Weber & Weiss zaubern die raffiniertesten Torten und Kuchen. Eine Kaloriensünde wert ist die Zeppelintorte aus piemontesischen Nüssen, feinstem Rum und frischem Pflaumenmus. Auch Pralinen und Schokolade in Zeppelinform gehören zum Sortiment.
Charlottenstr. 11
Tel. 07541 2 17 71
https://weber-weiss.de

SEEHASENFEST

Fünf Tage lang feiert die Stadt Mitte Juli ein rauschendes Kinder- und Heimatfest.

❶ HOTEL RESTAURANT MAIER €€€

Das Familienunternehmen setzt im Restaurant ganz auf Slow-Food. Mehr-Gänge-Menüs mit Weinbegleitung sind die Spezialität des Hauses. Dabei treffen regionale Gerichte aus Baden, dem Allgäu, dem Bregenzerwald oder dem Appenzeller Land aufeinander. Das Hotel verfügt über 55 moderne, komfortable Zimmer.
Poststr. 1–3 (OT Fischbach)
Tel. 07541 40 40
https://www.hotel-maier.de

❷ FELDERS RESTAURANT €€

Am Hafen, im Medienhaus k42 gelegen, bietet das Lokal neben Außenterrasse und bestem Seeblick vorwiegend Produkte von regionalen Erzeugern. Die Palette reicht von Seefisch über oberschwäbisches Landschwein bis hin zu veganen Gerichten.
Karlstr. 42
Tel. 07541 39 19 55
So., Mo. Ruhetag
https://www.felders-restaurant.de

❶ SEEHOTEL €€€

Das Hotel in prämierter Bauhausarchitektur liegt zentral am Nordrand des Stadtgartens, bis zur Uferpromenade ist es nur ein Katzensprung. Die Zimmer sind modern, komfortabel und hell. Das Restaurant serviert saisonale Gerichte der Region.
Bahnhofplatz 2
Tel. 07541 30 3 0
132 Zi.
https://www.seehotelfn.de

❷ GERBE €€

Das Anwesen gehörte früher mit Gerberei, Weinlokal und Landwirtschaft zum Kloster Kreuzlingen. Inzwischen sind aus den Kuh- und Pferdestallungen gemütliche Zimmer im Landhausstil entstanden und aus dem ehemaligen Gewölbekeller ein Schwimmbad. Auch ein schönes Gartenrestaurant und Reitgelegenheiten sind vorhanden.
Hirschlatter Str. 14
(OT Ailingen)
Tel. 07541 50 90
60 Zi.
https://www.hotel-gerbe.de

te **Sammlung zur Geschichte und Technik der Luftschifffahrt** sein eigen, sondern besitzt auch eine **umfangreiche Kunstsammlung,** die einen Bogen spannt von den Meistern der mittelalterlichen Ulmer Schule bis zu Malern der Moderne und widmet sich dabei besonders den Folgen des NS-Kunstraubs. Auf ein Vielzahl von Ansichten des Bodensees ist man ganz besonders stolz. Absolutes Highlight ist aber ein Nachbau der Gondel des Zeppelins **»Hindenburg«,** jenes berühmten Luftschiffs, das 1937 kurz vor seiner Landung in Lakehurst bei New York in Flammen aufging. Der Komfort, den dieser **»Luxusliner der Lüfte«** bot, ist überwältigend. Eine 3-D-Show zeigt, was für den Bau der bis zu 245 m langen Zeppeline benötigt wurde und wie es zur Explosion der »Hindenburg« kommen konnte.

Seestr. 22 |Mai – Okt. tgl. 9 – 17, Nov. – April Di. – So. 10 – 17 Uhr
Eintritt: 12 € | https://www.zeppelin-museum.de

Zeppelinwerft

Abheben mit dem Giganten der Lüfte

Markante Bauten und Buchten aus der Vogelperspektive betrachten und dabei gemächlich in einem Zeppelin über den Bodensee gleiten, das erlebt man nicht alle Tage. Im modernen Zeppelin NT gibt es mehrmals täglich **Rundflüge von März bis November** (▶ Inspiration Fliegen). Wer lieber nicht die Bodenhaftung verlieren will, kann sich auch auf der Zeppelinwerft umsehen. Der Flugbetrieb selbst lässt sich hautnah im Restaurant direkt am Hangar miterleben. Mit einem Graf Zeppelin Perlwein stoßen die Passagiere auf ihrem Rundflug an. Den standesgemäßen Zeppelinsekt mit dem Konterfei des Grafen gibt es für alle Nichtflieger neben vielen anderen Zeppelinandenken im Souvenirshop.

Messestr. 132 | Führungen: April – Mitte Nov. Mo. – Fr. 10 – 18 Uhr
Eintritt: 9,50 € | Rundflüge starten beim Hangar der Zeppelinwerft: ab 30 Min. 320 € p. P. | Tel. 07541 59 00-0 | https://zeppelinflug.de

Schulmuseum

Von Paukern und Pennälern

Dieses Museum entführt in die Zeit, als die Schüler noch in engen Holzbänken ruhig zu sitzen hatten, während der Lehrer ihnen im Biologie-Unterricht Herbarien oder ausgestopfte Tiere zeigte. Es informiert über die **Geschichte der Institution »Schule«** und zwar von der mittelalterlichen Klosterschule bis zu unseren modernen Bildungseinrichtungen. Drei original eingerichtete Klassenräume lassen den Schulalltag von 1850, 1900 und 1930 wieder lebendig werden. Auch Lehr- und Lernmittel wie Episkope, Filmgeräte, Grammophone und Radios werden präsentiert. Wer möchte, kann an der Kasse Schiefertafeln, Griffelkasten oder Schwammdöschen als Andenken erwerben.

Friedrichstr. 14, Tel.: 07541 32 622 | Mai – Okt. tgl. 10 – 17, Nov. – April Di. – So. 14 – 17 Uhr | Eintritt: 3,50 €
https://schulmuseum.friedrichshafen.de

Juwel des Frühbarock

Schlosskirche

Die Schlosskirche mit ihren beiden 55 m hohen Zwiebeltürmen ist das **Wahrzeichen von Friedrichshafen**. Sie wurde von 1695 bis 1701 vom Kloster Weingarten nach Plänen des Vorarlbergers **Christian Thumb** als Wandpfeilerbasilika errichtet und ist mit reicher Stuckdekoration von Johann und Franz Schmuzer sowie Altarblättern von Johann Michael Feuchtmayer versehen. Das Schloss selbst, von 1654 bis 1701 als Kloster Hofen von Michael Beer erbaut, gehört dem Haus Württemberg (keine Besichtigung). Allerdings befindet sich im Schloss die Vinothek des Weinguts Herzog von Württemberg.

Vinothek: Di.– Fr. 14 –18 Uhr
https://www.weingut-wuerttemberg.de

ABHEBEN UND SCHWEBEN

Das gibt es sonst (fast) nirgends in Deutschland: Im Luftschiff sacht dahinschweben, sich beinahe schwerelos fühlen, und das auch noch über dem herrlichen Bodensee. Also keine Angst, das Fenster aufgemacht und die Kamera gezückt! Der Zeppelin fliegt mit gerade mal 70 km/h nicht höher als 300 Meter. (März - Mitte Nov., ab 30 Min. 320 € p. P., https://.zeppelinflug.de)

FLIEGENDE SCHIFFE

In Friedrichshafen baute Ferdinand Graf von Zeppelin sein erstes Luftschiff. Die große Zeit der Zeppeline, als sie in den 1920er- und 1930er-Jahren regelmäßig im Transatlantikdienst fuhren, war mit der Katastrophe von Lakehurst 1937 jäh zu Ende. 1997 hat man die Tradition mit dem Zeppelin NT wieder aufgenommen, von dem bisher vier Exemplare gebaut wurden und mit dem man Rundflüge über den Bodensee machen kann (Information: https://zeppelinflug.de).

▶ **Zeppelin NT Konstruktion**

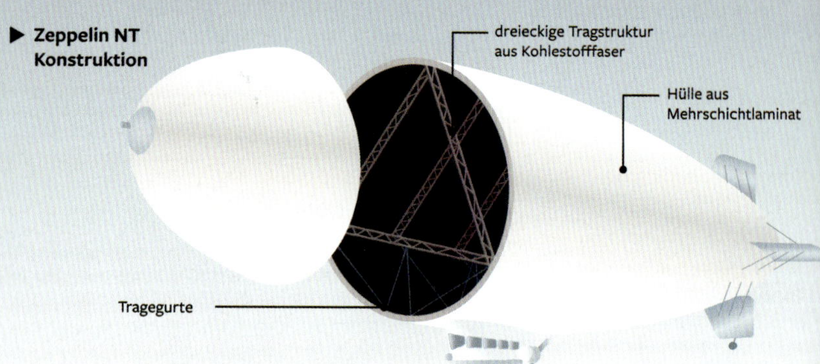

Die Hülle bildet die einzige Gaszelle. In ihr herrscht leichter Überdruck im Vergleich zum Luftdruck. Als Traggas dient Helium.

▶ **Luftschifftypen**
Im Querschnitt

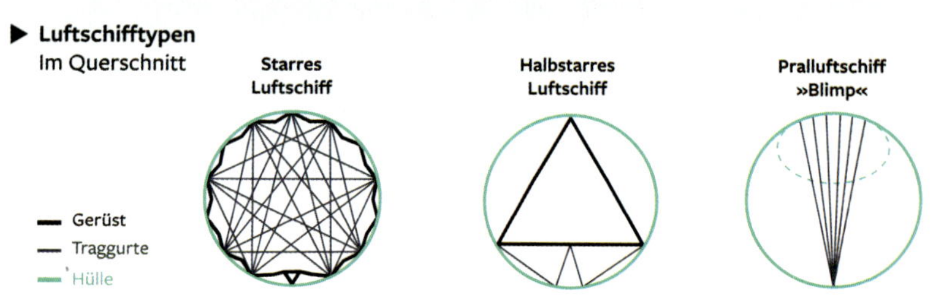

▶ **Die Ära der Zeppeline**

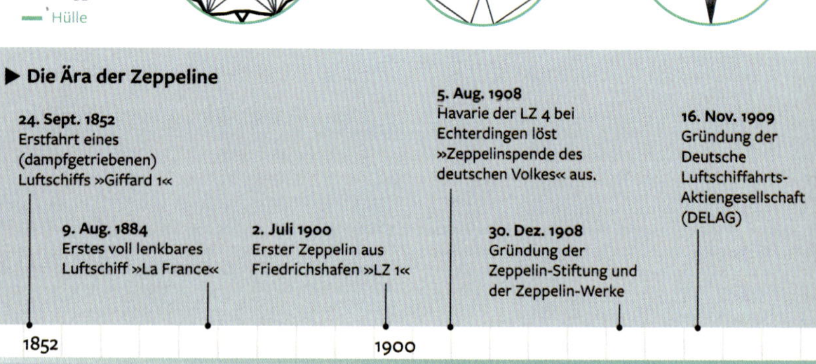

Größenvergleich

LZ 127

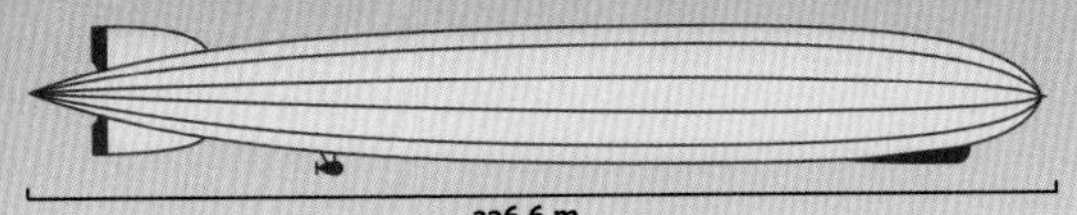

236,6 m

»Graf Zeppelin« war das erfolgreichste starre Luftschiff der Geschichte

LZ 104

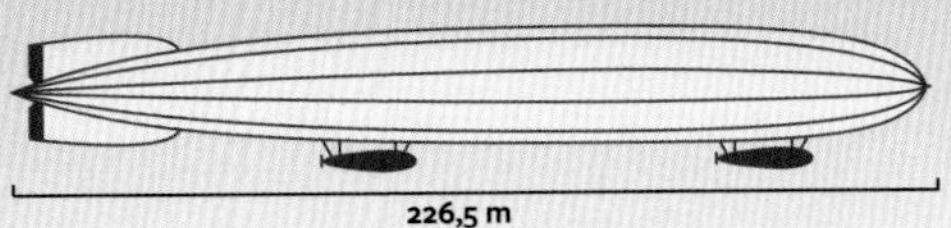

226,5 m

Das »Afrikaluftschiff« wurde für die Versorgung der deutschen Truppen in Ostafrika im Ersten Weltkrieg gebaut

LZ 1

128 m

Das erste Luftschiff vom Typ Zeppelin

Zeppelin NT

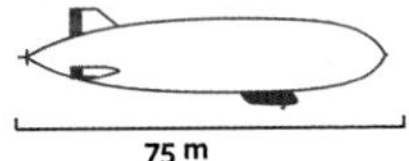

75 m

Das größte halbstarre Luftschiff

LZ 127 über New York

Airbus A 380

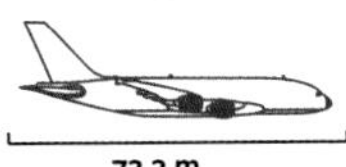

72,3 m

Das größte Passagierflugzeug der Welt

853

23. Aug. 1910
Erste offizielle Passagierfahrt mit »LZ 7« in Deutschland von Baden-Oos aus

1914 – 1918
Produktion von Kriegszeppelinen (LZ 26 – LZ 114)

2. – 6. Juli 1919
Erste Antlantiküberquerung durch die britische R 34

12. Mai 1926
Nordpolüberquerung von Umberto Nobile und Roald Amundsen mit der »Norge«

1. Aug. – 4. Sept. 1929
Weltfahrt der LZ 127 »Graf Zeppelin«

6. Mai 1937
Katastrophe von Lakehurst: Absturz der LZ 129 »Hindenburg«

18. September 1997
Jungfernfahrt des Zeppelin NT

1910 · 1914 – 1918 · 1937 · 1997

Einstellung der Zeppelin-Produktion

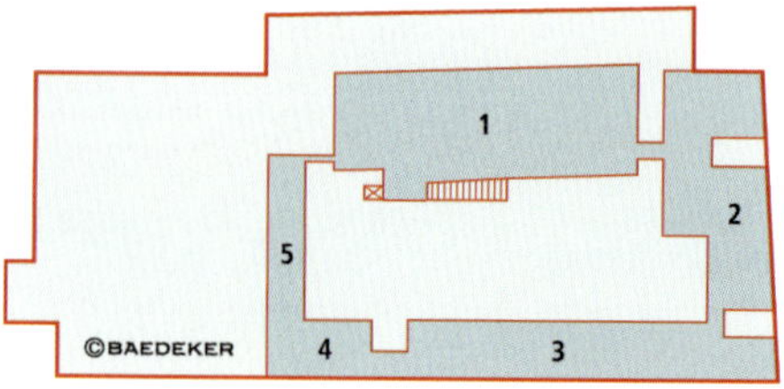

2. OBERGESCHOSS
Kunstabteilung

1 Zeppelinschwärme
2 Skulpturen aus Mittelalter und Neuzeit
3 Landschaften, Portraits
4 Meister des Barock
5 Wechselausstellung

ZEPPELIN MUSEUM

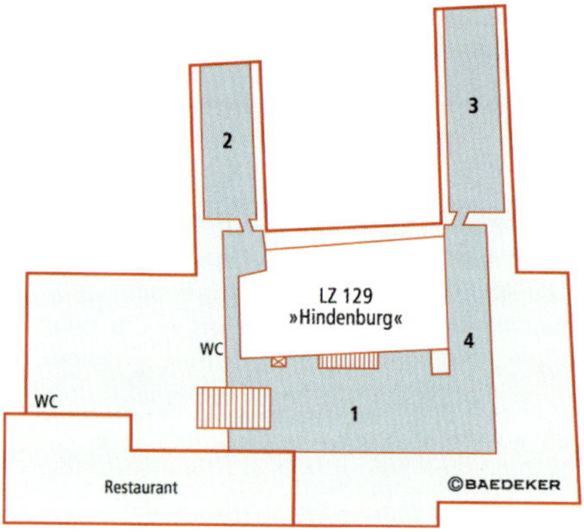

1. OBERGESCHOSS
Zeppelinabteilung

1 Konstruktion, Technik und Aerodynamik
2 Militärische Nutzung der Luftschiffe
3 Zivile Nutzung der Luftschiffe
4 Funk und Navigation

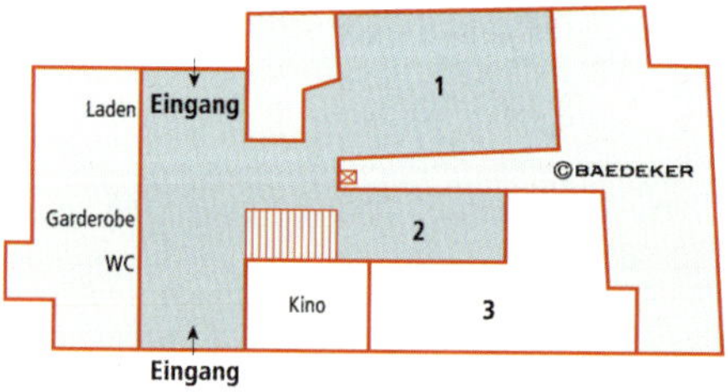

ERDGESCHOSS
Zeppelinabteilung

1 LZ 129 »Hindenburg«
2 Technik und Reise
3 Wechselausstellungen

Dornier-Museum

100 Jahre Luft- und Raumfahrttechnik unter einem Dach
Dass man in Friedrichshafen Luft- und Raumfahrtgeschichte schrieb, stellt auch das Dornier-Museum unter Beweis. Die Ausstellung zeigt alle von der Firma Dornier entwickelten Flugzeugtypen und veranschaulicht die Geschichte der Luft- und Raumfahrt von den Anfängen bis in die Gegenwart. Zu den Highlights zählen die Do 27 und Do 28 sowie der Senkrechtstarter Do 31. In dem 2009 eröffneten, **spektakulären Museumsbau in Form eines Flugzeughangars** haben

mehr als 15 Flugzeuge und vieles andere mehr Platz. Der Lichtkünstler James Turell verwandelte das Gebäude in einen transparenten Lichtkörper, der bei Dunkelheit von innen heraus farbig leuchtet. Firmengründer Claude Dornier (▶ Interessante Menschen) verdiente sich übrigens unter Graf Zeppelin die ersten Sporen.

Claude-Dornier-Platz 1 | Di. – So. 10 – 17 Uhr | Eintritt: Erwachsene 12,50 €, Kinder 7 € | https://www.dorniermuseum.de

Eriskircher Ried

Naturparadies am Wasser

Das Flussdelta sechs Kilometer südöstlich von Friedrichshafen lädt zu Streifzügen durch urwüchsige Natur ein und bietet damit ein **Kontrastprogramm zur technikorientierten Zeppelinstadt.** Der Seeuferstreifen zwischen Ach- und Schussenmündung sowie die sich daran anschließende Flachwasserzone im Bodensee bilden mit 552 Hektar das größte Naturschutzgebiet am nördlichen Bodenseeufer. Entstanden ist es, als sich nach dem Abschmelzen der Gletscher am Ende der letzten Eiszeit große Mengen Sand und Kies an der **Schussenmündung** ablagerten. Ein Auenwald aus Silberweiden,

Ein architektonisches Glanzstück ins rechte Licht gerückt: das Dornier-Museum. Davor steht der Senkrechtstarter Do 31 als technisches Glanzstück.

Pappeln und Erlen gedeiht an den Ufern des Flusses und seiner Altwasser. Das Ried ist Lebensraum und Rückzugsgebiet für eine große Zahl seltener Pflanzen und Wasservögel. Tausende von Enten, Möwen und die seltenen Singschwäne überwintern hier. Zur Blütezeit der Sibirischen Schwertlilie (Iris sibirica) von Ende Mai bis Anfang Juni verwandeln sich die Wiesen des Gebiets in einen lila Teppich. Das Ried kann man auf kurzen Rundwegen (3 und 4 km) erkunden. Das Naturschutzzentrum im ehemaligen Bahnhof von Eriskirch bietet neben einer Ausstellung auch Führungen an.

Naturschutzzentrum: Bahnhofstr. 24, April – Okt. Di. – Do. 14 – 17, Fr. – So. 10 – 13 und 14 – 17 Uhr, Nov. – März Di. – Do. 14 – 16, Fr. 9 – 12, So. 14 – 17 Uhr | Eintritt frei | Tel. 07541 8 18 88
https://naz-eriskirch.de

HEGAU

Höhe: 400 – 700 m ü. NN

B/C 1/2

»Herrgotts Kegelspiel«, nannte der Schriftsteller Ludwig Finckh einst die landschaftlich reizvolle Hügellandschaft. Denn markante Kegel längst erloschener Vulkane ragen hier überall weithin sichtbar auf. Feudalherren ließen während des Mittelalters auf vielen dieser Erhebungen trutzige Burgen errichten. So krönt noch heute die größte Festungsruine Deutschlands den König der Hegauvulkane, den Hohentwiel bei Singen.

Vulkanland

Geologen gehen davon aus, dass die Vulkane nach einem schnellen Absinken des Oberrheingrabens vor 14 Millionen Jahren entstanden sind. Gewaltige Magmamassen drangen damals aus dem Erdinnern hervor und bildeten dicke Tuffschichten. Die Wissenschaftler unterscheiden zwischen einer westlichen Kegelreihe mit dem Hohenstoffels (844 m) und dem Hohenhewens (846 m) und einer östlichen mit dem Hohentwiel (686 m), der Hohenkrähen (643 m) und dem Mägdeberg (664 m). Die östliche Reihe hat sich aus Vulkanschloten gebildet, in die vor neun Millionen Jahren flüssiges Phonolith drang, das aber noch vor Erreichen der Erdoberfläche erstarrte. Bei der westlichen Reihe war es flüssiger Basalt, der in die Schlote drang und ebenfalls vor Erreichen der Erdoberfläche erkaltete. Die riesigen Gletscher, die sich während der letzten Eiszeit aus den Alpen nach Norden fraßen, trugen den weichen Tuff ab und legten so das harte Gestein der Vulkanschlote frei. Die Kräfte der Erosion sorgten dann für den letzten Feinschliff.

Wohin im Hegau?

Die Industrie- und Kunststadt

Singen

Die 50 000-Einwohner-Stadt, Hauptort und Wirtschaftszentrum des Hegau, ist als Standort der heute zum Nestlé-Konzern gehörenden

DEN HEGAU ERLEBEN

HEGAU TOURISMUS
inCITI Singen GmbH
Industriestr. 9
78224 Singen
Tel. 07731 59 00 14 01
https://www.hegau.de

TOURIST INFORMATION SINGEN
Marktpassage
August-Ruf-Str. 13
D-78224 Singen
Tel. 07731 85-262
https://www.bodenseewest.eu

TOURIST-INFO STOCKACH
Kulturzentrum Altes Forstamt
Salmannsweiler Str. 1
D-78333 Stockach
Tel. 07771 80 23 00
https://www.stockach.de

HOHENTWIELFESTIVAL
Vor der malerischen Kulisse der Burgruine findet auf dem Hohentwiel alljährlich zwei Wochen im Juli ein Openair-Festival mit Stars der internationalen Popmusikszene statt.
https://hohentwielfestival.de

HOTEL-RESTAURANT HOHENTWIEL €€
Die schöne Lage unterhalb der Burgruine Hohentwiel macht das Restaurant zu einem beliebten Ausflugslokal, das saisonale Gerichte serviert. Die Panoramaterrasse gewährt beste Aussichten über das Hegauer Land. Die 13 Zimmer sind komfortabel eingerichtet. Eine Besonderheit sind die Panoramazimmer mit wandhohen Fenstern, in denen vier Personen übernachten können.
Hohentwiel 1
78224 Singen
Tel. 07731 990 70
https://www.hotel-hohentwiel.com

HOTEL TREZOR €€
In den Räumen der ehemaligen Sparkasse zeichnet sich das Hotel durch klare moderne Linien aus, die den 60 Zimmern individuellen Charme geben samt bequemen Boxspringbetten und moderner Kunst aus dem Archiv des Museums Art & Cars (MAC).
Forststraße 16
78224 Singen
Tel. 07731 939 69-0
https://www.hotel-trezor.de

BIBERMÜHLE €
Das Hotel residiert in einer alten Mühle an dem Flüsschen Biber und bietet seinen Gästen eine finnische Sauna. Die 31 Zimmer sind hell und gemütlich. Die Küche serviert Fisch und Wild aus der Bodenseeregion.
Untere Mühle 1
78250 Blumenfeld
Tel. 07736 92 93-0
https://www.bibermuehle.de

Firma **Maggi** bekannt. Bereits seit 1899 stellt das Unternehmen, das in der Schweiz begann, seine berühmte Flüssigwürze auch in Singen her. Die erste Produktionsstätte, das »Gütterli-Hüsli«, wurde in ein Museum umgewandelt. Auf den Führungen, die der Singener Museumsverein anbietet, erfährt man Wissenswertes über die Esskultur des 19. Jh.s. Als moderne Industriestadt verfügt die Hegau-Metropole zwar nur über wenig historische Bausubstanz, Kunst und Geschichte kommen dennoch nicht zu kurz. Das **Kunstmuseum** nennt die größte Sammlung von Werken der Höri-Maler wie Otto Dix sein eigen. Es stellt vor allem zeitgenössische Künstler aus dem Bodenseeraum vor. Das im Gräflichen Schloss von 1810 residierende **Archäologische Hegaumuseum** zeigt Grabungsfunde von der Altsteinzeit bis zu den Alemannen. Wohl einzigartig ist das Konzept, welches das **Art & Cars Museum** verfolgt: In wechselnden Ausstellungen tritt hier Fahrzeugdesign in Dialog mit moderner Kunst. Aber auch der geschwungene, erdfarbene Museumsbau (MAC 1) ist spektakulär. 2019 wurde ein zweiter ebenfalls architektonisch interessanter Museumsbau eröffnet (Architekt: Daniel Binder). Künstlerisch dreht sich im MAC 2 alles um Fotografie und Lichtkunst.

Maggi-Museum: Führungen Mi. 10.30 Uhr nur nach Reservierung über die Tourist-Info Singen (S.77) | Eintritt: 10 €
Kunstmuseum: Ekkehardstr. 10 | Di. – Fr. 14 – 18, Sa., So. 11 – 17 Uhr Eintritt: 5 €, Eintritt frei Do. | https://www.kunstmuseum-singen.de
Hegaumuseum: Am Schlossgarten 2 | Mo. – Sa. 14 – 18, So. 14 – 17 Uhr | Eintritt frei | https://www.singen-kulturpur.de
Arts & Cars: Parkstr. 3 | Mi. – Sa. 14 – 18, So. 11 – 18 Uhr | Eintritt: 14 € bzw. 22 € (MAC 1 + 2) | https://www.museum-art-cars.com

Burgruine Hohentwiel

Nur von der Zeit besiegt

Völlig unbeschwert spaziert ein Besucher von heute den Hohentwiel bei Singen hinauf zu **Deutschlands größter Festungsruine.** Dagegen war noch zu Zeiten Herzog Ulrich von Württembergs das Steinetragen Pflicht. Mindestens 20 Kilo Steine musste jeder als Gastgeschenk zur Ausbesserung und Erweiterung der Anlage hinaufschleppen. Im Gegenzug erhielt er dafür einen üppigen Willkommenstrunk. Heute winkt dem Wanderer als Lohn der grandiose Ausblick über die sanften Hügel des Hegaus im Westen bis zur Gipfelkette der Alpen im Süden. Die mächtige Burg war praktisch uneinnehmbar und überstand insgesamt fünf Belagerungen. Dennoch hat sie im Lauf ihrer Geschichte viele Herren kommen und gehen sehen. Ihre Anfänge reichen bis ins beginnende 10. Jh. zurück. Zu Beginn des 11. Jh. gelangte der Hohentwiel in die Hand der Zähringer und im Verlauf des Investiturstreits ging er vermutlich an das Kloster St. Gallen. Im Dreißigjährigen Krieg spielte die Burg als württembergische Landesfeste eine wichtige Rolle. Seit dem späten 17. Jh. war sie Staatsgefängnis und mehr und mehr dem Verfall preisgegeben. Kaiser Napoleon ließ

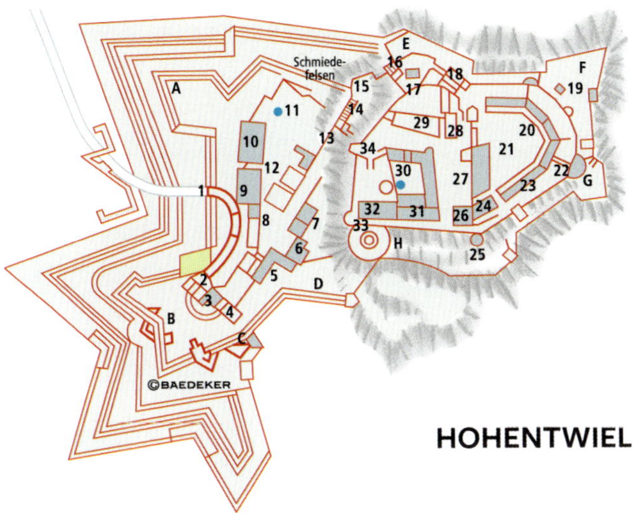

HOHENTWIEL

Bastionen
A Alexanderbastion
B Karlsbastion
C Eugensbastion
D Ludwigsbastion
E Friedrichsbastion
F Herzogsbastion
G Kleine Bastion
H Rondell Augusta

Untere Festung
1 Alexandertor
2 Ludwigstor
3 Kasernen-wachhaus
4 Eugenstor
5 Stabsoffiziers-wohnung
6 Keltergebäude
7 Wohnhaus und Wagenremise
8 Apotheke, Regimentsarzt-wohnung, Stallungen
9 Marketenderei
10 Mannschafts-kaserne
11 Zisterne (verdeckt)
12 Kommissbäckerei
13 »Salzbüchsle« (Warte zwischen unterer und oberer Festung)

Obere Festung
14 Zugbrücke
15 Postenschilderhaus
16 Brücke
17 Schmiede, Professquartier
18 Neues Portal mit Brücke
19 Pulvertürme
20 Urspr. Kloster mit Kreuzgang, später Kasernenbau mit Laubenumgang, Mehlmagazinen und Munitionsgewölben
21 Paradeplatz (Waffenplatz)
22 Wilhelmswacht
23 Schul- und Pfarrhaus
24 Kanzlei (oder Backhaus)
25 Eberhardswacht
26 Neuer Bau
27 Kirche mit Turm
28 Arrestanten-gewölbe
29 Gouvernements-bau
30 Fürstenburg mit Innenhof, Zisterne, Wohnräumen und Stallungen
31 Bandhaus
32 Zeughaus
33 Altan (höchster Geländepunkt)
34 Hochwacht

schließlich 1800/1801 die meisten Gebäude schleifen. Das gesamte Burggelände ist heute Naturschutzgebiet. Man erreicht die Burg über einen Parkplatz, von dem aus ein Fußweg auf den Hohentwiel führt. Am Parkplatz gibt es ein Informationszentrum.

April – Mitte Okt. tgl. 9 – 18.30, Mitte Okt. – März Di. – So. 10 – 16 Uhr, letzter Einlass jeweils eine Stunde früher
Eintritt: 5 € | https://www.festungsruine-hohentwiel.de

Ort der Erinnerung

Bereits 1654 ließen sich die ersten **Juden in Gailingen** nieder und gründeten eine mildtätige Bruderschaft. Mitte des 19. Jh.s lebten in Gailingen

GRÖSSTE FESTUNGSRUINE DEUTSCHLANDS

Der Hohentwiel, der sich auf dem gleichnamigen Vulkankegel erhebt, ist die größte Festungsruine Deutschlands. Die bis auf das 10. Jh. zurückgehende Burg hat eine wechselvolle Geschichte. Das heute als Naturschutzgebiet ausgewiesene Gelände ist eine besondere Mischung von Kultur- und Naturerlebnis.

April – Mitte Okt. tgl. 9.00 – 18.30, Mitte Okt. – März Di. – So. 10.00 – 16.00 Uhr, letzter Einlass jeweils eine Stunde früher, https://www.festungsruine-hohentwiel.de, Eintritt: 5 €

1 Kloster
Das Kloster wurde im frühen 10. Jh. von Herzog Burkhard III. gegründet. Nach dem Tod des Herzogs baute seine Witwe, Herzogin Hadwig, die Anlage zu einem kulturellen und religiösen Zentrum aus. In seinem Roman »Ekkehard« setzte der Dichter Josef Victor von Scheffel der Herzogin ein literarisches Denkmal. König Heinrich II. verlegte jedoch bereits 1005 das Kloster nach Stein am Rhein. Die Anlage mit Kreuzgang wurde später zu Kasernen umfunktioniert. Auch als Vorrats- und Munitionslager dienten die Klostergebäude.

2 Gefängnis
Im 18. Jh. war die Burg ein gefürchtetes Gefängnis, in deren Verliesen vor allem politische Gefangene schmachteten.

3 Fürstenburg
Zentrum der Burganlage ist die Fürstenburg, die von den wechselnden Herren – dazu gehörten die Zähringer, die Herren von Singen und die Familie von Klingenberg – als Herrschersitz genutzt wurde. Sie umfasst Wohnräume und Stallungen.

4 Altan
Der Altan, der auch »Scharfes Eck« genannt wird, markiert den höchsten Punkt der Burg.

1
2
3
4

dem kleinen Ort fast 1000 Juden, das entsprach der Hälfte der Bevölkerung. Die jüdische Gemeinde überlebte die Shoa nicht. 1940 wurden alle Mitglieder deportiert und ermordet. Im Bürgerhaus dokumentiert das **Jüdische Museum** mit einer Sammlung von Alltags- und Kultgegenständen die Geschichte des Landjudentums in der Region. Gailingen liegt 18 km südlich Singen und ist ein guter Ausgangspunkt für Radtouren.

Jüdisches Museum: Di., Mi. 11 – 16 Uhr
Tel. 07734 93 42 26, http://www.jm-gailingen.de

Ein schmuckes Städtchen und ein prähistorischer Fundort

Engen

Das idyllische Engen, 20 km nordwestlich von Singen, ist eine der besterhaltenen historischen Stadtanlagen Süddeutschlands. Der Ort besticht durch eine **malerische, mustergültig sanierte Altstadt** mit einem reichen Bestand an mittelalterlichen und frühneuzeitlichen Gebäuden. Die ursprünglich spätromanische, später barock umgestaltete Kirche Mariä Himmelfahrt besitzt zwei interessante romanische Stufenportale mit figürlichen Darstellungen. Beachtenswert ist zudem das Krenkinger Schloss, das auf das 14. Jh. zurückgeht und in seiner heutigen Form aus dem 16. Jh. stammt. Das Städtische Museum im ehemaligen Kloster St. Wolfgang zeigt neben Sonderausstellungen zur Klassischen Moderne kostbare Sakralkunst und **prähistorische Funde vom Petersfels** im Brudertal nordöstlich von Engen. Das spektakulärste Ausstellungsstück ist die 14 000 Jahre alte, aus Gagat geschnitzte **»Venus von Engen«.** In der Nähe des Fundorts hat man einen **Eiszeitpark** angelegt und die Umwelt rekonstruiert, in der die steinzeitlichen Jäger vor 15 000 Jahren lebten. Auf dem Hohenhewen (846 m), dem Hausberg von Engen, sind Reste einer Burg (um 1170) erhalten.

Städtisches Museum: Klostergasse 19 | Di. – Fr. 14 – 17, Sa., So. 11 – 18 Uhr | Eintritt: 3 € | https://museum-engen.de
Eiszeitpark: Brudertal | ganzjährig frei zugänglich

Wandern über Vulkankegel

Von Engen nach Singen

Für sportliche Wanderer oder solche, die sich ausreichend Zeit zum Verschnaufen lassen, zählt die fünfte Etappe des **Fernwanderwegs** »Querweg«, die von Engen nach Singen führt, zu den schönsten, aber wegen der vielen Steigungen auch anstrengendsten Wanderungen im Hegau. Er führt über die Vulkane Hohenhewen, Hohenstoffel, Mägdeberg und Hohenkrähen bis zum Hohentwiel. Der Lohn für die Mühe: herrliche Aussichten weit übers Land. Die Gehzeit beträgt etwa 6 Stunden.

Kutschen und Narren

Eigeltingen

Das inmitten lieblicher Landschaft 12 km östlich von Engen gelegene Eigeltingen ist Ausgangspunkt für Wanderungen in das wildroman-

Auch der Hohenewen schlummert schon lange.

tische **Naturschutzgebiet Krebsbachtal.** In der am östlichen Ortsende gelegenen Lochmühle, einem 400 Jahre alten ehemaligen Bauernhaus, residiert ein Kutschenmuseum, das u. a. **Ausfahrten mit der Kutsche oder im Planwagen und Ponyreiten** anbietet. Drei Kilometer südlich von Eigeltingen zeigt das Fasnachtsmuseum in Schloss Langenstein ausgefallene Holzmasken und reich geschmückte Narrengewänder der schwäbisch-alemannischen Fasnacht.

Fasnachtsmuseum: derzeit geschlossen, ein neuer Museumsbau entsteht | https://www.fasnachtsmuseum.de
Kutschenmuseum: Hotel Lochmühle, Hinterhofstr. 44
https://www.erlebnisgastronomie.de

Wie der Bodensee zu Wasser aus der Donau kommt

Aachtopf

Die Quelle der in den Bodensee mündenden Radolfzeller Aach ist die größte Quelle Deutschlands. Pro Sekunde steigen zwischen 1000 und 24 000 Liter Wasser aus einer Höhle in der Tiefe auf und bilden zunächst einen richtigen kleinen See, den Aachtopf. Woher das viele Wasser kommt, war lange Zeit ungewiss. Als aber der Geologe Adolf

Knopp im Oktober 1877 Wasser der rund 11 km weiter nördlich in den weichen Karstboden versinkenden Donau mit viel Salz und einer Menge Schmieröl versetzte und die Substanz in der Aachquelle wiederfand, war der Beweis erbracht: **Die Aachquelle wird mit Donauwasser gespeist,** das sich, nachdem es abgesunken ist, unterirdisch einen Weg bahnt und durch Höhlen fließt. Bereits 1886 starteten die ersten waghalsigen **Höhlentauchversuche.** Nach und nach stießen die Forscher auf ein weit verzweigtes Höhlensystem und erst im April 2017 entdeckte ein Taucher dort die einzigen bekannten Höhlenfische Europas.

Erinnerung an den Bauernkrieg

Hilzingen

In der Singener Nachbargemeinde nahm der Bauernkrieg im Hegau seinen Anfang. Hier verbündeten sich 1524 während der jährlichen Kirchweih 800 Bauern und riefen zum Aufstand auf. Das **Museum im Schlosspark** erinnert in einer ständigen Ausstellung daran. Hilzingens Peter-und-Paul-Kirche, die ein Meisterwerk des Barockbaumeisters **Peter Thumb** ist, wurde von diesem 1747 bis 1749 errichtet. Die als »Barockjuwel des Hegaus« geltende Kirche überrascht mit einer prachtvollen Innenausstattung.

Museum: April – Okt. jeden 1. So. im Monat 14 – 17 Uhr
https://museum-hilzingen.de

Hier geht es hochrangigen Politkern an den Kragen

Stockach

Die Hegau-Stadt ist als Hochburg der schwäbisch-alemannischen Fasnacht bekannt. Alljährlich am Donnerstag vor Aschermittwoch, dem »schmotzige Dunschtig«, erhebt das Stockacher **Narrengericht** Anklage gegen einen führenden Politiker oder eine führende Politikerin der Republik und verurteilt sie nach einem »ordentlichen Prozess« zur Abgabe von Wein in Eimern. Während man es im Fall Angela Merkel bei eineinhalb Eimern beließ, wurde Baden-Württembergs Ministerpräsident Winfried Kretschmann zu drei Eimern und 200 Litern Bier verdonnert.

Die Gemeinde Stockach, die vier Kilometer vom Nordufer des Überlinger Sees entfernt beginnt, besteht aus zahlreichen Dörfern, Weilern sowie einzelnen Gehöften und ist ländlich geprägt. Der namensgebende Hauptort bietet sich als **Ausgangspunkt für beschauliche Rad- oder Wandertouren** an. Man fährt durch eine idyllische Wald- und Wiesenlandschaft. Ausgewiesene Erlebniswege führen zu oft versteckten Naturschätzen. Stockach selbst präsentiert sich als reizendes Landstädtchen. Wahrzeichen ist der barocke Zwiebelturm der Kirche St. Oswald, dessen Erhalt sich einem Kompromiss verdankt: Anfang der 1930er-Jahre wollte der Gemeindepfarrer nämlich die komplette Kirche abreißen lassen, nach heftigen Protesten aus der Bürgerschaft einigte man sich darauf, den Turm zu erhalten und nur das Kirchenschiff neu zu bauen.

HÖRI

Höhe: 400 – 715 m ü. NN

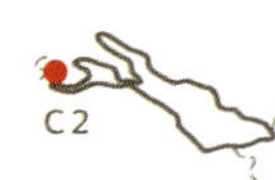

»Ein schönes Paradies. Zum Kotzen schön«, schrieb Otto Dix über die Halbinsel Höri, auf die er sich ins Exil geflüchtet hatte. Die dörfliche Abgeschiedenheit verstörte den überzeugten Großstadtmenschen, doch bald schon begann er hier zu malen wie im Rausch. Waren es zu Beginn des 20. Jh.s noch zivilisationsmüde Schriftsteller wie Hermann Hesse und Ludwig Finckh, die sich hier niederließen, so wurde die Höri nach 1933 auch Zufluchtsort für verfolgte Künstler wie Otto Dix. Die Landschaft, die sie so sehr angeregt hat, verzaubert Besucher noch heute.

Die 63 Quadratkilometer große Halbinsel schneidet tief in den Untersee ein. Fast der ganze Uferstreifen steht unter Naturschutz und ist Lebensraum für seltene Vogel- und Pflanzenarten. Die meisten der etwa 10 000 Einwohner leben in den Gemeinden Moos, Gaienhofen und Öhningen. Nach wie vor sind auf der Höri viele Künstler ansässig. Aber auch Urlauber wissen die ländliche Idylle mehr und mehr zu schätzen. Die Höri ist ein ideales Wander- und Radelgebiet. Die höchste Erhebung, der waldreiche Höhenzug des Schiener Bergs, steigt bis auf 715 m an.

Wohin auf der Höri?

Malern und Literaten auf der Spur

Wer den Spuren von Malern und Dichtern folgen möchte, fängt am besten in Gaienhofen an. Der größte Ort auf der Höri liegt direkt am Ufer des Untersees und ist Startpunkt der **Kunstroute,** die zu den durch Stelen markierten Plätzen führt, an denen die Höri-Maler ihre Staffeleien aufstellten und ihre Eindrücke in großartigen Aquarellen oder Zeichnungen festhielten. Ein Vergleich zwischen den Bildern und der Realität heute zeigt, ob und wie sich die Landschaft im Laufe der Zeit verändert hat.
Gaienhofens wohl berühmtester Einwohner war Hermann Hesse, der zwischen 1904 und 1912 auf der Höri lebte. In seinem ersten Haus erinnert heute ein Museum an den Schriftsteller. 1907 ließ Hesse westlich von Gaienhofen für sich und seine Familie ein Landhaus bauen und dabei auch einen Garten für die Selbstversorgung anlegen. Das **Mia-und-Hermann-Hesse-Haus** ist in Privatbesitz und kann deshalb nur im Rahmen von Führungen besichtigt werden. Das **Hermann-Hesse-Museum** besteht aus zwei historischen Gebäuden, dem zuvor erwähnten ersten Wohnhaus des Schriftstel-

DIE HÖRI ERLEBEN

WESTLICHER BODENSEE REGIO KONSTANZ-BODENSEE-HEGAU E.V.

Obere Laube 71
78462 Konstanz am Bodensee
Tel. 07531 13 30 40
https://www.bodenseewest.eu

TOURISTINFORMATION GAIENHOFEN

Im Kohlgarten 1
D-78343 Gaienhofen
Tel. 07735 8 18 23
https://www.gaienhofen.de

HERMANN-HESSE-TAGE

Alljährlich Anfang Oktober gedenkt Gaienhofen mit Vorträgen dem Schriftsteller, das Programm erhält man im Kulturbüro Gaienhofen.

MOOSER WASSERPROZESSION

Im Juli bricht eine Prozession blumengeschmückter Boote von Moos nach Radolfzell auf. Die Bewohner des kleinen Orts folgen damit einem Gelübde, das ihre Vorfahren gegen Ende des 18. Jh.s abgelegt haben, als eine Seuche den Viehbestand bedrohte. Die Prozession bildet den Abschluss des Radolfzeller Hausherrenfests.

BÜLLEFEST

Am ersten Sonntag im Oktober dreht sich in Moos alles um die Zwiebel, die hier »Bülle« heißt, rötlich in der Farbe und vom Geschmack her besonders mild ist. Die Festgäste erwarten nicht nur Wein und Musik, sondern auch kulinarische Köstlichkeiten vom Büllekuchen bis zur Büllesuppe. An einigen Ständen führen Handwerker ihre traditionsreichen Künste vor, andere bieten aus Zwiebeln kunstvoll geflochtene Zöpfe und Girlanden an.

FALCONERA €€€€

Im 1-Sterne-Restaurant Falconera auf dem Schiener Berg kreiert Johannes Wuhrer in einer alten Mühle saisonale Gerichte im Stil der klassischen französischen Küche wie z. B. zarten Rehrücken mit Pfefferkirschen und Rahmwirsing oder ofenfrische Limonen-Tarte.
Zum Mühlental 1
D-78337 Öhningen-Schienen
Tel. 07735 23 40
Ruhetage: So. – Di.
https://falconera.de

GRÜNER BAUM €€€

Alles, was bei Küchenchef Hubert Neidhart auf den Teller kommt, stammt meist von Erzeugern der nahen Umgebung. Seine köstlichen Bodenseefischspezialitäten sind besonders zu empfehlen. Wer daheim die Erinnerung an eine ganz köstliche Mahlzeit noch ein Weilchen wachhalten möchte, kann sich Fischsuppe im Glas mitnehmen.
Radolfzeller Str. 4, D-78345 Moos
Tel. 07732 5 40 77
Ruhetage: Di., Mi.
https://www.gruenerbaum-moos.de

HIRSCHEN HORN €€€€ - €€

Das 2022 neu ausgebaute Wellness-Refugium des Hirschen liegt an der Spitze der Höri in einem großen Garten mit einem der schönsten Aussichtsplätze am Bodensee. Von der

Panoramasuite bis zur Ferienwohnung reicht das breite Angebot des schon in siebter Generation familiengeführten Hauses. Ein Infinity Pool verbindet Innen- und Außenbecken. Die beiden Restaurants servieren unverschnörkelte Feinschmeckerküche.
Kirchgasse 3
D-78343 Gaienhofen
Tel. 07735 933 80
47 Zi. und Wohnungen
https://www.hotelhirschen-bodensee.de

HOTEL HOERI AM BODENSEE €€

Das Sport- und Tagungshotel hat einen eigenen Badestrand mit Liegewiese, ein Spa und ein Fitnesscenter sowie Restaurant mit Seeterrasse und Wintergarten. Die Zimmer sind komfortabel und behaglich eingerichtet.
Uferstr. 20 – 23, D-78343 Gaienhofen-Hemmenhofen
Tel. 07735 81 10, 75 Zi.
https://www.hoeri-am-bodensee.de

lers, in dem eine Ausstellung sein unstetes Leben nachzeichnet, das zweite Gebäude, ehemals Schul- und Rathaus, informiert anhand historischer Dokumente, Bilder und Kunstwerke über die Literaten und Maler, die sich seit Ende des 19. Jh.s auf der Höri niederließen.

Hermann-Hesse-Museum: Kapellenstr. 8 | Mitte März – Okt. Di. – So. 10 – 17, Nov. – Mitte März Fr., Sa. 14 – 17, So. 10 –17 Uhr
Eintritt: 6 € | https://www.hesse-museum-gaienhofen.de
Mia-und-Hermann-Hesse-Haus: Hermann-Hesse-Weg 2 | nur bei Führungen zugänglich | Tel. 07735 44 06 53 | https://www.mia-und-hermann-hesse-haus.de

Im Haus von Otto Dix

Hemmenhofen

Heute wie zu Zeiten von Otto Dix (▶ Interessante Menschen) schmücken hübsche Fachwerkhäuser den winzigen Ort Hemmenhofen, der erst seit 1974 zur Gemeinde Gaienhofen gehört. Der Maler erkor die Höri zum Exil, nachdem die Nazis 1936 seinen Wegzug aus Dresden erzwungen hatten. Während er bis dahin in seinem schrillen künstlerischen Werk gesellschaftliche Missstände angeprangert hatte, widmete er sich nun der Landschaftsmalerei. Sein ehemaliges Wohnhaus kann seit 1991 besichtigt werden. Das **Museum Haus Dix** ist heute eine Außenstelle des Kunstmuseums Stuttgart und dokumentiert Leben und Werk des Malers.

Museum Haus Dix: Otto-Dix-Weg 6 | Mitte März – Okt. Mi. – So. 10 bis 17 Uhr | Eintritt: 6 € | Führung: jeden 2. und 4. So. im Monat, 14 u. 15.30 Uhr | https://www.kunstmuseum-stuttgart.de

Barock, Pfahlbauten und ein Riesensalamander

Öhningen, Wangen, Schienen

Der dicht bewaldete Höhenzug des Schiener Bergs, Obstbaumplantagen, Dutzende kleine Dörfer und einige großartige Zeugnisse einer reichen Geschichte – das macht die Gemeinde Öhningen aus, zu der auch die ehemals selbständigen Ortschaften Wangen und Schienen gehören. Sie liegt am Westzipfel des Untersees direkt an der Grenze

OBEN: Ganz Moos pilgert im Juli über den See nach Radolfzell.

UNTEN: Von diesem Ausblick aus seinem Fenster ließ sich Otto Dix bestimmt inspirieren.

zur Schweiz. In Öhningen selbst bestimmen Fachwerkhäuser des 15. bis 19. Jh.s das Ortsbild. Auf einer kleinen Anhöhe thront das ehemalige **Augustiner-Chorherrenstift,** eine Anlage des 17. Jahrhunderts. In der Stiftskirche St. Peter, Paul und Hippolyt sind im Innenraum ein Chorgestühl von 1670 und schöne Barockfiguren zu sehen. Der Konventssaal ist mit einer beachtenswerten Stuckdecke und Fresken ausgeschmückt. Schienen bietet dank seiner Lage am Schiener Berg beste Wandermöglichkeiten. In dreißig Minuten ist beispielsweise die Ruine der Schrotzenburg erreicht, die auf einem fast 700 m hohen Sporn des Schiener Berges aufragt. In Wangen residiert das **Museum Fischerhaus,** das Überreste der in Wangen-Hinterhorn entdeckten **Pfahlbausiedlung** zeigt. Besonders stolz ist man auf die rund 13 Millionen Jahre alten Fossilien, die in den nahen Öhninger Kalksteinbrüchen entdeckt wurden. Darunter ist auch ein **Riesensalamander,** den der Schweizer Naturforscher Johann Jakob Scheuchzer, als er ihn 1726 entdeckte, für die Überreste eines ertrunkenen Sünders aus der Zeit vor der Sintflut hielt. Zwischen Öhningen und Wangen lohnt die Petruskirche von Kattenborn einen Besuch: Otto Dix entwarf die Glasfenster.

Museum Fischerhaus: Seeweg 1 | April – Mitte Okt. Mi. – So. 14 –17 Uhr | Eintritt: 2,50 € | https://www.museum-fischerhaus.de

IMMENSTAAD

Höhe: 407 m ü. NN | **Einwohnerzahl:** 6500

F 2/3

Ein beherzter Weinbauer brachte einst in einer Nacht- und Nebelaktion Müller-Thurgau-Reben heimlich aus der Schweiz über den Bodensee bis nach Immenstaad und verhalf damit der Weinsorte zu großer Bekanntheit. An den beiden Jachthäfen und an den Uferanlagen trifft man sich heutzutage und trinkt ein Gläschen Wein. Scharf trennt die B 31 den Ort von seinem Hinterland. Im Norden liegen Obstgärten und Weinberge, im Süden der See und dazwischen Immenstaad.

Ideal am nördlichen Bodenseeufer auf halbem Weg zwischen Überlingen und Lindau gelegen, hat sich Immenstaad zu einem beliebten Ferienort entwickelt. Besonders junge Familien urlauben hier sehr gerne, denn die Stadt bietet Kindern ein abwechslungsreiches Unterhaltungsprogramm, aber auch für die Großen ist gesorgt. Wichtiger Arbeitgeber am Ort ist die Firma »Airbus Defence and Space«, die hier Satelliten baut.

IMMENSTAAD ERLEBEN

TOURIST-INFORMATION
Im Rathaus
Dr.-Zimmermann-Str. 1
D-88090 Immenstaad
Tel. 07545 2 01-37 00
https://www.immenstaad-tourismus.de

SEEHOF €€
Das Haus hat einen eigenen Strand mit Liegewiese und komfortable Zimmer, überwiegend mit Seeblick. Im Restaurant mit gemütlichen Gasträumen speist man gutbürgerlich.
Bachstr. 15
Tel. 07545 9 36-0
45 Zi.
https://www.seehof-hotel.de

VILLA PUPPENHAUS €
Im Herzen von Kippenhausen kann man in Ferienwohnungen und Suiten eines 250 Jahre alten denkmalgeschützten Fachwerkhauses wohnen. Jedes der komfortabel und charmant ausgestatteten Zimmer ist ein Unikat.
Kippenhausen
Kirchberger Str. 15
Tel. 07545 9 01 09 20
7 Suiten und Fewos
https://www.puppenhaus-bodensee.de

Wohin in Immenstaad?

Am See und in der Stadt

Immenstaad-Zentrum

Treffpunkte der Urlauber sind die Terrasse des Yachtclubs gleich hinter der clubeigenen Marina oder der Biergarten des Freizeitzentrums Schloss Helmsdorf mit Campingplatz und eigenem Yachthafen. Hier kann man bei einem Gläschen Immenstaader Sonnenufer, einem unter Kennern geschätzten Wein, laue Sommerabende genießen. Immenstaad ist ein moderner Ort, bauliche Zeugnisse der Vergangenheit gibt es hier kaum. Von der spätgotischen Pfarrkirche St. Jodokus (15. Jh.) am Marktplatz sind aus der Bauzeit nur noch der mächtige Wehrturm und der Chor erhalten. Im Innern sind ein reich verzierter Schnitzaltar und eine Madonna (1479) bemerkenswert. Gegenüber der Kirche bildet das Schwörerhaus, ein typisch alemannisches Fachwerkhaus von 1578, einen unübersehbaren Blickfang. Das Alte Rathaus (1716) wird heute als Bürgerhaus genutzt.

Wie die Müller-Thurgau-Rebe an den Bodensee kam

Schloss Kirchberg

Weinkennern ist die Einzellage »Kirchberger Schlossberg« sicherlich ein Begriff. Sie umfasst nur 18 Hektar Rebfläche am Schloss Kirchberg östlich von Immenstaad, das seit Jahrhunderten Mittelpunkt eines Weinbaugebietes ist. 1925 besorgte sich der damalige Verwalter des Weingutes, Johann Röhrenbach, bei Hermann Müller im schweizerischen Kanton Thurgau junge Pflanzen von dessen Neuzüchtung und brachte sie gegen den heftigen Widerstand seines Vorgesetzten, des Markgrafen von Baden, nach Immenstaad. Der Weinbaumeister hatte erkannt, dass die Müller-Thurgau-Rebe am Bodensee besonders gut gedeiht. Heute ist »Müller-Thurgau« fast schon ein Synonym für Weißwein vom Bodensee geworden. Schloss Kirchberg gehörte bis zu Säkularisation 1802 zum Kloster Salem, dann ging es in den Besitz des Hauses Baden über. 1995 wurde das Schlossgebäude verkauft und in eine Wohnanlage umgewandelt. Die Weinberge blieben aber im Besitz der Grafenfamilie.

Ort der Einkehr

Rückzugsmöglichkeit

Hoch über dem Bodensee thront das um 1550 erbaute und von 1650 bis 1780 erneuerte Renaissanceschloss Hersberg am westlichen

Wohl dem, der einen Boots-Liegeplatz in Immenstaad hat.

Ortsrand von Immenstaad, ein idealer Rückzugsort für Menschen, die sich eine Auszeit gönnen. Die Brüder der Pallottiner-Gemeinschaft, die das Haus leiten, bieten Gästezimmer an und führen auch Seminare, Meditationskurse sowie Wanderungen durch. Im geräumigen Speisesaal wird bodenständige regionale Küche serviert. Den Sommer über finden im Schlosshof Konzerte und andere Kulturveranstaltungen statt.
https://www.hersberg.de

Ein Hauch von Nostalgie

Kippenhausen

Kippenhausen nordwestlich des Immenstaader Zentrums lohnt auf jeden Fall einen Abstecher. Im **Heimatmuseum**, das in einem stattlichen Fachwerksbau von 1796, dem Montforthaus residiert, lassen eine historische Wohnstube, eine Küche und eine Eisenwarenhandlung alte Zeiten wieder lebendig werden. Die Montfortgalerie zeigt wechselnde Kunstausstellungen.

Heimatmuseum: Montfortstr. 13 | April – Anf. Nov. Sa., So., 12 – 14, 18 – 20 Uhr | Eintritt frei | https://www.heimatverein-immenstaad.de

★★ KONSTANZ

Höhe: 400 m ü. NN | **Einwohner:** 87 000

D/E 2/3

Eine Kurtisane als Wahrzeichen, die einzige Papstwahl auf deutschem Boden und eine offene Kunstgrenze zur Schweiz: In Konstanz gibt es viel Geschichte und mindestens ebenso viele Geschichten zu entdecken. Nicht ohne Grund nennt man den Ort am Seerhein »heimliche Hauptstadt des Bodensees«. Konstanz' bildschöne Altstadt hat den Zweiten Weltkrieg unbeschadet überstanden, und so verleihen mächtige Giebel, mittelalterliche Türme und Arkaden Konstanz ein unverwechselbares Gesicht.

Jung gebliebene Stadt mit großer Vergangenheit

Konstanz ist die größte Stadt am Bodensee und gleichzeitig auch das wirtschaftliche und kulturelle Zentrum der Region. Ein reges Theater- und Musikleben wie auch zahlreiche Museen und Kunstgalerien tragen ebenso zum Erfolg bei wie Universität und Fachhochschule. Die weitläufige Neustadt im Norden schmiegt sich an die sanften Hänge des Bodanrücks, während die malerische Altstadt sich südlich des Seerhein entwickelte. Mit der schweizerischen Nachbargemeinde Kreuzlingen ist Konstanz so gut wie zusammengewachsen. Wegen des starken Franken kommen viele Schweizer regelmäßig zum Einkaufen nach Konstanz, was der Stadt einen wirtschaftlichen Aufschwung, aber auch zunehmende Parkplatznot beschert hat.

KONSTANZ ERLEBEN

TOURIST-INFORMATION

Bahnhofplatz 43 (im Bahnhof)
D-78462 Konstanz
Tel. 07531 13 30-32
https://www.konstanz-info.com

AUTOFÄHRE MEERSBURG–KONSTANZ

Die Fähre erspart die 53 km um den Überlinger See herum. Sie verkehrt rund um die Uhr. Zwischen. 6 Uhr an Wochentagen und 9 Uhr an Wochenenden bis 20.35 Uhr alle 15 Min., von 20.35 bis 22.35 halbstündl., die restl. Nacht stündl.
https://www.stadtwerke-konstanz.de

WOCHENMARKT

St.-Gebhard-Platz
Mi., Sa. 7 – 13 Uhr
St.-Stephans-Platz
Di., Fr. 7 – 13 Uhr

LAGO

Von Designermode bis zu den Dingen des täglichen Bedarfs: Die größte Shoppingmall am Bodensee bietet einen bunten Strauß von insgesamt 70 kleinen und großen Geschäften. Für den kleinen Hunger zwischendurch gibt es Restaurants, Cafés und Imbissstände. Das Einkaufszentrum liegt nur einen Steinwurf von der Grenze entfernt. Besonders samstags und an Schweizer Feiertagen herrscht Hochbetrieb, da die Schweizer in Deutschland preiswerter einkaufen können.
Bodanstr. 1
Mo.– Fr. 10 – 20, Sa. ab 9.30 Uhr
https://www.lago-konstanz.de

SPITALKELLEREI

Feine Weine aus der Region gibt es in der ältesten Stiftungskellerei (1225) Deutschlands. Weinverkauf in der Vinothek. Nach Voranmeldung ist eine Führung mit Weinprobe möglich.
Brückengasse 16
Tel. 07531 1 28 76-0
Mo. – Fr. 10 – 18, Sa. 10 – 14 Uhr
https://www.spitalkellerei-konstanz.de

SEENACHTFEST

Jährlich am 2. Samstag im August veranstalten Konstanz und die Schwesterstadt Kreuzlingen ein See-Open-Air mit bombastischem Feuerwerk, Musik, Tanz, Essen und Trinken bis in die frühen Morgenstunden. Parkplätze sind Mangelware, also am besten mit dem ÖPNV anreisen. Das Konstanzer Ufer kostet Eintritt; bei den Schweizern darf man gratis feiern.
https://www.seenachtfest.de

SOMMERTHEATER KONSTANZ

Im Juli wird der Münsterplatz zur Bühne: Das Konstanzer Sommertheater bringt Theaterklassiker zur Aufführung. Seine anspruchsvollen Inszenierungen sprechen ein breites Publikum an. Martin Walser und Rolf Hochhuth regten einst das sommerliche Theatervergnügen an.
Tel. 07531 900 21 50
https://www.theaterkonstanz.de

❶ OPHELIA IM HOTEL RIVA €€€€

Das Gourmetlokal bietet Kulinarisches auf hohem Niveau. Bei den ausgefallenen Menüs, die Sternekoch Dirk Hoberg kreiert, isst das Auge immer

mit. Gespeist wird in schönster Villenatmosphäre. Im Hotel mit 50 Zimmern kann der Gast zwischen historischer Jugendstilvilla und einem modernen Designhotel an der Seepromenade wählen. Der Swimmingpool auf dem Dach und ein kleiner Spa-Bereich sorgen für Entspannung.
Seestr. 25
Tel. 07531 363 09-0
Ruhetage im Gourmetrestaurant: Di., Mi.
https://www.hotel-riva.de

2 PAPAGENO €€€

In der gemütlichen Gaststube mit Holztäfelung und weinberankter Terrasse mit Lauben-Flair sorgt Patrick Stier für kreative französische Küche mit deutschen Einflüssen wie Tranche vom Zander an Champagnerschaum mit Süßkartoffel-Paprikamousseline, Blumenkohl, gepickelte Beten und Blattspinat.
Gottlieberstraße 64
Tel. 07531 36 86 60
Ruhetage: Mo., Di.
https://www.restaurant-papageno.net

3 HAFENMEISTEREI €€

Die Terrasse des 100 Jahre alten, denkmalgeschützten Hauses direkt an der Hafenpromenade bietet einen tollen Blick auf den See, die Imperia und die Flaniermeile. Die Hafenmeisterei ist Café, Bar, Restaurant und Lounge in einem. In der Bar werden ausgefallene Cocktails gemixt, die Küche ist auf italienische und regionale Gerichte spezialisiert.
Hafenstrasse 3
Tel. 07531 369 72 12
https://hafenmeisterei.de

1 STEIGENBERGER INSELHOTEL €€€€

Die Luxusherberge im Dominikanerkloster auf der kleinen, der Altstadt vorgelagerten Dominikanerinsel bietet viel historisches Flair. Die gut erhaltenen Fresken im alten Kreuzgang erinnern an bedeutende Ereignisse der Geschichte. Das Seerestaurant ist für seine exquisite Küche bekannt. Die zirbelholzgetäfelte Dominikanerstube bietet regionale Spezialitäten.
Auf der Insel 1
Tel. 07531 125-0
102 Zi.
www.steigenberger.com

2 47° €€€ - €€

Der Name des stylishen Tagungshotels in Petershausen, einem rechtsrheinischen Stadtteil von Konstanz, verweist auf seine Lage auf der nördlichen Erdhalbkugel. Für Damen, die unter sich bleiben wollen, bietet es einen »Ladies Floor« mit feminin gestalteten Zimmern und spezielle Extras wie z.B. eine Wärmflasche für gemütliche Stunden oder ein besonderes Beauty- und Notfallset im Badezimmer. Das hauseigene Restaurant Friedrichs hat eine Terrasse mit Blick zum Seerhein.
Reichenaustraße 17
Tel. 07531 127 49 - 0
99 Zi.
https://www.47grad.de

Weltpolitik am Bodensee

Etwas Geschichte

Keimzelle der Stadt war vermutlich eine keltische Siedlung, an deren Stelle die Römer, die um 15 v. Chr. in das Gebiet nördlich der Alpen vordrangen, zunächst eine einfache Siedlung und dann ein befestigtes Kastell errichteten. Im 4. und 5. Jh. war »Constantia« Teil des Donau-Iller-Rhein-Limes und ein wichtiger Handelsplatz. Der Abzug der Römer änderte daran nur wenig. Bereits um 590 war die Stadt Bischofssitz geworden und gelangte auch im frühen Mittelalter schnell zu Blüte. Um 913 erhielt Konstanz das Marktrecht und 1192 den Status einer freien Reichsstadt. Im 14. Jh. wirkte der Mystiker Heinrich Suso (▶ Interessante Menschen) in der Stadt.

Zu Beginn des 15. Jh.s war Konstanz Schauplatz eines Ereignisses von großer historischer Bedeutung. Zwischen 1414 und 1418 fand hier das berühmte **Konstanzer Konzil** statt, auf dem man eine lang andauernde Spaltung der Kirche überwand. Konstanz, das damals gerade mal 6000 Einwohner hatte, musste rund 72 000 Konzilsbesuchern Unterkünfte und Verpflegung bieten. Um ihre Versorgung sicherzustellen, holte man Bäcker, Schneider, Barbiere und auch rund 700 Prostituierte aus halb Europa an den Bodensee. Der Initiator des Konzils, König Sigismund, konnte dessen Ausgang als Erfolg für sich verbuchen – auch, weil er sein Wort gebrochen hatte. Denn obwohl der König selbst ihm freies Geleit zugesichert hatte, wurde der tschechische Reformator Jan Hus gleich nach seiner Ankunft in Konstanz gefangen genommen, vom Konzil zum Tod verurteilt und am 6. Juli 1415 verbrannt. Sein Weggefährte Hieronymus von Prag ereilte ein Jahr später das gleiche Schicksal. Etwas mehr als 100 Jahre später schloss sich Konstanz dem protestantischen Schmalkaldischen Bund an. Nach dessen Niederlage im Schmalkaldischen Krieg 1547 wurde die Stadt dem katholischen habsburgischen Vorderösterreich einverleibt und verlor ihren Status als freie Reichsstadt. Nach dem Ende des Heiligen Römischen Reichs 1806 wurde Konstanz badisch und mit der Gründung Baden-Württembergs im Jahr 1952 eine Kreisstadt innerhalb des neuen Bundeslandes. 1996 sorgte die Stadt mit dem ersten grünen Oberbürgermeister Deutschlands für Schlagzeilen.

https://www.konstanzer-konzil.de

Wohin am Hafen?

Vom Skandal zum Wahrzeichen

Imperia

Als der Bildhauer Peter Lenk im April 1993 an der Konstanzer Hafeneinfahrt die neun Meter hohe Statue einer barbusigen und auch sonst nur leicht bekleideten Schönheit aufstellte, waren Kirchenleute und Stadtväter entsetzt. Mehr noch als über die Offenheit der Dame regten sie sich über die beiden nackten Männlein auf, die sie fest in ihren Händen hält. Der eine trägt eine päpstliche Tiara und der andere eine Königskrone auf dem Kopf. Kein Zweifel: Lenk spielt damit auf die weltlichen und kirchlichen Mächte an, die sich auf dem Konstanzer Konzil ein Stelldichein gaben und hinter den Kulissen – wie man weiß – ein ausschweifendes Leben führten. Kein geringerer als Honoré de Balzac hat den Bildhauer zu der Statue inspiriert. In der Erzählung »Schöne Imperia« beschreibt der Dichter, wie die Kurtisane

Imperia das Konzil beherrscht und kirchliche wie weltliche Fürsten nach ihrer Pfeife tanzten. Trotz der Proteste und der heftigen Diskussionen, die die Aufstellung der Statue zunächst auslöste: Lenks Imperia, die sich übrigens um die eigene Achse dreht, ist mittlerweile als Konstanz' neues Wahrzeichen anerkannt und eine der größten Touristenattraktionen der Stadt.

Konklave im Warenlager

Konzilgebäude

Wahrscheinlich war es die Größe des Gebäudes, die dazu führte, dass die Kardinäle des Konstanzer Konzils 1417 hier zum Konklave zusammenkamen und den Italiener Oddone Colonna alias Martin V. zum Papst wählten. Das Haus mit mächtigem, gaubenverziertem Walmdach ist der größte mittelalterliche Profanbau Süddeutschlands. Die Stadt Konstanz ließ es 1388 als Warenlager für auswärtige Händler errichten. Heute finden hier Konzerte und Tagungen statt. Seit einiger Zeit residiert außerdem ein Restaurant im Konzilgebäude.

Ein Kloster und seine wechselvolle Geschichte

Dominikanerkloster

Nicht mehr als ein sechs Meter breiter Wassergraben trennt die Dominikanerinsel von der Konstanzer Altstadt auf dem Festland. Ihren Namen verdankt sie den Dominikanermönchen, die hier um 1235 ein Kloster gründeten, das lange ein Impulsgeber für die Kultur am Bodensee war. Zwischen 1310 und 1340 lebte der Mystiker und Dominikaner **Heinrich Suso** hier. Für **Jan Hus** wurde das Kloster allerdings zur Hölle. Der Reformator wurde gleich zu Beginn des Konzils einige Wochen im Klosterkerker gefangen gehalten und gequält. 1785 ließ Kaiser Joseph II. das Kloster schließen und verpachtete die Insel mitsamt den Klostergebäuden an den Genfer Fabrikanten Jacques Louis Macaire de l'Or, der dort eine Färberei und später eine Bank gründete. Durch eine Heirat ging die Insel dann an die Grafen von Zeppelin. Der Luftfahrtpionier Ferdinand von Zeppelin wurde 1838 auf der Dominikanerinsel geboren. Sein jüngerer Bruder machte aus den Klostergebäuden 1875 ein Luxushotel, das 1966 die Steigenberger Hotelkette übernahm. Hotelgäste und Restaurantbesucher flanieren auch heute durch den wunderschönen, frühgotischen Kreuzgang mit Fresken des ausgehenden 19. Jh.s. Die ehemalige Klosterkirche wird bisweilen als Festsaal genutzt.

Wohin in der Konstanzer Altstadt?

Die Vertreibung des Harlekins

Theater Konstanz

Konstanz kann sich rühmen, die älteste durchgängig bespielte Bühne Europas zu besitzen. Die Anfänge des Stadttheaters gehen auf ein von Jesuiten betriebenes Gymnasium zurück, dessen Schüler geistliche Stücke und festliche Spiele zur Aufführung brachten. Bis heute residiert es in dem 1607 errichteten Schulgebäude gegenüber der Dominikanerinsel. Nachdem Papst Clemens XIV. den Orden 1773 aufgehoben hatte, übernahmen Konstanzer Bürger das Haus und bauten es zu einem reinen Theater um. Das **Wandrelief über dem Haupteingang** erinnert daran, was zugleich mit Etablierung bürgerlicher Theaterkunst im 18. Jh. geschah: Harlekin und Hanswurst, die Helden des Volkstheaters, werden von der Bühne gestoßen und ver-

BAEDEKER ÜBERRASCHENDES

6X ERSTAUNLICHES

Überraschen Sie Ihre Reisebegleitung: Hätten Sie das gewusst?

1. SPEKTAKEL

Wenn das Wetter mitspielt, wird jedes Jahr zur Bundesfeier am 1. August in **St. Gallen** die weltgrößte Schweizerfahne am Säntis gehisst. Sie misst 80 mal 80 Meter und ist 700 kg schwer. (▶ **S. 185**)

2. SAUBERER SEE

Moderne Kläranlagen sorgen für sauberstes Wasser. Was die Badegäste freut, bekommt den Fischen gar nicht gut, denn sie finden immer weniger Nahrung und vermehren sich zum Ärger der Fischer nur wenig. (▶ **S. 10**)

3. SPRICHWORT

Ein Fresko in **St. Georg** (Reichenau) illustriert den Spruch »Das geht auf keine Kuhhaut«. Teufel halten darauf eine Kuhhaut mit einem Spottgedicht über das »Blabla«, »dass hier .... geredet wird.« (▶ **S. 162**)

4. WAHRZEICHEN

In einer Hand hält sie den Kaiser, in der anderen den Papst, beide nackt, umklammert, die **Imperia** im **Konstanzer Hafen.** Anfangs sorgte die Skulptur für Aufregung, heute ist sie ein Wahrzeichen der Stadt. (▶ **S. 95**)

5. ERDKRÜMMUNG

Auch bei klarster Sicht kann man nicht vom **Bregenzer Ufer** bis nach Konstanz schauen, denn die Erdkrümmung wölbt den Obersee auf, und die Stadt am anderen Ufer verschwindet unter dem Horizont. (▶ **S. 52**)

6. GRENZERFAHRUNG

Wer von Öhningen ins 22 km entfernte Schaffhausen reist, **überquert die Grenze fünfmal.** (▶ **S. 87**)

bannt. Das Theater Konstanz genießt international viel Renommée. In der Spielstätte »Spiegelhalle« ein Stück weiter südlich am Hafen gelangt junges und experimentelles Theater zur Aufführung.
Konzilstr. 11 | https://www.theaterkonstanz.de

Überbleibsel der Stadtbefestigung

Von der mittelalterlichen Stadtbefestigung, die im 19. Jh. geschliffen werden musste, um Platz für die schnell wachsende Stadt zu schaffen, sind drei Türme erhalten geblieben: Im Rheintorturm (um 1200) ist heute das Fasnachtsmuseum untergebracht. Er liegt an der Rheinbrücke bei Rheinkilometer 0. Der Weg nach Nordwesten führte durch den nahe gelegenen Pulverturm (um 1250) und wer nach St. Gallen oder Winterthur wollte, musste durch das im 14. Jh. errichtete Schnetztor im Süden der Altstadt hindurch.
Fasnachtsmuseum: April – Okt. Fr. 18 – 22, Sa., So. 14 – 17 Uhr
Eintritt 2 € | http://www.fasnachtsmuseum-konstanz.de

Frischer Wind in mittelalterlichen Gassen

Ein Bummel durch die Niederburg, die sich zwischen Münsterhügel und Rhein erstreckt, führt durch Konstanz' ältesten Stadtteil. Die Häuser, die die verwinkelten Gassen säumen, stammen aus dem 13. bis 16. Jh. Einst wohnten Handwerker und Fischer in dem Quartier, heute haben sich hier viele kleine Geschäfte, Restaurants, Kneipen und Weinstuben niedergelassen. Trotz der allgegenwärtigen Vergangenheit hat in der Niederburg nichts Staub angesetzt. Im Gegenteil: Die Studenten, die hier leben, sorgen für täglich frischen Wind. Von Mai bis Oktober findet in der Niederburg an jedem ersten Freitag im Monat der Gassenfreitag mit Musik statt. Die Läden haben dann bis 22 Uhr geöffnet.

Werk vieler Generationen

Weithin sichtbar ragt der Turm des Münsters 78 m in den Himmel über Konstanz hoch. Wer die Mühe auf sich nimmt und über eine enge Wendeltreppe zu der Aussichtsplattform in 40 m Höhe klettert, wird mit einer sagenhaften Aussicht über die Stadt und den Bodensee belohnt. Am Münster kann man aber auch einen Blick in die Konstanzer »Unterwelt« werfen. Bauarbeiter fanden bei Arbeiten zur **Neugestaltung des Münsterplatzes** im Jahr 2003 nämlich die Reste eines spätantiken römischen Kastells, die nun unter einer im Boden eingelassenen Glaspyramide zu sehen sind. Auf Führungen kann die unterirdische Ausgrabungsstätte sogar besichtigt werden. Am Münster »Unserer Lieben Frau« haben Generationen viele Jahrhunderte gebaut. Zwischen dem 12. und dem 14. Jh. erhielt die ursprünglich **romanische dreischiffige Säulenbasilika** an ihrer Westseite die wuchtige, **dreitürmige Sandsteinfront im gotischen Stil.** Die 20 kunstvoll geschnitzten Reliefs (1470) am Hauptportal

KONSTANZER MÜNSTER

Stadtbildbeherrschend erhebt sich das Münster Unserer Lieben Frau in der Altstadt von Konstanz. »Das bedeutendste Bauwerk an der Südgrenze Deutschlands« ist das steinerne Zeugnis für das einst wichtigste Bistum des Reichs. Der erste Bau geht auf das Jahr 1089 zurück.

tgl. 10 – 18 Uhr

1 »Schnegg«
Ein schönes Werk ist der »Schnegg« genannte zierliche freistehende Treppenturm (1438) im Thomaschor. Das nach französischem Vorbild gestaltete Bauwerk ist mit Marien-Reliefs geschmückt.

3 Heiliges Grab
Die Mauritiusrotunde wurde nach dem Vorbild der Grabeskirche Christi geschaffen. Sie enthält ein Meisterwerk: das Heilige Grab (13. Jh.) mit herrlichem Maßwerk und reichem Figurenschmuck.

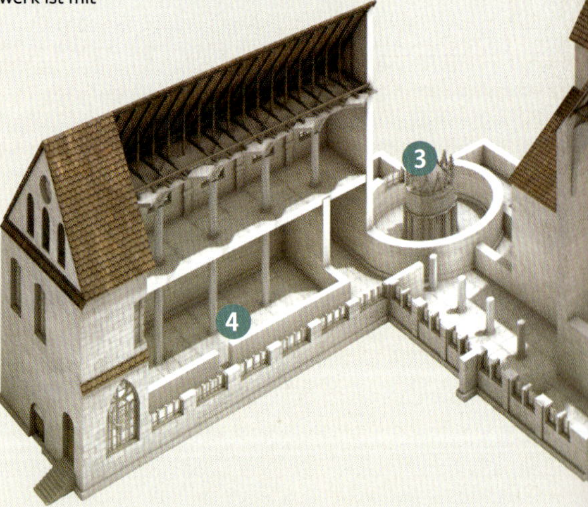

2 Goldscheiben
Berühmt sind die vier vergoldeten Kupferscheiben (11. – 13. Jh.) in der frühromanischen Krypta; sie leuchteten einst am Chorgiebel (dort befinden sich heute Kopien). Sie zeigen die Majestas, die Kirchenpatrone Konrad und Pelagius und den Adler des Evangelisten Johannes.

4 Kreuzgang
Zwei Flügel des Kreuzgangs haben einen Brand überstanden. An ihnen lässt sich der schnelle Wandel in der Entwicklung der gotischen Maßwerkformen erkennen. An den Kreuzgang schloss einst die Domschule an.

5 Turm
Von der 40 m hohen Plattform eröffnet sich ein fantastischer Blick.

5
2
1

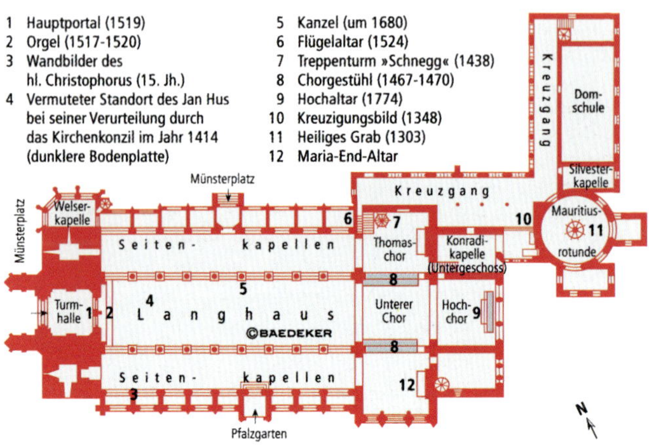

stammen von Simon Hayder. Im 17. Jh. erfolgte eine zurückhaltende Einwölbung des Mittelschiffs im Stil des Barock. Erst im 19. Jh. erhielt der mittlere Turm des Münsters seine seitdem weithin sichtbare **neugotische Turmspitze.** Ältester Teil des Gotteshaus ist die **karolingische Krypta** unter dem Hochaltar. Hier lassen sich fein gearbeitete vergoldete Kupferscheiben aus dem 11. bis 13. Jh. bestaunen. Sie zeigen den von Engeln flankierten Christus, den Hl. Konrad, Pelagius und einen Adler als Symbol des Evangelisten Johannes. Den wohl größten Schatz des Münsters birgt die **gotische Mauritius-Rotunde,** in die man über den Kreuzgang gelangt: Das kunstvoll gearbeitete Heilige Grab aus dem 13. Jh. ist eines der wenigen noch erhaltenen Beispiele hochgotischer Kleinarchitektur.

Das »Haus zur Kunkel« an der Nordseite des Münsterplatzes birgt weltliche Schätze aus dem Mittelalter. Die Wandmalereien, die dort 1936 entdeckt wurden, illustrieren Episoden aus Wolfram von Eschenbachs »Parzival«. Sie entstanden um 1300 und sind damit die ältesten profanen Fresken, die nördlich der Alpen bis heute erhalten sind. Eine Besichtigung ist im Rahmen von Stadtführungen möglich.

Münster: tgl. 10 – 18 | Turmbesteigung: Di. – Do. 12.30 – 16.30, Fr., Sa. 11 – 17.30, So. 12.30 – 17.30 Uhr | im Winter geschl. | Eintritt: 4 €

Gegenwart trifft Vergangenheit

Kultur-zentrum am Münster

Was kann eine Stadt machen, die ihr historisches und einstiges geistiges Zentrum wieder mit Leben füllen möchte? Konstanz' 1998 eröffnetes Kulturzentrum am Münster ist eine Antwort auf diese Frage. Mehrere Häuser aus verschiedenen Epochen der Stadtgeschichte sind hier zu einem **einzigartigen baulichen Ensemble** vereint. Im

Eingangsbereich des Hauptgebäudes, das leicht an seiner blutrot gestrichenen, **modernen Fassade** zu erkennen ist, herrscht tagsüber immer reger Betrieb, denn Stadtbücherei, Volkshochschule, Kunstverein und das städtische Kulturbüro haben im Kulturzentrum ihren Sitz. Die städtische Wessenberg-Galerie, die man ebenfalls über den Eingang des Kulturzentrums erreicht, ist gleich nebenan in einem **mittelalterlichen Domherrenhof,** der später eine klassizistische Fassade erhielt, untergebracht. Hier verbrachte Ignaz Heinrich von Wessenberg, ein aufgeklärter Kirchenmann und lange Jahre Generalvikar des Bistums Konstanz, seine letzten Jahre als Privatmann, denn Papst Pius II. erkannte seine Wahl zum Bischof nicht an und löste das Bistum 1821 kurzerhand auf. Wessenbergs Gemäldesammlung bildete den Grundstock für die Sammlung der Galerie, die heute mehr als 7000 Werke, vornehmlich von Künstlern aus der Bodenseeregion, ihr Eigen nennt. Im Erdgeschoss des Hauses residiert das »Wessenberg«, das Café, Kneipe und Bar in einem ist.

Wessenbergstr. 41/43 | Di.– Fr. 10 – 18, Sa., So., Fei. 10 – 17 Uhr
Eintritt: 3 €

Kritik des Freizeitlebens

Peter Lenks Triumphbogen

Ähnlich lästerlich und beeindruckend wie seine »Imperia« ist der »Triumphbogen«, den **Peter Lenk** bereits 1992 schuf. Auf den Pfeilern des Bogens »lümmeln« sich ebenso wie in dem dazu gehörigen Brunnen dickleibige Menschenfiguren und affenähnliche Wesen. Der Künstler sieht sein Werk als eine Persiflage auf Verkehrschaos und Freizeitwahn. Der Triumphbogen steht auf dem Mittelstreifen der Unteren Laube, einer verkehrsreichen Hauptstraße.

Erinnerung an eine gescheiterte Revolution

St. Stephansplatz und Stephanskirche

Am Ende des langgestreckten St. Stephansplatzes südlich von Münster und Kulturzentrum fällt ein Triptychon aus farbenfrohen Keramiktafeln auf, das die Hauswand des Konstanzer Bürgersaals schmückt. Es stammt von dem Maler Johannes Grützke und erinnert an den **Heckerzug**, der am 13. April 1848 von Konstanz nach Karlsruhe aufbrach, um den Großherzog von Baden zur stürzen. Von dem Balkon über dem Triptychon soll Friedrich Hecker kurz zuvor die Republik ausgerufen haben. Die spätgotische St. Stephanskirche (1424 – 1486) am anderen Ende des Platzes lohnt wegen ihrer barocken Orgel und einem Sakramentshäuschen (1594) des Konstanzer Bildhauers Hans Morinck eine Besichtigung.

Wo der Aufstieg der Hohenzollern begann

Obermarkt und Rathaus

Der kleine, von hübschen historischen Gebäuden umzingelte Obermarkt im Herzen der Altstadt ist ein geschichtsträchtiger Ort. Friedrich I. Barbarossa soll hier 1183 mit den oberitalienischen Städten den **»Frieden von Konstanz«** geschlossen haben. Das Hotel an der

OBEN: In der Konradikapelle ist der 1123 heilig gesprochene Bischof Konrad von Konstanz begraben. Der »Bockstorfer Altar« hat den Bildersturm überstanden.

UNTEN: Die frühromanische Krypta gibt den passenden Rahmen für die berühmten Goldscheiben.

Nordseite des Platzes, das allerdings erstmals in einer Urkunde von 1419 als „»Tanzboden« Erwähnung findet, ist nach ihm benannt. Die Historienbilder aus der Zeit um 1900, die die Fassade des benachbarten Hauses »Zum hohen Hafen« schmücken, erinnern daran, dass König Sigismund dem Nürnberger Burggrafen **Friedrich VI. von Zollern** während des Konstanzer Konzils die vererbbare Würde des **Kurfürsten von Brandenburg** verlieh und ihn mit der Mark Brandenburg belehnte. Friedrichs Nachkommen sollten einmal die preußischen Könige und schließlich die letzten deutschen Kaiser stellen. Vom Obermarkt nur einen Steinwurf weit entfernt, steht – in der Kanzleistraße – das **Rathaus** von Konstanz, dessen Fassade Historienmalereien des 19. Jh.s zur Stadtgeschichte schmücken. Sehenswerter noch als die Vorderfront des Hauses ist der imposante Innenhof, an dessen Südseite das stattliche, spätmittelalterliche »Haus zum Thurgau« einen besonderen Blickfang bildet. Das Rathaus war ursprünglich Zunfthaus der Leinweber. Zwischen 1589 und 1594 wurde es zu einer stattlichen Kanzlei im Renaissancestil umgebaut.

Unterwegs auf Konstanz' Shoppingmeile

Marktstätte

Auch bei einem Bummel durch Konstanz' Hauptgeschäftsstraße, einer Fußgängerzone, springen die reich verzierten Fassaden schöner alter Stadthäuser ins Auge. Bemerkenswert sind, um nur einige wenige zu nennen, das Gebäude des ehemaligen Gasthofs zum Goldenen Adler (Haus-Nr. 8), das Haus zum Roten Korb (Haus-Nr. 18) oder das Spital zum Heiligen Geist (Haus-Nr. 6). Auf der Marktstätte ist eigentlich immer etwas los. Überall locken nette Cafés, urige Lokale und natürlich Geschäfte. **Beliebter Treffpunkt von Einheimischen wie Touristen** ist der Kaiserbrunnen am westlichen Ende der Fußgängerzone. Er wurde bereits 1897 aufgestellt, doch nachdem sein Figurenschmuck während des Zweiten Weltkrieges für die Rüstungsindustrie eingeschmolzen worden war, stand er lange Zeit sozusagen »nackt« da. Anfang der 1990er-Jahre schufen Gernot und Barbara Rumpf neue Kaiserfiguren. Das achtbeinige Pferd neben dem Brunnen soll an den Gewaltritt erinnern, den Kaiser Friedrich II. 1212 von Apulien nach Konstanz unternahm.

Ein Museum im Museum

Rosgartenmuseum

Wer wissen möchte, wie ein kulturgeschichtliches Museum im 19. Jh. seine Schätze präsentierte, der sollte hier unbedingt vorbeischauen. Das 1870 gegründete Rosgartenmuseum wartet mit einem außergewöhnlichen Ausstellungsraum auf: **Der Historische Saal im Erdgeschoss** ist seit den Anfängen des Museums nicht mehr verändert worden und steht unter Denkmalschutz. Die hier gezeigten Pfahlbaufunde und Mineralien werden in neugotischen Schaukästen aufbewahrt. Das Rosgartenmuseum, das im mittelalterlichen Zunfthaus der Metzger residiert, ist das zentrale **Museum für die Kunst und**

Die Marktstätte ist der rechte Platz für eine Pause. Gelegenheit in Form von Cafés und Restaurants gibt es genug.

Kulturgeschichte des Bodenseeraums. Hier lassen sich die Kunstentwicklung und der Wandel der Lebenswelten am See durch die Jahrhunderte verfolgen. Größter Schatz des Museums ist eine der wenigen Handschriften der illustrierten Chronik des Konstanzer Konzils von Ulrich Richental, die im gotischen Zunftsaal ausliegt.

Rosgartenstr. 3 – 5 | Di. – Fr. 10 – 18, Sa., So.10 – 17 Uhr
Eintritt: 3 € | https://www.rosgartenmuseum.de

In Memoriam Jan Hus

Jan-Hus-Haus

Dass Jan Hus (1371–1415) in der Zeit zwischen seiner Ankunft in Konstanz am 3. November 1414 und seiner Verhaftung am 28. November 1414 in dem Haus-Nr. 64 der Hussenstraße lebte, ist nicht sicher nachweisbar. Auf jeden Fall aber nennt die Richentalchronik des Konstanzer Konzils als Adresse ein Haus in der heutigen Hussenstraße, die damals noch Paulsgasse hieß. Dies mag der Grund dafür gewesen sein, dass die Prager Hus-Gesellschaft 1923 das Fachwerkhaus Hussenstraße 64 aufkaufte und dort ein Museum zu Ehren des großen tschechischen Reformators einrichtete. Die beeindruckende Ausstellung informiert über Hus' Leben und Wirken und den Prozess gegen ihn.

Hussenstr. 64 | April – Sept. Di. – So. 11 – 17, Okt. – März bis 16 Uhr
Eintritt frei

Sea Life

Exotische und heimische Unterwasserwelten

Einen Seestern oder Einsiedlerkrebs aus nächster Nähe zu inspizieren, das begeistert nicht nur Kinder. Im Erlebnisbecken des Sea Life Center, gleich hinter dem Bahnhof, können interessierte Besucher mit Meerestieren auf Tuchfühlung gehen. In den Aquarien tummeln sich geheimnisvolle Seepferdchen, intelligente Oktopusse, lustige Clownfische, aber auch Rochen und Haie. Auch über heimische Unterwasserwelten erfährt man Einiges. Einer der Rundgänge folgt dem Lauf des Rheins von der Quelle bis zur Mündung in die Nordsee. Besonders spannend ist es, die Fütterung der Tiere zu beobachten oder während einer Taschenlampenführung zu erkunden, was die Tiere nachts so treiben. Das Bodensee-Naturmuseum im Sea Life Center informiert über die Entstehung des Bodensees, seine geologische Beschaffenheit, wie auch über Fischerei und Wasserwirtschaft sowie die Vogelwelt im Wollmatinger Ried.

Sea Life: tgl. 10 – 17, Aug. bis 18 Uhr | Eintritt: Erwachsene 21,50 €, Kinder 14,50 €, nur Onlinebuchungen möglich
https://www.visitsealife.com
Naturmuseum: Hafenstr. 9 | tgl. 10 – 17, Juli , Aug. bis 18 Uhr | Eintritt: 2 € | https://www.konstanz.de/bodensee-naturmuseum

Kunst statt Maschendrahtzaun

Es ist noch gar nicht so lange her, da war Konstanz in Zeiten der Pandemie wieder durch einen Maschendrahtzaun vom schweizerischen Nachbarort Kreuzlingen getrennt. Ursprünglich war der Zaun ab 1939 von den Nazis errichtet worden und schob dem kleinen Grenzverkehr zwischen beiden Städten einen Riegel vor. Erst 2006 begann man mit dem Abriss. Heute stehen dort, wo einst der Zaun verlief, 22 acht Meter hohe, filigrane Skulpturen des Bildhauers Johannes Dörflinger. Die neue »Kunstgrenze« erlaubt es, sich ohne Probleme zwischen Deutschland und der Schweiz hin und her zu bewegen (► S. 18).

https://www.kunstgrenze-galerie.ch

Wohin im rechtsrheinischen Konstanz?

Schätze, Gräber und Archäologen

Angefangen bei den Überresten steinzeitlicher Pfahlbauten über Funde aus der Kelten-, der Römer- und der Alemannenzeit bis hin zu mittelalterlichen Kult- und Gebrauchsgegenständen: Das Museum präsentiert die Schätze, die die Archäologen Baden-Württembergs überall im Ländle ausgruben, und gibt Besuchern so Gelegenheit, **5000 Jahre Menschheitsgeschichte** an sich vorbeiziehen zu lassen. Zu den Highlights der Ausstellung gehören einer der ältesten Metallfunde im Voralpenland, die sog. **Kupferscheibe von Hornstaad**, das

merowingische Totenbett von Lauchheim und der spätmittelalterliche **Schatzfund von Ladenburg.** Im Erdgeschoss können die Besucher den Nachbau einer Grabungsstätte besichtigen und so alles Wissenswerte über die Arbeit von Archäologen in Erfahrung bringen. Die Ausstellung hier zeigt außerdem, wie die Wissenschaftler Jahrtausende alte menschliche Knochen »zum Sprechen bringen« und ihnen Informationen über die Lebensumstände ihres Besitzers entlocken. Das Prunkstück der Schifffahrtsabteilung ist ein um 1330 gebauter, **fast vollständig erhaltener Lastensegler,** der 1991 bei Immenstaad gefunden wurde. Das archäologische Landesmuseum residiert im Konventsgebäude der ehemaligen Benediktinerabtei Petershausen in Konstanz' gleichnamigem Stadtteil.
Benediktinerplatz 5 | Di. – So. 10 – 17 Uhr | Eintritt: 6 €
https://www.alm-konstanz.de

Architektur für die Wissenschaft

Universität

Wie ein aus großen Betonklötzen zusammengebautes Schloss thront die Universität Konstanz auf dem bewaldeten Gießberg etwa vier Kilometer nördlich der Rheinbrücke. Sie wurde 1966 als Reformuniversität gegründet und zählt mittlerweile zu den besten Unis der Republik. Die Vernetzung von wissenschaftlichen Disziplinen, von Natur-, Geistes- und Sozialwissenschaften – dieses Anliegen der Reformuniversitäten der 1960er- und 1970er-Jahre spiegelt sich in Konstanz in der Architektur der Universitätsgebäude wieder. Der 1972 eröffnete Campus präsentiert sich als Komplex ineinander verschachtelter Gebäude, die sich um ein Zentrum, die Bibliothek, gruppieren. Bei einem Spaziergang über den Campus trifft man immer wieder auf moderne Kunst am Bau. Dem Willen der Planer zufolge sollten

»
... die Menschen durch die Universität wandern können wie in einer Altstadt mit Plätzen und Gassen.
«

Die Skyline von Konstanz

Seestraße

Von der Rheinbrücke geht es am Casino Konstanz vorbei zum Jachthafen. Von der platanenbestandenen Seestraße eröffnen sich immer wieder schöne Ausblicke auf die Altstadtsilhouette. Bemerkenswert ist auch das Ensemble von Häusern im Stil des Historismus, das sich an der Promenade entlangzieht.

Thermalbad mit Seeblick

Bodensee-Therme

Die Wohlfühloase im Ortsteil Staad ist schon allein architektonisch ein Blickfang. Das verglaste Gebäude zeichnet sich durch seine besondere Leichtigkeit aus. Das Thermal- und Sportbad mit Saunabereich und vielen Wellnessangeboten bietet Entspannung mit Blick auf

Eine Reformuniversität braucht auch eine reformierte Architektur. In Konstanz wurde die Vernetzung der wissenschaftlichen Disziplinen baulich umgesetzt.

den Bodensee. Außerdem sorgt ein abgetrennter Eltern-Kind-Bereich mit Wasserpilz und Schiffchenkanal für Spaß.
Tgl. 9 – 22 Uhr | Eintritt: ab 12 €, Tageskarte 17,50 €
https://www.therme-konstanz.de

Ein deutsch-schweizerisches Kuriosum

Tägermoos

Das nicht mehr als 150 Hektar große Ackerland, südwestlich von Konstanz am südlichen Seerheinufer gelegen, ist schweizerisches Hoheitsgebiet, dennoch wird es von der Stadt Konstanz verwaltet und von deutschen Bauern bewirtschaftet. Das Kuriosum ist das Ergebnis eines 1831 geschlossenen Staatsvertrags zwischen dem Kanton Thurgau und dem Herzogtum Baden, mit dem Jahrhunderte währende Grenzstreitigkeiten beigelegt werden konnten. Mit dem Rad lässt sich das Gebiet gut auf der Konstanzer Straße zwischen Konstanz und dem schweizerischen Tägerwilen am Westrand des Tägermoos erkunden. Dabei passiert man das Zollhaus und radelt dann vorbei an Gemüse- und Salatfeldern. Ein Laden verkauft frisches Biogemüse. Für einen Jausenstopp am Wasser bietet sich der Biergarten der Seerhein-Schenke Kuhhorn an.
Seerhein-Schenke, Konstanzerstraße 115a | Ruhetag: Di., Mi.
https://kuhhorn-taegerwilen.ch

Wohin in Allensbach und Umgebung?

Die Wiege der Demoskopie in Deutschland

Institut für Demoskopie Allensbach

Die 7200-Einwohner-Gemeinde, am Nordufer des Gnadensees gegenüber der Insel Reichenau gelegen, ist als Sitz des »Instituts für Demoskopie Allensbach« weit über den Bodensee hinaus bekannt. Das »Orakel vom Bodensee«, wie der Dichter Hans Magnus Enzensberger das Institut einmal nannte, sorgt mit seinen Umfragen zum Wahlverhalten der Bundesbürger regelmäßig für Unruhe im Politikbetrieb. Es wurde 1947 von **Elisabeth Nölle-Neumann** (▶ Interessante Menschen) gegründet und griff als erstes Institut in Deutschland in den USA entwickelte Methoden der Meinungsforschung auf. Eine kleine Dauerausstellung gewährt Einblicke in die Grundlagen und die Methodik der Meinungsforschung und informiert über die Geschichte des Allensbacher Instituts.

Ausstellung im Museumsgebäude: Rathausplatz 2 (hinter der Kirche): Di. 17 – 19, Fr. 16 – 18 Uhr | Eintritt frei
https://www.ifd-allensbach.de

Spaziergang durch Allensbach

Zentrum

Die Kirche St. Nikolaus, das Wahrzeichen von Allensbach, lohnt auf jeden Fall eine Besichtigung. Seine heute sichtbare barocke Gestalt erhielt das ursprünglich spätgotische Gotteshaus zwischen 1732 und 1735. Das saalartige Innere ist mit schönen Stuckarbeiten und Deckengemälden ausgestattet. Der klassizistische Hochaltar von Alois Dürr entstand 1805, die beiden Rokoko-Seitenaltäre wurden um 1750 angefertigt. Gleich neben der Kirche wartet das Allensbacher Heimatmuseum mit einer modernen Medienstation auf. Schwerpunkte der Ausstellung bilden die Ortsgeschichte, lokale

SCHLOSSHERR/IN AUF ZEIT

In einem herrlichen Garten sitzt man bei einem Glas Wein unter einer 300-jährigen Linde. Der Blick schweift hinab ins liebliche Tal. So kann man sich als Schlossherr/in auf Zeit fühlen, denn das barocke Schmuckstück Schloss Freudental bei Allensbach ist ein Hotel. (https://www.schloss-freudental.de)

Fasnachtsbräuche und Pfahlbauten. Eine Ausstellung im Obergeschoss des Bahnhofs ist dem 1961 in Allensbach gestorbenen Maler und Schriftsteller Fritz Mühlenweg gewidmet. Die Ostasienreise, die der gebürtige Konstanzer mit Sven Hedin unternahm, haben in seinen Büchern und Gemälden ihren Niederschlag gefunden. Das Museum zeigt u.a. Filmdokumente von einer Expedition in die Wüste Gobi.

Heimatmuseum: Rathausplatz 2 | Juli, Aug. Di. 17 – 19, Do. 10 – 12, Fr. 16 – 18 Uhr| Eintritt frei | https://www.museum-allensbach.de

Mühlenweg-Museum: Konstanzer Str. 12, Juni – Mitte Sept. Mo. bis Fr. 9 – 18, Sa. 10 – 13, Mitte Sept. – Mai Mo. – Fr. 9 – 12 u. 14 – 17 Uhr | Eintritt: 3 € | https://www.mühlenwegmuseum.de

Relaxen im Klosterhotel

Kloster Hegne

Einst diente das heutige Kloster Hegne rund vier Kilometer südlich von Allensbach den Konstanzer Bischöfen als Sommerresidenz. 1892 erwarben die Barmherzigen Schwestern vom Heiligen Kreuz das ursprünglich vermutlich im 16. Jh. errichtete Renaissanceschloss und bauten es zu ihrem Provinzialmutterhaus mit karitativen und Bildungseinrichtungen aus. Heute ist Kloster Hege eine Stiftung, die über die Theodosius Akademie ein weitreichendes Seminar- und Tagungsangebot offeriert. Wer eine Weile ausspannen möchte und vielleicht auch an **»Kurz-Exerzitien«,** Kreativ- und Meditationskursen teilnehmen möchte, dem eröffnet sich in dem klösterlichen Bildungsangebot ein weites Feld.

Kloster: Konradistr. 12 | https://www.kloster-hegne.de

Hotel St. Elisabeth: Konradistr. 1 | https://www.st-elisabeth-hegne.de/hotel-st-elisabeth.html

Ein Platz für Tiere

Wild- und Freizeitpark Allensbach

In den weitläufigen Gehegen dieses Parks in rund vier Kilometer Entfernung von Allensbach leben rund 300 heimische Wildtiere. Außer Rot-, Schwarz-, Dam-, Muffel- und Sikawild haben hier auch in Europa fast ausgerottete Arten wie Luchs, Bär und Wisent ein Zuhause gefunden. Eine Fahrt mit der Bimmelbahn über das Parkgelände bereitet sicherlich nicht nur Kindern einen Riesenspaß. Für kleine Parkbesucher gibt es außerdem einen Streichelzoo, einen Abenteuerspielplatz mit Klettercamp, eine Riesenrutsche und einen Wasserpark. In der Falknerei führen Adler ihre Flugkünste vor. Außerdem findet sich ein Rosengarten.

Gemeinmärk 7 | Mai – Sept. tgl. 9 – 17, sonst tgl. ab 10 Uhr | Eintritt: Erwachsene 15 €, Kinder 13 € | https://www.wildundfreizeitpark.de

Gesperrt

Marienschlucht

Die wildromantische Marienschlucht am Steilufer des Überlinger Sees bei Langenrain ist eines der beeindruckendsten Naturdenkmäler am Bodensee. Die 100 m lange und stellenweise nur 2 m breite Fels-

Anstalten vor der Gründung des Provinzhauses 1858 - 1895
1. Provinzoberin: Frau Konrada Bilger 1895 - 1916
Anstalten nach der Gründung des Provinzhauses 1895 - 1927
2. Provinzoberin: Frau Reginalda Lindauer.
Entwicklung der Hegner-Schwesternprovinz. 1858 - 1927

spalte führt zum Überlinger See. Seit einem tödlichen Unfall im Frühjahr 2015, ausgelöst durch einen Erdrutsch, ist der Zugang aber noch bis voraussichtlich Ende 2024 gesperrt.
Infos über den Stand der Sanierungsarbeiten unter: https://www.marienschlucht.de

KRESSBRONN

Höhe: 400 – 520 m ü. NN | **Einwohnerzahl:** 8800

G 3

Im Frühling, zur Zeit der Apfel- und Kirschblüte, scheint die ganze Landschaft in dicke, weiße Wolken gehüllt, denn Kressbronn ist Zentrum eines bekannten Obst-, Wein- und Hopfenanbaugebiets. Als Standort der größten Marina am Bodensee ist die Stadt aber auch Wassersportlern ein Begriff. Den ganzen Sommer über sieht man hier oft Dutzende von Yachten mit vom Wind geblähten Segeln durchs Wasser gleiten.

Obst, Wein, Hopfen

Kressbronn liegt östlich der Argenmündung am Bodensee-Nordufer und ist eine vergleichsweise junge Stadt, die erst 1934 aus dem Zusammenschluss der Gemeinden Hemigkofen und Nonnenbach entstand. Lange war die Bodan-Werft, die 2011 Insolvenz anmelden und ihre Tore schließen musste, der größte Arbeitgeber am Ort. Auf dem alten, vier Hektar großen Werftgelände am Wasser entstanden ein neues Wohnquartier und eine Promenade. Hier informieren Stelen und Schautafeln über die Geschichte der Werft.

Wohin in Kressbronn?

Ein Museum für Bäume

Schlösslepark

Kressbronn wartet mit einer besonderen Sammlung auf: Im Schlösslepark unweit der Ortsmitte – dort steht die barocke Eligiuskapelle (1748 – 1752) – gedeihen rund 180 heimische und exotische Bäume. Angefangen bei unserer gewöhnlichen Rosskastanie über die Winterlinde bis hin zu Exoten wie der Himalajazeder oder dem Gingko: anhand von Holztafeln an den Bäumen lassen sie sich identifizieren und ihre Herkunft bestimmen. Das Schlössle, eine um 1829 errichtete Villa, beherbergt das **Museum für historische Schiffsmodelle,** die der Holzbildhauer Ivan Trtanj geschaffen hat. Im ehemaligen Stall-

Schwester Josefa kennt sich genauestens mit der Geschichte des Klosters Hegne aus.

KRESSBRONN ERLEBEN

TOURIST-INFORMATION

Nonnenbacher Weg 30
(Im Bahnhof)
D-88079 Kressbronn
Tel. 07543 96 65-0
https://www.kressbronn.de

KRESSBRONNER BLÜTENFEST

Jedes Jahr im April/Mai, wenn die Kirsch- und Apfelbäume blühen, veranstaltet die Kressbronner Landjugend ihr Blütenfest mit viel Rockmusik.

PENSION AM BODENSEE €€€

Die Pension bietet viel mediterranes Flair direkt am See. Die meisten der behaglichen Zimmer haben wandhohe Fenster mit Blick auf den See. In zwei herrlichen Villen können Ferienwohnungen gemietet werden. Zum Komplex gehört ein Badestrand sowie ein Wellnessbereich und ein Boots- und Fahrradverleih.

Bodanstr. 7
Tel. 07543 73 82
https://pension-am-bodensee.de

CAMPINGPARK GOHREN €

Der größte Campingplatz am See liegt im Kressbronner Ortsteil Gohren und hat einen rund 2 km langen Naturstrand. Von Camping bis Glamping (glamourous camping) reicht das Angebot: Man hat die Wahl zwischen Zeltwiese, Minilodges und Ferienchalets. Das Wassersportzentrum mit dem größten Yachthafen des Bodensees gleich nebenan bietet das Equipment, das man fürs Segeln, Surfen, Tauchen und zum Wasserski braucht.

Zum Seglerhafen
Tel. 07543 60 59-0
https://www.campingplatz-gohren.de/

und Gesindehaus des Anwesens ist das **Museum und die Galerie in der Lände** untergebracht, die Künstler der Region in Wechselausstellungen vorstellen.

Museum Schiffsmodelle: Seestr. 20 | April – Okt. Di. – So. 10 – 12, 15 – 18 Uhr | Eintritt: 3 € | historische-schiffsmodelle.com

Museum und Galerie in der Lände: Seestr. 24 | Fr., Sa. 15 – 17, So. ab 14 Uhr | http://www.laende.kressbronn.info

Hängebrücke über die Argen

Wunderwerk der Ingenieurbaukunst

Sie galt zur Zeit ihrer Entstehung (1896–1898) als technische Meisterleistung. Die 72 m lange Brücke über die Argen verbindet Kressbronn mit Langenargen und ist eine der ältesten erhaltenen Hängebrücken Deutschlands. Einst durften auch Autos über die Brücke rollen, heute ist sie nur noch für Radler und Fußgänger passierbar. Wegen der ständigen Hochwassergefahr entschieden sich die Planer seinerzeit gegen eine Pfeiler- und für eine Hängebrücke, bei der mächtige Tragseile, die über Pylone laufen, die Fahrbahn halten.

Vom Baggerloch zum Yachthafen

Wassersportzentrum Gohren

Als die beiden Familienunternehmen Meichle und Mohr um 1900 begannen, unweit der Mündung der Argen in den Bodensee Kies abzubauen, ahnte niemand, dass sie damit den Grundstein für das größte Wassersportzentrum in der Region legen sollten. Mitte der 1950er-Jahre entdeckten Skipper den im Zuge der Baggerei entstandenen See für sich und begannen erste Anlegestellen für Sportboote zu bauen. Anfang der 1980er-Jahre dann stiegen Meichle und Mohr groß in das Geschäft mit dem Wassersport ein. Heute gehören zu dem Unternehmen, das 2003 in »Ultramarin« umbenannt wurde, ein Hotel, eine Segelschule, Charterfirma und Werftbetriebe dazu. Der Yachthafen bietet nicht weniger als 1500 Liegeplätze. Der nahe gelegene Campingplatz in Gohren ist einer der größten seiner Art in ganz Süddeutschland.
https://www.ultramarin.com

Weite Blicke

Wandern rund um Kressbronn

Ein beliebter Spaziergang führt von Kressbronn in einer halben Stunde ostwärts auf den **Ottenberg.** Der Turm dort bietet eine spektakuläre Aussicht über den Bodensee, die bei schönem Wetter bis zu den Alpen reicht. Zwei Kilometer weiter südöstlich eröffnet der **Antoniusberg** nicht minder spektakuläre Fernsichten. Auf einer weiteren empfehlenswerten Wanderung Richtung Nordosten gelangt man über den Nunzenberg in einer Stunde zum malerischen **Schleinsee** und dann zum östlich gelegenen **Degersee,** wo ein Strandbad für Erfrischung sorgt.

Wohin in Tettnang?

Adel und Hopfen

Etwas Geschichte

Die Geschichte von Tettnang rund acht Kilometer nördlich von Kressbronn ist eng mit der des Hauses von Montfort verbunden. Hugo III. von Montfort, in dessen Besitz das Gebiet um Tettnang nach einer Erbteilung 1268 gelangt war, erhob das damalige Dorf zu seiner Residenz und forcierte seine Entwicklung zur Stadt. Die Grafen von Montfort herrschten insgesamt über 500 Jahre in Tettnang und statteten den Ort mit drei Schlossbauten aus. Tettnang ist aber nicht nur Residenzstadt, sondern bildet auch den Mittelpunkt eines Hopfenanbaugebiets mit rund 150 Betrieben, die jährlich bis zu 2000 Tonnen Hopfen produzieren.

Residenz, Speicher, Rathaus

Montfortplatz mit Altem Schloss

Das Alte Schloss am Montfortplatz hat eine wechselvolle Geschichte hinter sich. Nach dem Umzug des Grafen Anton III. im Jahre 1728 diente der ab 1667 von dem Vorarlberger Baumeister Michael Kuen für die Grafen von Montfort errichtete Renaissancebau als Speicher und als

Eine Hopfenpflanze wächst bis zu 30 cm täglich und kann 8 m hoch werden.

Unterkunft für Hofbedienstete. Zu Beginn des 20. Jh.s kaufte die Stadt Tettnang das Gebäude und ließ es zum Rathaus umbauen. Den Montfortplatz säumen schöne Bürgerhäuser des 17. und 18. Jahrhunderts.

Der Untergang des Hauses Montfort-Tettnang

Neues Schloss

Unübersehbar thront diese wahrlich fürstliche Residenz auf einer Anhöhe westlich des Montfortplatzes. Offensichtlich wollte Graf Anton III. von Montfort mit dem 1712 begonnenen Prunkbau seiner Macht architektonisch Ausdruck verleihen. Doch die Kosten wuchsen ihm über den Kopf. 1728 ließ er die Bauarbeiten einstellen und trat wegen der hohen Schulden sogar zurück. Nachdem das Schloss 1753 fast vollständig ausgebrannt war, nahm sein Enkel Franz Xaver die Arbeiten wieder auf und beauftragte die besten Stuckateure und Maler mit der Ausstattung der Räume. Doch die Prunksucht trieb auch ihn in den Ruin. 1779 musste der Graf alle seine Besitzungen an seine Gläubiger, die Habsburger, abtreten und Tettnang wurde österreichisch. Heute zählt das Neue Schloss zu den Höhepunkten des Barock in Oberschwaben. Die Räume im ersten Obergeschoss stattete Joseph Anton Feuchtmayer reich mit feinen Stuckierungen aus. Andreas Brugger schuf das prächtige Kuppelfresko im nördlichen Treppenhaus und die Porträts der gräflichen Familie im Tafelzimmer stammen von Angelika Kauffmann.
Besichtigung: April – Okt. Di. – So. 11 – 17 Uhr | Eintritt: 7 €
https://www.schloss-tettnang.de

Elektronik in alten Gemäuern

Montfort-Museum, Elektronikmuseum

Der Renaissancebau im Norden der Altstadt ist das älteste der drei Tettnanger Schlösser und war bis zur Fertigstellung des alten Schlosses im Jahr 1677 Residenz der Grafen von Montfort. Heute sind hier das Montfort-Museum mit Dokumenten zur Stadtgeschichte und ein Elektronikmuseum untergebracht, das faszinierende Einblicke in die Geschichte elektronischer Geräte gewährt. Es zeigt u. a. Rundfunk-, Fernseh- und Messgeräte sowie frühe Computer.

Beide Museen: April–Okt. Di. – So. 14 – 18 Uhr | Eintritt: 4 €
https://www.emuseum-tettnang.de

Hier dreht sich alles um Hopfen und Malz

Hopfenmuseum

Das Museum im Tettnanger Ortsteil Siggenweiler führt in die hohe Kunst des Bierbrauens ein. Auf einem Brauerlehrgang erfahren die Besucher alles Wissenswerte über den Tettnanger Aromahopfen, und auch, warum ein Bier plötzlich nach Zitrusfrüchten schmecken kann. Die Ausstellung in der Siegelhalle informiert über die Geschichte des Bierbrauens, und in der Maschinenhalle lässt sich eine Hopfenpflückmaschine bestaunen. Die Museumsgaststätte »BierStängel« hält eigenwillige Bierkreationen aus der museumseigenen Brauerei bereit. Direkt am Museum beginnt auch der **Hopfenwanderpfad,** der auf vier Kilometer Länge durch Hopfenfelder, Wiesen und Obstgärten führt und zahlreiche Informationen zum Hopfenanbau bereithält.

Hopfengut 20 | Mai – Okt. Di. – So. 10.30 – 18 Uhr | Eintritt: 6 € | Gaststätte: Di. – Sa. 17 – 21.30, So. 12 – 17 Uhr | https://www.hopfengut.de

KREUZLINGEN

Staat: Schweiz | **Höhe:** 404 m ü. NN | **Einwohnerzahl:** 22 700

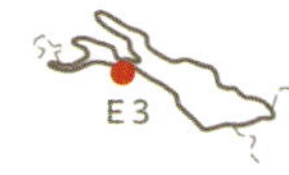

Fast könnte man vergessen, dass Konstanz und Kreuzlingen zwei verschiedene Städte sind – so sehr sind sie miteinander verwachsen. Die Grenze verläuft durch dicht bebautes Gebiet, täglich pendeln hier Menschen zwischen Deutschland und der Schweiz hin und her. Die Schweizer locken besonders die vergleichsweise niedrigen deutschen Preise, viele Konstanzer arbeiten wegen der höheren Löhne im Nachbarland.

Kreuzlingen ist eine vergleichsweise junge Stadt, die 1928 aus dem Zusammenschluss der Dörfer Emmishofen, Kurzrickenbach und Egelshofen entstand. Ein historisches Zentrum wie in Konstanz gibt es deshalb nicht, dafür locken in der Umgebung einige Schlösser und andere schöne Ausflugsziele.

Wohin in Kreuzlingen?

Wie Kreuzlingen zu seinem Namen kam

Kloster Kreuzlingen

Das um 1125 vom Konstanzer Bischof Ulrich I. als Augustiner-Chorherrenstift gegründete Kloster ist aus einem Hospiz hervorgegangen, dem sein Stifter Bischof Konrad I. (um 900 – 973) eine **Kreuzesreliquie** schenkte, die er aus Jerusalem mitgebracht haben soll. Als das »Crucelin«, wie der Volksmund das Hospiz bald nannte, aufgelöst wurde, gingen die Reliquie und auch der Name an Bischof Ulrichs neu gegründetes Chorherrenstift über. Im Laufe seiner Geschichte hat Kloster Crucelingen oder Creuzlingen schwere Verwüstungen erlebt. Stiftskirche und Konvent wurden im Schwabenkrieg von 1499 und dann noch einmal während der Dreißigjährigen Krieges niedergebrannt und zerstört.
Die **Stiftskirche St. Ulrich und St. Afra** entstand im 17. Jh. vermutlich nach Plänen des Barockbaumeisters Michael Beer. Während des 18. Jh.s gestaltete man das Gotteshaus im Stil des Rokoko um. Nach einem verheerenden Brand im Jahr 1963, den nur die Umfassungsmauer, der Chor und die Ölbergkapelle überstanden, musste die Kirche wieder aufgebaut werden. Dank einer behutsamen Rekonstruktion der ursprünglichen Ausstattung erstrahlt sie heute in altem Glanz. Besonders sehenswert sind die Deckenfresken von Franz Ludwig Hermann aus dem 18. Jh. und die Ölbergkapelle mit dem gotischen Gnadenkreuz und einem Kalvarienberg von 1738. Das Kloster wurde 1848 aufgelöst und das Dorf Egelshofen 1874 nach ihm benannt.

Naturerleben im Freizeitpark

Die herrliche Anlage, die sich über 2,5 km das Seeufer entlangzieht, ist ein Freizeitpark der besonderen Art. Er bietet nicht nur einen Tierpark und eine Minigolfanlage, sondern auch viele naturbelassene Grünflächen direkt am See. Herzstück der Anlage ist das **Seemuseum,** in dem sich alles um den Bodensee dreht, um seine natürliche Beschaffenheit wie auch seine Kultur und Geschichte. Im Schloss Seeburg, der einstigen, im 19. Jh. im historistischen Stil umgebauten Sommerresidenz der Augustiner Chorherren, lädt ein romantisches Restaurant zu genüsslichem Schlemmen ein. Von dem Aussichtsturm direkt am Seeufer lassen sich gut die Vögel beobachten, die auf der Wollschweininsel im Kreuzlinger Hafen nisten. Ihren Namen verdankt die Insel den Wollschweinen, die dort im Winter ausgesetzt werden, um die Vegetation kurz zu halten. Auf einem Ausflug mit der in Konstanz stationierten Solarfähre »Sole-Mio« erlebt man das Naturparadies aus einer ganz besonderen Perspektive, denn das Schiff gleitet geräuschlos und sanft am Seeburgpark vorbei.

Seemuseum: Seeweg 3 | Okt. – Juni Di. – So. 14 – 17, Juli – Sept. Di. – So. 11 – 17 Uhr | Eintritt: 8 CHF | https://seemuseum.ch
Solarfähre Sole Mio: Tel. 0175 5 295 09 63, https://solarfahre-sole-mio.business.site

KREUZLINGEN ERLEBEN

KREUZLINGEN TOURISMUS
Seestrasse 45
CH-8280 Kreuzlingen
Tel. 0041 71 5 31 01 31
https://thurgau-bodensee.ch

HOLY FASHION GROUP
Das Unternehmen entwirft und vermarktet Kleider der Designerlabels Strellson, Joop und Windsor (Fabrikverkauf).
Sonnenwiesenstr. 21
Tel. 0041 71 686 33 33
holyfashiongroup.com

SEEGARTEN €€
Ob in der rustikalen Stube oder in der Gartenwirtschaft, hier wird Schweizer Küche lokal interpretiert. Obst, Gemüse und Kräuter stammen aus dem Garten oder von Thurgauer Bauern, das Fleisch aus tiergerechter Haltung, und den Fisch fängt Rolf Meier jeden Tag frisch (S. 8 ff.).
Untere Seestrasse 39
Ermatingen TG
Tel. 0041 71 660 06 21
Ruhetag: So., Mo.
https://www.seegarten-ermatingen.ch

SCHLOSS SEEBURG €€€€
Der kulinarische Schwerpunkt des Restaurants, das in der einstigen Sommerresidenz des Augustiner-Chorherrenstifts residiert, liegt auf saisonalen, frisch zubereiteten Gerichten von geschmorten Kalbsbägglis bis zu Eglifilets in Bierteig. Zum noblen Ambiente gehören eine Aussichtsterrasse mit Blick auf den See und ein idyllischer Garten.
Seeweg 5
Tel. 0041 71 6 88 40 40
Ruhetage: im Winter Mo.–Do.
https://www.schloss-seeburg.ch

HOTEL JUCKER'S €€€
Das Boutique-Hotel mit 15 Zimmern verfügt über Lifestyle-Zimmer, bei denen Wert auf natürliche Materialien in warmen Farbtönen gelegt wurde. Zum Hotel gehört neben einem kleinen SPA-Garten auch das historische Gebäude des Restaurants Linde mit regionaler Küche und Fischspezialitäten.
Hauptstrasse 96
Tägerwilen/ Kreuzlingen
Tel. 0041 71 669 11 68
https://www.juckers-hotel.com

Puppenmuseum im ländlichen Idyll

Schloss Girsberg

Ferdinand Graf von Zeppelin verbrachte in dem Anwesen im Kreuzlingener Stadtteil Emmishofen seine Jugend. Die Familie seiner Mutter, die Bankier-Dynastie Macaire, hatte es von Herzog Friedrich II. von Württemberg erworben und der Familie Zeppelin zu Weihnachten geschenkt. Die Gebäude der idyllisch gelegenen Schlossanlage sind zwar bewohnt, aber in der Kulturscheune ist ein Museum mit

rund 500 Puppen aus aller Welt und eine Spielzeugsammlung untergebracht. Das Zeppelin-Zimmer ist mit den originalen Arbeitsmöbeln des Grafen ausgestattet.
jeden 1. So. im Monat 15 – 17 Uhr | https://www.schloss-girsberg.ch

Rund um Kreuzlingen

Das Erbe Müller-Thurgaus

Tägerwilen

Die kleine Gemeinde vier Kilometer westlich von Kreuzlingen ist Geburtsort des Pflanzenphysiologen **Hermann Müller-Thurgau,** der 1882 an der Forschungsanstalt Geisenheim eine neue Rebsorte, die Müller-Thurgau, züchtete. 1925 schmuggelten deutsche Weinbauern die Reben nachts über den See nach Immenstaad, um sie auch in Deutschland anbauen zu können. Heute zählt die Müller-Thurgau zu den erfolgreichsten Rebzüchtungen der Welt. Vor seinem Geburtshaus, einem Fachwerkhaus in der Müller-Thurgau-Straße, erinnert eine Büste an den Weinpionier. Um das Erbe des wohl berühmtesten Sohnes von Tägerwilen zu wahren, pflanzen Hobbywinzer die Rebsorte in einem kleinen Weinberg an. Die Trägerwiler Rebleute verkaufen ihren Wein gerne an alle Liebhaber.
Branchenverband Thurgau Weine: https://www.thurgauweine.ch

Preisgekrönt

Conny-Land

Der Freizeitpark bei Lipperswil 12 km südwestlich von Kreuzlingen ist der größte seiner Art in der Schweiz und hat schon einige Preise eingeheimst. Auf dem drei Hektar großen Areal gibt es rund 60 Attraktionen, eine Hochseilbahn, einen Flugsimulator und Space-Shot-Tower. Absolutes Highlight ist aber die täglich stattfindende Seelöwen-Show. Im Angebot ist zudem »Baden mit Seelöwen«, ob das den putzigen Tieren wirklich gefällt?
Connylandstr. 2 | März – Okt. tgl. 10 – 18 Uhr | Eintritt: Erwachsene 33 CHF, Kinder: 29 CHF | https://www.connyland.ch

Ein Dorf wie aus dem Bilderbuch

Gottlieben

Das idyllisch direkt am Ufer des Seerheins gelegene 300-Seelen-Dorf schmücken schöne Fachwerkhäuser wie das Waaghaus, das Haus Rheineck oder die Drachenburg aus dem 17. Jh., in der heute ein Hotel residiert. In **Schloss Gottlieben**, 1251 vom Konstanzer Bischof Eberhard II. erbaut, wurden 1415 während des Konstanzer Konzils der Reformator Jan Hus und der Gegenpapst Johannes XXIII. gefangen gehalten. 1836 erwarb Louis Napoléon, der spätere Kaiser Napoleon III., das Anwesen und ließ es neugotisch umgestalten. Heute befindet es sich in Privatbesitz. In einem ehemaligen Handelshaus am Dorfplatz haben Literaturfreunde eine **Gedenkstätte** für den Schriftsteller Emanuel Freiherr von und zu Bodman

Heuzutage muss kein Winzer mehr fürchten, wegen Rebenschmuggels belangt zu werden. Aber so kam der Müller-Thurgau über den Bodensee.

eingerichtet, der von 1920 bis zu seinem Tod 1946 in Gottlieben wohnte. Das Gebäude wird heute als Literaturhaus für Veranstaltungen genutzt, dabei besteht Gelegenheit, das Bodmanzimmer zu besichtigen.
Die Gottlieber Hüppen sind eine bekannte Waffelröllchen-Spezialität und ein schönes Mitbringsel, das man im Seecafé kaufen kann.
Literaturhaus Thurgau: https://literaturhausthurgau.ch

Feiern in der Fastenzeit
Der idyllische kleine Fischerort am Ufer des Untersees bietet ein einzigartiges Spektakel: An keinem Ort der Welt wird Fasnacht so spät gefeiert wie hier. Erst drei Wochen vor Ostern findet alljährlich das ausgelassene Treiben statt. Wobei es nur alle drei Jahre (2027, 2030 usw.) den Groppenumzug gibt. Dabei führt ein riesiger Fisch aus Pappmaché den Umzug an. Es heißt, dass die Ermatinger den Gegenpapst Johannes XXIII. nach seiner Flucht vom Konzil aufgenommen und mit Groppen, einem Bodenseefisch, durchgefüttert haben. Zum

Dank soll Johannes den Dörflern erlaubt haben, nach dreiwöchiger Fastenzeit noch einmal ein ausgelassenes Fest zu feiern. In Ermatingen fallen einige stattliche historische Fachwerkhäuser wie das Haus zum Schiff von 1708 oder der mehr als 300 Jahre alte Kehlhof auf. Das **Gasthaus Adler** stammt ursprünglich aus dem 16. Jh. und ist eines der ältesten Hotels im Thurgau. V.I.P.s wie Graf Zeppelin, Thomas Mann und Hermann Hesse nächtigten hier. Das **Museum Vinorama,** das in dem Wohn- und Geschäftshaus eines Weinhändlers untergebracht ist, informiert über die Geschichte des Weinbaus am Untersee und bietet auch Weinproben an. Im Haupthaus des Anwesens gewährt eine Ausstellung einen Einblick in die Wohnkultur der Zeit um 1900.

https://www.groppenfasnacht.ch
Vinorama: Hauptstr. 62 | So. 14 – 17 Uhr | Eintritt frei
https://www.vinorama-ermatingen.ch

In der Welt der Bonapartes

Schloss Arenenberg

Wer auf der Aussichtsterrasse von Schloss Arenenberg steht, weiß, warum die Bonapartes diesen Ort schon vor 200 Jahren zu ihrem Wohnsitz erkoren. Das im 16. Jh. errichtete Anwesen thront in der Nähe von Salenstein westlich von Ermatingen auf einer Anhöhe und gewährt tolle Ausblicke über den Untersee und die Insel Reichenau. 1817 wählte die aus Frankreich vertriebene Stieftochter von Napoleon I., **Hortense de Beauharnais,** das Schloss zum Exil und wohnte hier bis zu ihrem Tod 1837. Sie organisierte ihr Leben ganz im Stil Pariser Salons mit rauschenden Champagnerfesten, Diners, Theater und Parkspaziergängen. Ihr Sohn Louis Napoleon, der spätere Kaiser **Napoleon III.,** verlebte auf Schloss Arenenberg seine Jugendjahre. Seine Witwe, Kaiserin Eugénie, schenkte es 1906 dem Kanton Thurgau, der es in ein Museum umwandelte. Die Besucher heute werden auf eine Zeitreise in die Welt der Bonapartes geschickt. Die Räumlichkeiten sind mit wertvollen Empire-Möbeln ausgestattet und mit kostbaren Gemälden geschmückt. Der »Zeltzimmer« genannte Salon von Hortense und das herrschaftliche Kaiserbad im Prinzenflügel beeindrucken besonders. Kein Geringerer als der berühmte Gartenarchitekt Hermann Fürst von Pückler-Muskau hat den Park im Stil eines englischen Landschaftsgartens gestaltet.

April – Sept. tgl. 10 – 17 Uhr, Okt. – März Mo. geschl.
Eintritt: 15 CHF | https://napoleonmuseum.tg.ch

Das Warten des Johannes

Kloster Münsterlingen

Das ehemalige Benediktinerinnenkloster Münsterlingen fünf Kilometer südöstlich von Kreuzlingen hält etwas ganz Besonderes bereit: In der Klosterkirche von 1716 wartet eine **spätgotische Büste des Johannes** (16. Jh.) schon seit mehr als 50 Jahren darauf, dass man sie in einer feierlichen Prozession über den See zurück nach

Hagnau (► S. 150) trägt. Dies ist natürlich nur möglich, wenn der Bodensee vollständig zugefroren und begehbar ist. Zuletzt gelangte die Johannes-Figur während **»Seegfröne«** im Jahr 1963 nach Münsterlingen. Dass sie es in nächster Zeit noch einmal über den Bodensee schafft, ist eher unwahrscheinlich. Denn angesichts des Klimawandels kehrt eine Seegfröne wohl so schnell nicht wieder.
Die romanische, dem heiligen Leonard geweihte Einraumkapelle (um 900) in Landschlacht, zwei Kilometer südöstlich von Münsterlingen, birgt wertvolle gotische Wandmalereien. Die bedeutendsten Werke sind eine Passionsfolge (um 1310) und die Szenen aus dem Leben des Heiligen (1432) im Chor.

LANGENARGEN

Höhe: 399 m ü. NN | **Einwohnerzahl:** 7800

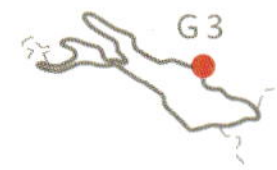

Ein Märchenschloss wie aus Tausendundeiner Nacht, eine endlos lange Uferpromenade mit mediterranem Flair, romantische Sonnenuntergänge und feierliche Schlosskonzerte, umgeben von Obstbäumen und zwischen den Mündungen der Flüsschen Argen und Schussen gelegen: Langenargen hat alles, was man für einen tollen Sommerurlaub am Bodensee braucht.

Am Beginn des Tourismus in Langenargen steht **Annette von Droste-Hülshoff**, die bei einem Aufenthalt in diesem Örtchen ins Schwärmen geriet und einem Freund empfahl:

» Versäume ja Langenargen nicht ... «

Heute ist die kleine Stadt, malerisch zwischen Schussen- und Argenmündung gelegen, in der Tat eines der bekanntesten Urlaubsziele am Bodensee mit einer guten touristischen Infrastruktur.

Wohin in Langenargen?

Das Märchenschloss am Bodensee

Schloss Montfort

Bis 1861 stand an der Spitze der Landzunge, die vor Langenargen in den Bodensee hinausragt, eine Burg der Grafen von Montfort, die der hochverschuldete, letzte regierende Spross der Dynastie 1780

den Habsburgern überlassen musste. Ab 1810 dienten die alten Gemäuer als Steinbruch, und so entstand jene romantische Burgruine, die noch Annette von Droste-Hülshoff entzückte. 1858 erwarb König Wilhelm I. von Württemberg die Burg und ließ an ihrer Stelle eine Villa im maurischen Stil des 19. Jh.s errichten, von seinem Sohn und Nachfolger Schloss Montfort genannt. Bis zur Übernahme durch die Stadt Langenargen 1961 wechselte es immer wieder den Besitzer. Heute sind hier eine Gemäldesammlung und ein Restaurant untergebracht. Den Sommer über finden im Schlossgarten Konzerte statt. Der zinnenbewehrte Turm bietet tolle Ausblicke über den Bodensee.
Turm: April, Okt.– Anf. Nov. tgl. 11 – 16, Mai – Sept. 10 – 17 Uhr
Schlosskonzerte: Juli/ Aug. | https://www.langenargener-schlosskonzerte.de

LANGENARGEN ERLEBEN

TOURIST-INFORMATION
Obere Seestr. 2/1
Tel. 07543 93 30-92
https://www.tourismus-langenargen.de

UFERFEST
Das Fest mit Klang-Feuerwerk, Fischerstechen und vielen anderen Attraktionen findet immer am letzten Juni-Wochenende statt und bildet den Höhepunkt einer ganzen Reihe von sommerlichen Hafenfesten, die im Juni beginnen.

SCHUPPEN 13 €€
Das Haus direkt am Yachthafen bietet köstliche Fischspezialitäten, italienische Gaumenfreuden – und gediegene Wohnzimmeratmosphäre.
Argenweg 60
Tel. 07543 15 77
Ruhetag: Mo., Di.
https://www.schuppen13.de

LÖWEN €
Das Restaurant/Café am Gondelhafen hat Wintergarten, Seeterrasse, Biergarten und eine eigene Konditorei. Highlights der saisonalen Küche sind die Mai-Scholle und Gänsebraten im November, dazu gibt es ganzjährig Spitzenweine vom Bodensee.
Obere Seestr. 4
Tel. 07543 30 10
Ruhetag: Mo., Di.
https://www.loewen-langenargen.de

SCHWEDI €€
Das Haus direkt am See liegt in der Nähe des Naturschutzgebiets Eriskircher Ried und bietet Wellness pur im Spa mit Schwimmbad, Sauna und einer großen Liegewiese. Die Zimmer sind hell und freundlich, das Restaurant ist für seine köstlichen Fischspezialitäten bekannt.
Schwedi 1
Tel. 07543 9 34 95-0
28 Zi.
Restaurant Mo., Di. Ruhetag
https://hotel-schwedi.de

Schloss Montfort gehörte nur wenige Jahre dem württembergischen König. Schon sechs Jahre nach Vollendung 1873 wurde es an Luise von Preußen verkauft.

Die längste Flaniermeile am See

Uferpromenade

Langenargens Uferpromenade zieht sich vom Schloss Montfort bis zum Hotel Seeterrasse hin und bietet **tolle Aussichten über den Bodensee.** An warmen Sommerabenden kann man hier wirklich fantastische Sonnenuntergänge erleben. Der Yachthafen Langenargen liegt noch ein Stück weiter südlich an der Mündung der Argen in den Bodensee, gleich gegenüber vom Kressbronner Wassersportzentrum »Ultramarin«. Von hier ist es nicht mehr weit zur Argenbrücke, einer der ältesten noch erhaltenen Hängebrücken in Deutschland (▶ S. 114).
https://www.bmk-yachthafen.de

Verborgene Schätze

Pfarrkirche St. Martin

Von außen wirkt das Gotteshaus am Marktplatz im sogenannten Städtle, dem historischen Ortskern, eher schlicht, innen jedoch überrascht es mit einigen Juwelen barocker Kunst, darunter das um

1762 entstandene Schutzengelbild am linken Pfeiler der Eingangshalle und die Rosenkranzreliefs aus der Zürnschule. Die Deckengemälde stammen von Anton Maulbertsch, dem Vater des berühmtesten Malers des österreichischen Spätbarock.

Kunst im Pfarrhaus

Museum Langenargen

Das Museum, das im Pfarrhaus gegenüber der Kirche residiert, zeigt Kunst vom Mittelalter bis zur Neuzeit aus dem Bodenseegebiet und eine Münzsammlung. Ein Raum ist dem Langenargener **Franz Anton Maulbertsch**, einem der bedeutendsten Maler des Spätbarock, gewidmet. Außerdem besitzt das Museum eine umfangreiche Sammlung des Spätimpressionisten Hans Purmann (1880 – 1966), der zeitweise in Langenargen wohnte.
März – Anf. Nov. Di. – So. 14–18 Uhr | Eintritt: 5 €
museum-langenargen.de

★★ LINDAU

Höhe: 400 m ü. NN | **Einwohnerzahl:** 25 500

H 3

»Schwäbisches Venedig« – nannte der Geograf Sebastian Münster Lindau 1544 in einem Kartenwerk, denn im Mittelalter durchzogen einige Kanäle den auf einer Insel im Bodensee gelegenen Ort. Die Kanäle gibt es zwar nicht mehr und auch venezianische Paläste, Kirchen und Brücken fehlen. Dafür wartet Lindaus Altstadt mit einer ganzen Reihe ansehnlicher Bürgerhäuser der Gotik, der Renaissance und des Barock sowie viel mediterranem Flair auf.

Venedig am Bodensee

Der Name leitet sich von dem zu Beginn des 9. Jh.s gegründeten Damenstift »Unserer Lieben Frau unter den Linden« ab, um das sich eine kleine Siedlung entwickelte. Als man den Markt von Aeschach auf dem Festland 1079 in den Wirren des Investiturstreits auf die Insel verlegte, begann der Aufstieg Lindaus zur Handelsmetropole und 1275 erlangte der Ort den Status einer Reichsstadt. Bis heute zeugen die prächtigen Patrizierhäuser in der Altstadt von dem Reichtum, den Lindaus Kaufleute durch Handel mit Korn-, Salz und Leinen erwirtschafteten. Auf dem Augsburger Reichstag 1530 bekannte sich Lindau zusammen mit Memmingen, Konstanz und Straßburg zur Reformation, und die Franziskanermönche, die dort seit 1224 ein Kloster betrieben, verließen die Insel. Nur die Kanonissinnen des Damenstifts blieben und gerieten in der Folge immer wieder in Konflikt mit der Stadt. Mit dem Reichsdeputationshauptschluss von 1803 ver-

LINDAU ERLEBEN

LINDAU TOURISMUS UND KONGRESS GMBH
Alfred-Nobel-Platz 1
D-88131 Lindau
Tel. 08382 8 89 99 00
https://www.lindau.de

WOCHENMARKT
Mitte April – Sept. Mi., ganzjährig Sa. ab 7 Uhr auf dem Therese-von-Bayern-Platz

❶ VILLINO €€€€
Das Haus im Stil eines italienischen Landhauses liegt in einem herrlichen Garten und ist von Obstplantagen umgeben. Die opulent eingerichteten Gästezimmer fügen sich ins Bild. Die Gourmetküche (nur abends) von Reiner Fischer ist italienisch-asiatisch geprägt und mit einem Michelin-Stern ausgezeichnet.
Mittenbuch 6 (Festland)
Tel. 08382 9 34 50
https://www.villino.de

❷ SCHACHENER HOF €€€
Der Gast hat die Wahl zwischen gutbürgerlicher schwäbischer Küche und Haute Cuisine, alles vom Feinsten. Auch das Preis-Leistungs-Verhältnis stimmt. Ausgesuchte Weine aus der Region.
Bad Schachen (Festland)
Schachener Str. 76
Tel. 08382 9 42 91 99
Ruhetag: Mo.
https://www.schachenerhof-lindau.com

❸ ALTE POST €€
Das gemütliche, historische Restaurant in Nähe des Spielkasinos serviert saisonale Spezialitäten. Die Küche ist bodenständig mit feinem Touch. Es gibt auch schöne Gästezimmer (€€€).
Fischergasse 3
Tel. 08382 9 34 60
Ruhetag: Mo. (Winter auch Di.)
https://www.alte-post-lindau.de

❶ ADARA BOUTIQUE-HOTEL €€€€ – €€€
Im Zuge einer umfassenden Sanierung ist aus dem denkmalgeschützten Altstadt-Ensemble des 13. Jh.s ein richtiges Schmuckkästchen geworden. Ob Dachbalken oder Steinwände: Überall finden sich Spuren der mittelalterlichen Bausubstanz. Highlight ist eine dreistöckige, offen gestaltete Suite mit kleiner Dachterrasse, privatem Whirlpool und Blick über die Altstadtdächer. Küchenchef des Restaurants Karrisma ist Julian Karr aus Langenargen. Er kreiert leichte Gerichte mit Anklängen an die Küchen der Welt.
Alter Schulplatz 1
Tel. 08382 94350-0
16 Zi.
https://adara-lindau.de

❷ BAD SCHACHEN €€€€
Das Haus mit Belle-Epoque-Charme liegt in einem englischen Landschaftspark und bietet einen Wellnessbereich sowie behagliche Zimmer. Das hauseigene Strandbad ist ein architektonisches Jugendstil-Juwel, in dem auch Tagesgäste (16 €) willkommen sind. Im Restaurant »Seeblick« speist man in gediegener Atmosphäre mit Blick auf den Bodensee. Sonntags

wird zwischen 14 und 17 Uhr zu Klaviermusik der »High Tea« mit köstlichem Tee und ofenwarmen Scones zelebriert (Anmeldung erforderlich).
Bad Schachen 1 (Festland)
Tel. 08382 2 98-0
128 Zi.
https://badschachen.de

❸ BAYERISCHER HOF €€€€

Die Zimmer des direkt an der Seepromenade residierenden Hauses bieten tolle Ausblicke auf die Lindauer Hafeneinfahrt, den See und die Alpen. Wer nicht im See schwimmen mag, nutzt den Pool im Garten. Das Restaurant mit Terrasse serviert bayerische und internationale Küche. An schönen Sommertagen ist es nicht gerade einfach, hier einen Platz zu ergattern. Zum Bayerischen Hof gehört in Lindau auch das Hotel Reutemann-Seegarten.
Seepromenade, Bahnhofplatz 2
Tel. 08382 91 50, 104 Zi.
https://www.bayerischerhof-lindau.de

❹ HELVETIA €€€

Das Boutique-Hotel liegt direkt am Mangturm und bietet Traumblicke auf die Hafeneinfahrt mit Löwe und Leuchtturm. Originell eingerichtete Zimmer und eine Dachgartenlounge gehören ebenso zum Haus wie ein großzügiger Wellnessbereich. Das Lokal »Harbour Lounge« ist an lauen Sommerabenden Treffpunkt von Einheimischen wie Touristen. Übernachten kann man auch auf der hoteleigenen Yacht »Lady Octopus«, die im Hafenbecken ihren Liegeplatz hat.
Seepromenade
Inselgraben 3
Tel. 08382 91 30
47 Zi.
https://www.hotel-helvetia.com

lor Lindau den Status der Reichsstadt, und das Damenstift wurde aufgelöst. 1805 dann kam Lindau zum Königreich Bayern. Mit der Eröffnung der Bodensee-Dampfschifffahrt und der Anbindung an das Eisenbahnnetz im 19. Jh. nahmen Wirtschaft und auch der Tourismus einen Aufschwung. Im Laufe seiner Geschichte hat sich Lindau immer weiter auf dem Festland ausgedehnt. Die Altstadt-Insel macht nur einen winzigen Teil des gesamten Gemeindegebiets aus. Nicht mehr als 15 Prozent der Einwohner leben dort.
Seit 1951 treffen sich alljährlich **Nobelpreisträger aller Disziplinen** in Lindau, um sich mit den besten Nachwuchswissenschaftlern ihres jeweiligen Fachs auszutauschen.

Wohin in der Lindauer Altstadt?

Servus in Bayern

Hafen

Wer sich Lindau vom See aus nähert, den heißt ein bayerischer Löwe willkommen, der gleich an der Hafeneinfahrt auf einem Podest hockt und stolz über das Wasser blickt. Der Bildhauer Johann Halbig schuf den sechs Meter hohen Koloss 1856 aus einem Marmorblock. Als die Bahn, die lange im Besitz der Hafenanlage war, das Gelände mitsamt dem Löwen 2003 an die Konstanzer Stadtwerke verkaufte, war die Aufregung groß. Der Bayerische Löwe ein Baden-Württemberger? Das durfte nicht sein! Also kaufte die Stadt Lindau mit Unterstützung des Freistaats den Hafen zurück. Seit 2010 sind Hafen und Löwe wieder fest in bayerischer Hand. Der neue Leuchtturm, der gleich gegenüber dem Löwen 33 m hoch aufragt, bietet eine tolle Sicht auf die Stadt und den Bodensee mit den nahen Alpen im Hintergrund.
Der Hafen liegt an der Südseite der Insel und ist eine der großen Touristenattraktionen am Bodensee. In den Sommermonaten steuern täglich rund 50 Ausflugschiffe das Hafenbecken an, das durch zwei 1811 bzw. 1856 entstandene Molen vom See abgeschirmt ist. Der Mangturm an seiner Nordseite diente im Mittelalter als Leuchtturm und war in die im 19. Jh. abgetragene Stadtbefestigung einbezogen. Die bunt glasierten Dachziegel, die die Turmspitze schmücken, stammen aus dem 19. Jahrhundert. Wenn der sechs Meter lange Zopf mit roter Schleife aus einem der Turmfenster hängt, sitzt oben in der Stube eine Märchenerzählerin und entführt Erwachsene und Kinder in die Welt der Gebrüder Grimm oder Hans Christian Andersens.
Märchenstunde im Mangturm: Mai – Sept. Fr. 19 Uhr | Eintritt 10 €

Shoppingmeile mit Geschichte

Maximilianstraße und Rathaus

Lindaus Hauptgeschäftsstraße, die sich vom Bahnhofsplatz an ihrem westlichen Ende bis zur Bindergasse im Osten hinzieht, bildet das pulsierende Herz der Bodensee-Metropole und ist zugleich ein Spie-

Lindau gehört zu Bayern, bei Tag und bei Nacht.
Daran lässt Bayerns Löwe an der Hafeneinfahrt keinen Zweifel.

gel ihrer langen Geschichte. **Stattliche gotische, renaissancezeitliche und barocke Bürgerhäuser** stehen hier dicht an dicht. Bei einem Bummel über das Kopfsteinpflaster der Flaniermeile, die seit 1973 Fußgängerzone ist, fallen allenthalben reich bemalte Fassaden, verspielte Erker, Giebel sowie blumengeschmückte Fenster und Balkone auf. Viele **traditionsreiche Geschäfte,** die alteingessenen Lindauer Familien gehören, sind hier ansässig und auf Schritt und Tritt laden gemütliche Lokale zu Shoppingpausen ein. Ungefähr auf halber Strecke zweigt der Bismarckplatz von der Maximilianstraße ab. An seiner Südseite bildet das zwischen 1422 und 1435 im gotischen Stil errichtete **Alte Rathaus** mit der überdachten Freitreppe einen unübersehbaren Blickfang. Die Lüftlmalerei an der Fassade erzählt von dem 1496 in dem Gebäude tagenden Reichstag und bietet Illustrationen zu den zehn Geboten. Der Eingang zur Reichsstädtischen Bibliothek im kostbar ausgestatteten gotischen Rathaussaal befindet sich an der auf den Reichsplatz weisenden Südseite des Hauses. Die Bibliothek hütet mehr als 23 000 wertvolle Handschriften, Inkunabeln, Atlanten und Bücher aus allen Wissensgebieten vom 14. Jh. bis zur Gegenwart.

Bibliothek: mit Führung, Anmeldung unter Tel. 08382 27 47 47-0

Ein Kirchenschatz und sein Urheber

Peterskirche

Das außen eher unscheinbar wirkende Gotteshaus am Schrannenplatz birgt eine Kostbarkeit von unschätzbarem Wert: Denn auch wenn bis heute nicht zweifelsfrei festgestellt werden konnte, ob die Fresken der sog. Lindauer Passion, die die Nordwand des Langhauses schmücken, tatsächlich von dem berühmten Renaissance-Meister **Hans Holbein d. Ä.** stammen: Unbestritten ist, dass diese Darstellung der Leidensgeschichte Christi eine der kunsthistorisch interessantesten Umsetzungen des Sujets ist, denn sie bezieht die Petrus-

HAFENBÜHNE

Fast packt einen das Fernweh: In der Harbour-Lounge am Mangturm trifft sich, wer den Blick in die Ferne schweifen lassen und die ein- und ausfahrenden Schiffe beobachten möchte. Dazu ein Glas Wein, und die Zeit vergeht ... (https://www.hotel-helvetia.com).

geschichte in die Bildfolge mit ein. Dass Kunsthistoriker die Fresken Hans Holbein d. Ä. zuschreiben, verdankt sich übrigens der Signatur »HH«, die Restauratoren erst 1967 im zwölften Bild auf dem Ärmel der Magdalena entdeckten. Die Peterskirche ist **der älteste Sakralbau Lindaus.** Seine Anfänge gehen auf die Zeit um 1000 zurück. Bereits im 17. Jh. wandelte man das Gotteshaus in ein Warenlager um, und seit 1928 ist hier eine Kriegergedenkstätte untergebracht.
In unmittelbarer Nachbarschaft der Peterskirche ragt auf dem Schrannenplatz der Diebs- oder Malefizturm auf, der um 1380 als Teil der Stadtbefestigung errichtet wurde und lange als Gefängnis diente. Mit seinen vier spitzen Ecktürmchen zählt er zu den auffälligsten Gebäuden in Lindau.

Lindauer Wohnkultur durch die Jahrhunderte

Stadtmuseum im Haus zum Cavazzen

Der berühmte Kunsthistoriker Georg Dehio bezeichnete den stattlichen Barockbau an der Westseite des Marktplatzes einst als **»schönstes Bürgerhaus«** am Bodensee. Das 1729 im Auftrag der Kaufmannsfamilie Seutter errichtete Gebäude beeindruckt durch sein mächtiges Walmdach und die zarte Fassadenmalerei. Seit 1929 ist hier das Lindauer Stadtmuseum untergebracht, das in vergangene bürgerliche Wohnwelten entführt, aber auch Einblicke in das Leben der einfachen Handwerker und Bauern gewährt. Darüber hinaus zeigt es Gemälde und Skulpturen vom 15. bis zum 17. Jh. sowie mechanische Musikinstrumente, darunter zierliche Spieldosen und eindrucksvolle Drehorgeln. In den Wechselausstellungen kommen auch Maler der Moderne zum Zug.

Wegen Sanierungsarbeiten ist das Museum zur Zeit geschlossen; Infos unter: https://www.kultur-lindau.de

Protestantische Nüchternheit und katholischer Prunk

St. Stephan und Münster Unserer Lieben Frau

Weithin sichtbar überragen die schlanken Türme des Münsters Unserer Lieben Frau und der evangelischen Pfarrkirche St. Stephan die Insel. Die beiden Gotteshäuser an der Ostseite des Marktplatzes haben eine bewegte Geschichte hinter sich. Die Anfänge von St. Stephan gehen auf eine dreischiffige Pfeilerbasilika zurück, deren reiche Innenausstattung in der Reformationszeit entfernt wurde. Der Stuckdekor an Gewölben, Altar, Kanzel und Taufstein vom Ende des 18. Jh.s wirkt eher zurückhaltend und nüchtern.
Ganz anders sieht es im Innenraum des benachbarten katholischen Münsters aus. Hier schwelgten Maler und Stuckateure in bewegten Rokokoformen und leuchtenden Farben. Die Gewölbedecken sind überreich mit Fresken, Säulen, Emporen und die Kanzel mit feinstem, oft vergoldetem Stuck verziert. Das Gotteshaus wurde nach dem verheerenden Stadtbrand von 1728 unter der Federführung des berühmten Barockbaumeisters **Giovanni Caspare Bagnato** als neue Kirche des Lindauer Damenstifts errichtet.

Faites vos jeux im Grünen

Stadtgarten und Casino

Wer eine Auszeit vom Trubel in der Altstadt braucht, dem sei der Stadtgarten am nordöstlichen Ende der Insel empfohlen. Die Grünanlage verdankt sich Uferaufschüttungen und bietet viele stille Rückzugsorte. Sie ist Standort des Casinos Lindau, das in einem bemerkenswerten, 2000 eingeweihten Rundbau des Architekten Hans Lechner residiert. Südlich des Stadtgartens liegt die Gerberschanze, die tolle Aussichten über den Bodensee bietet. Die Lindauer Gerber, die hier zu Beginn des 17. Jh.s in kleinen Häuschen lebten, legten ihre Felle zum Trocknen entlang des Sees aus.

Seebad

Dieses 1839 gegründete Seebad liegt gleich hinter der östlichen Hafenmole. Hier kann man sich von einem historischen Holzsteg in die Bodenseefluten stürzen und Schwimmrunden mit Blick auf die Schweizer Alpen drehen. Als Vereinsbad ist das Römerbad nur für Mitglieder jederzeit offen; die Möglichkeit, Fördermitglied zu werden und damit ins Bad zu kommen, ist nach Erreichen der Mitgliederhöchstzahl mittlerweile sehr eingeschränkt.

Römerschanze 1 | https://roemerbad-lindau.de

Wohin auf dem Festland?

An der bayerischen Riviera

★ Bad Schachen

Der Stadtteil im Südwesten von Festlands-Lindau hat sich dank der bereits im 15. Jh. entdeckten **Eisen- und Schwefelquellen** als **Kurort** einen Namen gemacht. Den herrschaftlichen Villen, die einige reiche Kaufleute im 19. und zu Beginn des 20. Jh.s direkt am Seeufer errichten ließen, verdankt Bad Schachen sein mondänes Flair. Das **Kurhotel Bad Schachen** beispielsweise residiert in einem reizvollen Jugendstilbau und bietet Wellness pur. Die Villa Lindenhof, die sich heute im Besitz der Stadt Lindau befindet, ließ der Großunternehmer Friedrich Gruber zwischen 1842 und 1845 im klassizistischen Stil errichten. In einem Flügel des Hauses unterhält die katholische Pax-Christi-Bewegung das Museum **»Friedensräume«,** das den Ursprüngen von Gewalt nachgeht und zu friedlicher Konfliktverarbeitung ermuntern will.

Museum: Lindenhofweg 25 | Tel. 08383 24 594 | Mitte April – Mitte Okt. Di. – Sa. 10 – 17, So., Fei. 14 – 17 Uhr | Eintritt: 3 Euro
https://www.friedens-raeume.de

Zauberhafte Dorfidylle mit Gruselfaktor

Wasserburg

Weithin sichtbar ragt der Zwiebelturm der Kirche St. Georg auf der Halbinsel vor dem idyllischen Wasserburg auf. Er ist ein Wahrzeichen für die ganze Region und zudem ein beliebtes Fotomotiv. Im Museum im Malhaus gleich neben der Kirche überkommt viele Besucher aller-

Man mag es kaum glauben: Im idyllischen Wasserburg fanden einst Hexenprozesse statt.

dings das Gruseln und Grauen, denn das Malhaus war früher **Gerichtshaus** und ein Teil der Ausstellung ist den **Hexenprozessen** gewidmet, die im 17. Jh., als die Fugger über Wasserburg herrschten, dort stattgefunden haben. Insgesamt sollen 26 Personen, überwiegend Männer, der Hexerei angeklagt, gefoltert und in Hegne verbrannt worden sein. Andere Teile der Ausstellung sind der Bodensee-Fischerei sowie dem in Wasserburg geborenen Schriftsteller Martin Walser und seinem lange in der Stadt ansässigen Kollegen Horst Wolfram Geißler gewidmet.

Das Schloss gegenüber der Kirche stammt ursprünglich aus dem 14. Jh. und gehörte den Grafen von Montfort, die es 1592 an die Fugger verkauften. 1755 dann ging es in den Besitz der Habsburger über. Heute residiert hier ein Hotel. Der 3500-Seelen-Ort Wasserburg liegt fünf Kilometer westlich von Lindau und bietet sich als Ausgangspunkt für Streifzüge durch die nahen Naturschutzgebiete und die Streuobstwiesen des Hinterlandes an. Das Bergle mit der kleinen Antoniuskapelle wartet mit fantastischen Aussichten über den Bodensee

und die Schweizer Alpen auf. An manchen Tagen scheinen die Bergriesen zum Greifen nahe.
Malhaus: Halbinselstr. 77 | April – Mitte Okt. Mi. – Sa. 10.30 – 12.30, So. 10.30 – 12.30 und 14 – 16 Uhr
http://www.museum-im-malhaus.de

★★ MAINAU

Fläche: 0,45 km² | **Höhe:** 399 – 426 m ü. NN

E2

»Dumme rennen, Kluge warten, Weise gehen in den Garten«, heißt es. Vor allem wenn der Garten so üppig blüht, wie auf der Blumeninsel Mainau. Weil am Bodensee das Klima besonders mild ist, fühlen sich hier seltene Pflanzen aus aller Welt besonders wohl. Vom Frühling, in dem Tulpen und Narzissen blühen, bis in den Winter, dem selbst die 150 Jahre alten Mammutbäume trotzen: Die Insel ist zu jeder Jahreszeit ein Paradies.

Paradies eines Schwedenprinzen

Die Mainau liegt im Überlinger See und ist an ihrer Südwestseite durch eine Brücke mit dem Festland verbunden. Im Laufe der Jahrhunderte hat die nicht mehr als 45 Hektar große Insel viele Herren kommen und gehen sehen. Zwischen 1272 und 1805 war sie in der Hand des Deutschritterordens, der sie durch eine undurchsichtige Schenkung von der Abtei Reichenau übernommen hatte. Mit der Auflösung des Ordens während der Säkularisation fiel sie an das neu gegründete Großherzogtum Baden. 1827 verkaufte Großherzog Ludwig I. die Mainau an den ungarischen Fürsten Esterházy, der die ersten exotischen Bäume pflanzte. Großherzog Friedrich I. von Baden, der die Insel 1853 erworben hatte, um dort seine Sommerresidenz zu errichten, ließ durch seinen Hofgärtner einen Park mit mediterranen Pflanzen anlegen. Nach dem Tod des Großherzogs 1907 verwilderte die Insel zunächst. Doch sein Urenkel **Lennart Graf Bernadotte af Wisborg,** der wegen einer nicht standesgemäßen Heirat 1932 auf den schwedischen Thron verzichtet und sich auf die Mainau zurückgezogen hatte, verwandelte sie wieder in ein Naturparadies. Schon in der Nachkriegszeit zog es viele Ausflügler aus der Tristesse der Städte zum Idyll an den Bodensee. Mittlerweile besuchen alljährlich mehr als eine Millionen Menschen die Blumeninsel. 1974 brachte der Graf die Mainau in eine GmbH ein, dessen Hauptgesellschafterin die gemeinnützige Lennart-Bernadotte-Stiftung ist. Etwa 300 Angestellte arbeiten während der Hauptsaison auf der Insel, darunter mehr als 50 Gärtner. Seit dem Tod von Lennart Graf Bernadotte

DIE INSEL MAINAU ERLEBEN

SERVICEZENTRUM

D-78465 Insel Mainau
Tel. 07531 3 03-0
https://www.mainau.de

INSELTOUREN

Die Gärtner der Mainau bieten thematisch ausgerichtete Inseltouren an, darunter auch gärtnerische Fachführungen. Zudem beantworten sie im Platanenweg 5 oder auf der Internetseite https://www.mainau.de/de/gartenwissen alle Fragen zur Gartenpflege. Auf Anfrage darf man für ein bis drei Tage selbst Mainau-Gärtner sein und das Gärtnerteam begleiten.

Die Mainau ist zu Fuß über eine Brücke oder per Schiff zu erreichen. Für Autos steht der Mainau-Parkplatz auf dem Festland direkt an der Brücke zur Verfügung. Ein barrierefreier Bus pendelt von April bis Oktober zwischen dem Parkplatz und dem Restaurant Schwedenschenke auf der Insel. Die Wege sind barrierefrei.
Hunde dürfen angeleint mitgebracht werden. Radfahren ist nicht gestattet.
Die Bodensee-Schifffahrtsbetriebe steuern die Mainau von allen wichtigen Bodenseehäfen an (https://www.bsb.de).
Die Mainau hat das ganze Jahr über geöffnet. Aber auch auf der Insel leidet man unter Personalmangel, weshalb die saisonal sich verändernden Öffnungszeiten nur mehr kurzfristig auf der Webseite (s.o.) bekannt gegeben werden. Eintritt: 27 € (Sommer), 12 € (Winter), Onlinebuchungen sind günstiger.

Anfang Oktober findet das jährliche Schlossfest statt. Ganzjährig gibt es am Mainau-Kiosk Pflanzen und Blumenzwiebeln zu kaufen.

SCHWEDENSCHENKE **€€**

Das Restaurant im Stil eines schwedischen Landgasthofs ist das einzige Restaurant mit Bedienung auf der Insel. Serviert werden neben schwedischen, badischen und internationalen Spezialitäten fangfrische Fische und saisonale Klassiker wie Wild.
Ansonsten gibt es noch das Schlosscafé mit Bedienung und mehrere Restaurants mit Selbstbedienung. Eine Reservierung ist nicht möglich.

BLÜTENKALENDER

ANFANG MÄRZ – ANFANG MAI:

Große Orchideenschau im Palmenhaus (3000 Sorten), Tulpen (1000 gepflanzte Zwiebeln entlang der Frühlingsallee), Narzissen, Stiefmütterchen, Vergissmeinnicht, Gänseblümchen und Goldlack

MAI/JUNI

Rosen (1000 Sorten), Rhododendren und Azaleen (300 Sorten)

JULI/AUGUST

Hibiscus, Hortensien, Kübelpflanzen, 400 000 Sommerblumen, Hauptblüte der Rosen

SEPTEMBER BIS ZUM ERSTEN FROST

Dahlien (250 Sorten)
Was aktuell blüht, ist zu sehen unter:
https://www.mainau.de/de/bluetezeiten

(2004) und seiner Frau Sonja (2008) lenken die beiden ältesten Kinder des Paares, Bettina Gräfin Bernadotte und Björn Graf Bernadotte, die Geschicke des Unternehmens (▶ S. 22).

Wohin auf der Mainau?

Eine Paradies für die ganze Familie

Rundgang über die Blumeninsel

Eine Entenfamilie und ein Pfau, deren Gefieder aus Tausenden von bunten Frühlings- bzw. Sommerblütenpflanzen besteht? Auf der Mainau ist das möglich. In der **Naturerlebniswelt,** die gleich hinter der Brücke beginnt, erwarten Blumentiere speziell die kleinen Besucher. Auf dem **Insel-Bauernhof** können sie aber auch echte Alpakas, Ziegen, Hühner, Schafe und Kühe bestaunen. Mehr als nur ein Abenteuerspielplatz ist auch das **Kinderland.** Hier bieten die mitten in einem kleinen See angelegte Pfahlbausiedlung, Kletternetze und Balancierbalken sowie ein **»Zwergendorf«** den Kids Gelegenheit, ihren Bewegungsdrang auszuleben. Danach geht es auf die **Promenade der Wild- und Strauchrosen,** auf der der Duft von mehr als 400 Rosensorten die Besucher umfängt. Während neuere Züchtungen die Luft das ganze Jahr über mit ihrem Wohlgeruch erfüllen, machen sich die teilweise uralten Wildrosen nur in der wärmeren Jahreszeit bemerkbar. Ihre Blüte beginnt Anfang Mai. Parallel zur Rosenpromenade verläuft die **Frühlingsallee,** in der von Ende März bis Mitte Mai Tausende von Tulpen, Narzissen und Hyazinthen blühen. Die sich anschließenden **Mediterran-Terrassen** umweht ein Hauch von Mittelmeer. Hier taucht man in eine subtropische Pflanzenwelt aus Palmen, Agaven, Kakteen und Bougainvilleen ein. Beiderseits der **Blumenwassertreppe,** die von den Mediterran-Terrassen hinunter zum Ufer führt, gedeihen üppig sprießende Gräser, Sträucher und Blumen sowie Zypressen. Auf dem **Dahlienhügel** unterhalb der Mediterran-Terrassen entfalten von September bis Oktober Dahlien ihre ganze Farbenpracht.

Jahrhundertealte Bäume und bunte Falter

Arboretum und Schmetterlingshaus

Absolutes Highlight der Blumeninsel ist die einzigartige Sammlung von Bäumen, die Großherzog Friedrich I. 1856 begründete und die mittlerweile rund 250 verschiedene Baumarten umfasst. Das Arboretum dehnt sich auf einer Hochfläche im Herzen der Insel aus und ist von Spazierwegen durchzogen. In dem weitläufigen Park gedeihen nicht nur heimische Laub- und Nadelhölzer, sondern auch Exoten wie **gewaltige Mammutbäume und kostbare Zedern.** Das Schmetterlingshaus nordwestlich des Arboretums ist das zweitgrößte seiner Art in Deutschland. 120 verschiedene Arten farbenprächtiger Falter aus aller Welt leben hier in einer üppig sprießenden Tropenlandschaft.

Barocke Pracht im Blumenparadies

Schloss Mainau

Mit dem Schiff erreicht man die Ostseite der Mainau-Insel. Südlich des Hafens zieht die breite Rückfront des zwischen 1739 und 1746 von Johann Caspar Bagnato errichteten, dreiflügeligen **Barockschlosses** alle Blicke auf sich. Nur der Nordflügel, in dem die Grafenfamilie wohnt, ist nicht öffentlich zugänglich. Im Mitteltrakt finden Wechselausstellungen statt, im Südflügel lädt ein Café zu besinnlichen Stunden unter Palmen ein. Die **Schlosskirche** ist ebenfalls ein Werk Bagnatos und zwischen 1732 und 1739 entstanden. Joseph Anton Feuchtmayer schuf Altäre, Kanzel und Skulpturen, die Stuckaturen stammen von Francesco Pozzi und die Fresken und Gemälde von Franz Joseph Spiegler. Im **Palmenhaus** hinter der Kirche gedeihen rund 20 Palmenarten, darunter eine mehr als 15 m hohe Kanarische Dattelpalme. Der **italienische Rosengarten** unterhalb der Schlossterrasse besticht durch exakte Geometrie, viele Skulpturen, Brunnen und Pergolen. Jedes Jahr pflanzen die Gärtner neue Beet- und Kletterrosen an. Das Torgebäude im Nordwesten des Schlosses beherbergt das Besucher-Informationszentrum. Gleich nebenan ist die Schwedenschenke neben dem Schlosscafé das einzige Restaurant mit Bedienung auf der Insel. Im Gärtnerturm ist ein Souvenirshop mit Poststelle untergebracht.

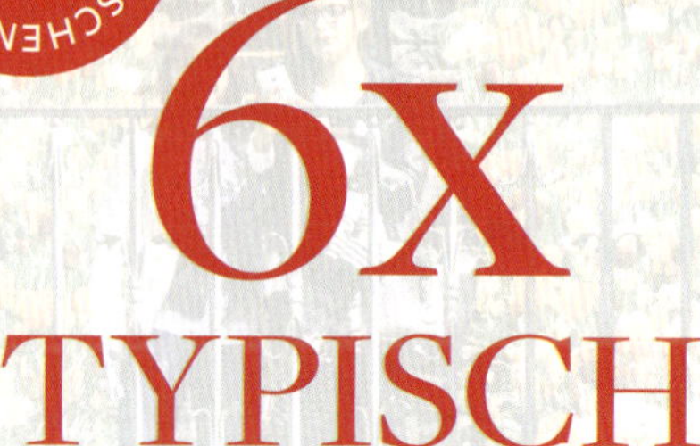

6x TYPISCH

Dafür fährt man an den Bodensee

1. VIELFÄLTIG

Hallo, Grüezi und Servus - so heißt man in den drei Bodensee-Anrainerländern Gäste willkommen. Eine **Vielfalt von Kulturen und kulinarischen Genüssen** finden sich auf kleinem Raum. (▶ **S. 16**)

2. GÄRTEN

Das milde Klima am Bodensee lässt überall liebevoll gehegte Parks und Gärten wachsen. Berühmt ist die **Blumeninsel Mainau** mit ihrer jahreszeitlich wechselnden Blütenfülle. (▶ **S. 136**)

3. REGIONAL

Der Bodensee steht für mannigfaltige Gaumenfreuden. Dabei kommen nur frischeste Produkte aus der Region auf den Tisch. Fangfrischer **Bodensee-Felchen** ist ein Genuss. (▶ **S. 268**)

4. KLÖSTER

Auf der Insel **Reichenau** und im Stiftsbezirk von **St. Gallen** taucht man in die Welt mittelalterlichen Mönchstums ein. Beide Klöster waren einst Zentren europäischer Gelehrsamkeit und der Buchmalerei. (▶ **S. 162/177**)

5. RHEINFALL

Bis zu 600 000 Liter Wasser pro Sekunde stürzen bei **Schaffhausen** in die Tiefe. Die Bötchen haben ganz schön zu kämpfen, wenn sie die Passagiere zum Ausguck auf dem Felsen inmitten der tosenden Wasserfälle fahren. (▶ **S. 191**)

6. ZEPPELINE

Seit 1997 gleiten von **Friedrichshafen** aus die »fliegenden Zigarren« wieder lautlos durch die Lüfte und eröffnen auf Rundflügen ganz neue Perspektiven auf den See. (▶ **S. 14/70**)

★★ MEERSBURG

Höhe: 444 m ü. NN | **Einwohnerzahl:** 6100

E 2

Noch heute glauben viele Besucher den gespenstischen Klang schwerer Schritte zu hören, den Annette von Droste-Hülshoff einst in den alten Gemäuern von Schloss Meersburg vernahm. Mächtig thront es als Wahrzeichen der Stadt über dem See. Zu seinen Füßen ziehen sich Gässchen den Berg hinab, gesäumt von blumengeschmückten Fachwerkhäusern und flankiert von steilen Rebhängen. Ein Ort so magisch, dass er nicht nur die Droste verzaubert hat.

Fast schon magisch

Meersburg hat sich um die Burg entwickelt, die der Stadt den Namen gab und vermutlich schon zur Zeit der Merowinger existierte. Historischen Quellen können wir entnehmen, dass sich Veste und Siedlung in der Mitte des 11. Jh.s im Besitz des Konstanzer Bischofs befanden. 1233 erhielt Meersburg das Marktrecht und 1299 das Stadtrecht. Als sich Konstanz 1526 zur Reformation bekannte, flohen der Bischof und sein ganzer Hofstaat nach Meersburg und machten aus dem Ort eine Residenzstadt. Bis zur Fertigstellung des neuen Schlosses gleich gegenüber residierten alle Konstanzer Bischöfe auf der Burg, die danach die Bezeichnung »Altes Schloss« erhielt. Nach der Auflösung des Bistums Konstanz während der Säkularisation fiel Meersburg an das neu gegründete Großherzogtum Baden. Bis heute ist die Stadt ein Zentrum des hier seit 1324 urkundlich belegten Weinbaus.

Wohin in Meersburg?

Dem Bodensee abgerungen

Unterstadt

Wer von Westen aus in die Unterstadt gelangen will, der muss durch das malerische Vordere Seetor, dem einzigen bis heute erhaltenen Teil der alten Stadtbefestigung, der auf die breite Unterstadtstraße führt. Das dicht bebaute Areal rechts der Straße ist erst im 13. Jh. durch **Landaufschüttungen** entstanden. Auf der anderen Seite der Straße lohnt die Nikolauskapelle eine Besichtigung. Das Kirchlein, das etwas versteckt unterhalb des Burgfelsens liegt, wartet mit schönen gotischen Schnitzaltären auf. Einst war die Unterstadt das Viertel der Fischer, heute ziehen zumindest in den Sommermonaten ganze Schwärme von Urlaubern durch den Ort. An der Seepromenade reiht sich ein Restaurant oder Café an das nächste. Das stattliche **Gredhaus** an ihrem östlichen Ende wurde als städtischer Korn- und Warenspeicher um 1506 unter Bischof Hugo von Hohenlandenberg erbaut. An der Spitze der Hafenmole, die gleich hinter dem Gredhaus

Auf Romantik pur darf man sich in Meersburg freuen. Hier der Marktplatz mit dem Hotel-Weinstube Löwen und dem Obertor aus dem 15. Jh. im Hintergrund.

beginnt, ragt die **Magische Säule des Bildhauers Peter Lenk** auf. Einmal mehr nimmt der Schöpfer der Konstanzer Imperia hier Interessante Menschen aufs Korn, darunter die als Möwe porträtierte Annette von Droste-Hülshoff und den Begründer des animalischen Magnetismus Franz Anton Mesmer (1734 – 1815), der in Meersburg starb.

Saunieren in Pfahlbauten

Meersburg Therme

Die Wellnessoase bietet eine fantastische Saunawelt mit finnischen Schwitz- und römischen Dampfbädern. Highlight sind aber die **steinzeitlichen Pfahlbauten nachempfundenen Saunen**. Nach dem Schwitzen kann man sich dann im Bodensee abkühlen. Im Innen- und Außenbecken des Thermalbades lässt sich der Blick auf den Bodensee und die Schweizer Alpen in entspannendem 34 Grad warmen Wasser genießen. Zur Meersburg Therme gehört ein Freibad mit einem Zugang zum See sowie einem Sport- und einem Nichtschwimmerbecken.

Uferpromenade 12 | Mo. – Do. 10 – 22, Fr., Sa. bis 23, So. 9 – 22 Uhr
Eintritt: ab 13 € | https://www.meersburg-therme.de

MEERSBURG ERLEBEN

MEERSBURG TOURISMUS
Kirchstr. 4
D-88709 Meersburg
Tel. 07532 44 04 00
https://www.meersburg.de

Zwischen Meersburg und Konstanz besteht eine sehr gute Verbindung mit der Autofähre, mit der man die Fahrt um den Überlinger See abkürzen kann. Ganzjährig tagsüber alle 15–20 Min., abends halbstündlich, nachts stündlich. Fahrpreis ab 9,30 € (für Auto und Fahrer).

DROSTE-LITERATURTAGE
Zu der alljährlich im Mai stattfindenden Verleihung des Droste-Literaturpreises gibt es ein buntes Rahmenprogramm mit Lesungen(Programm bei Meersburg Tourismus).

MITTELALTERMARKT
Jedes Jahr am zweiten Wochenende im Oktober lässt Meersburg das Mittelalter mit einem großen Markt wieder aufleben. Handwerker in mittelalterlicher Kluft preisen dann ihre Waren an, Gaukler, Feuerschlucker und Troubadoure sorgen für Unterhaltung und Imbissstände, die Dinkelsuppe, Ritterspieße und Met anbieten, für das leibliche Wohl.

WINZERFEST
An einem Wochenende Anfang Juli sprudelt Wein statt Wasser aus dem Weinbrunnen in der Unterstadt.

WEINFEST
An jedem zweiten Wochenende im September hat man auf dem Meersburger Schlossplatz Gelegenheit, die Erzeugnisse der Bodensee-Winzer zu verkosten und zu vergleichen.

WEINGUT AUFRICHT
Das Weingut hat sich mit Premiumweinen – vor allem Burgundern – einen Namen gemacht und betreibt einen Direktverkauf. Wein probieren kann man im Sommer (Di.–Sa.) bei schönem Wetter auch in einer Besenwirtschaft direkt am See.
Höhenweg 8 / Ortsteil Stetten
Tel. 07532 24 27
Mo. – Sa. 10 – 12, 14 – 18 Uhr
https://aufricht.de

GEORG HACK – HAUS DER GUTEN WEINE
Bereits in der dritten Generation widmen sich die Hacks dem Weinhandel. In den Regalen finden sich Weine von mehr als 100 Winzern aus Europa, darunter auch etliche gute Tropfen vom Bodensee.
Schützenstr. 1,
Tel. 07532 49 45-0,
Mo. – Fr.10 – 12.30 u. 13.30 – 17
https://georg-hack.com

❶ CASALA €€€
Das Restaurant mit Seeblick interpretiert Klassiker der internationalen Küche modern und auf Sterneniveau. Das Casala hat mittags und abends geöffnet, es gehört zum Romantik Hotel Residenz am See.
Uferpromenade 11
88709 Meersburg
Tel. 07532 8 00 40
Ruhetage: Di., Mi.
https://hotel-residenz-meersburg.com

❷ ZUM BECHER €€
Hier speist man in behaglichem Ambiente. Die Küche serviert badische und internationale Gerichte, die Weinkarte bietet ausgesuchte badische Lagen.
Höllgasse 4, Tel. 07532 90 09
Ruhetag: Mo.
http://www.winzerstube-zum-becher.de

❶ HOTEL VILLA SEESCHAU €€€€
Das familiengeführte Haus liegt über einem Rebhang am Rand der Meersburger Oberstadt. Die Zimmer sind elegant und modern. Der schöne Garten bietet einen Whirlpool und eine tolle Aussicht über den Bodensee.
Von-Laßberg-Str. 12
Tel. 07532 43 44 90
17 Zi.
https://www.hotel-seeschau.de

❷ WILDER MANN €€€–€€
Das 2022 umgebaute Traditionshotel liegt direkt am See und bietet Terrasse, Liegewiese, Bademöglichkeiten, eine Bootsanlegestelle und einen Tanzpavillon. Einige der komfortablen Zimmer haben Seeblick. Das Restaurant serviert regionale Gerichte mit badischer Ausrichtung.
Bismarckplatz 2
Tel. 07532 80 75 80
37 Zi.
https://meersburg-wilder-mann.de

❸ ZUM BÄREN €€ – €
Der älteste Gasthof (1250) von Meersburg steht direkt am Marktplatz und verspricht dank Staffelgiebel und markanten Erkertürmchen schon von außen ein rustikales Ambiente. Die hübschen Bauernschränke und -betten in den teils mit antikem Mobiliar eingerichteten Zimmern entsprechen dem. Die Wände des Restaurants schmücken Hirschgeweih und alte Porträts.
Marktplatz 11
Tel. 07532 43 22-0
20 Zi.
https://www.baeren-meersburg.de

Marktplatz und Omas Kaufhaus

Kindheitsträume werden wahr
Vom Seetor am westlichen Ende der Unterstadt führt die Steigstraße hinauf in die Oberstadt bis zum malerischen kleinen Marktplatz, den blumengeschmückte oder efeuumrankte Häuser säumen. Obwohl hier in den Sommermonaten und an Markttagen ein ständiges Kommen und Gehen herrscht, hat der Platz viel von seiner romantischen Atmosphäre bewahrt. In **Omas Kaufhaus** im oberen Stock des Fachwerkhauses Kirchstraße 1 gibt es für große und kleine Spielkinder einiges zu entdecken, denn hier lassen sich Puppen, Dampfmaschinen, Blechspielzeug und eine Modelleisenbahn aus längst vergangenen Zeiten bestaunen.
Omas Kaufhaus: tgl. 10 – 18.30 Uhr | Eintritt: 2 €

Burg/Altes Schloss

Hier ist das Mittelalter Kult
Jedes Jahr zwischen April und Oktober schlüpfen historisch interessierte Menschen auf der Meersburg an einem Wochenende im Monat in mittelalterliche Gewänder oder Rüstungen und werkeln, kochen,

musizieren oder tanzen wie die Burgbewohner von einst und laden die staunenden Besucher zum Mitmachen ein. Aber auch abseits der **»Belebten Burg«,** wie das Event heißt, bietet die Meersburg viel Mittelalter-Atmosphäre.

Allein der Gang über die schmale Zugbrücke, die den 14 m tiefen Burggraben überspannt und auf einen begrünten Innenhof führt, ist ein Erlebnis. Die Meersburg befindet sich in Privatbesitz, das öffentlich zugängliche **Museum** umfasst rund 30 Räume. Der Rundgang führt durch ein Gewirr von Gängen und Räumen bis in den Palas mit dem Wohntrakt der Burgherren. Im Waffensaal sind Rüstungen ausgestellt, und Folterkammer wie Burgverlies lassen auch heute viele Besucher erschauern.

Wann die Burg entstanden ist, weiß man bis heute nicht so genau. Viele Historiker vermuten aber, dass es der Merowingerkönig Dagobert I. war, der im 7. Jh. eine erste Anlage auf dem Berghang über dem See errichten ließ. Der mächtige Bergfried ist nach ihm benannt. Ihr heutiges Erscheinungsbild verdankt die Meersburg Bischof Hugo von Hohenlandenberg, der 1526 aus Konstanz geflohen war und die Veste zu seiner Residenz erhob. Berühmteste Burgbewohnerin war die Dichterin **Annette von Droste Hülshoff** (▶ Interessante Menschen), die ab 1841 auf der Meersburg lebte und dort 1848 starb. Ihr Schwager Joseph von Laßberg hatte die Burg, die seit 1803

Die Uferpromenade sieht schon sehr nach sonnigem Süden aus.

im Besitz des Großherzogtums Baden war, 1838 gekauft und lebte mit seiner Familie dort. Am Ende des Rundgangs kommt man in das Arbeits- und Sterbezimmer der Droste.

Schlossplatz 10 | März – Okt. tgl. 10 – 18.30, Nov. – Feb. 10 – 18 Uhr, letzter Einlass 30 Min. früher | Eintritt: 12,80 €
https://www.burg-meersburg.de

Neues Schloss

Ein Prunkbau für den Fürstbischof

Wie andere regierende Fürsten des 18. Jh.s eiferten die Konstanzer Fürstbischöfe dem Sonnenkönig Ludwig XIV. nach und ließen für sich eine repräsentative Residenz errichten. 1710 gab Bischof Franz Schenk von Stauffenberg den Neubau in unmittelbarer Nachbarschaft der alten Burg in Auftrag, aber erst sein Nachfolger Damian Hugo von Schönborn, der das Bischofsamt 1740 übernommen hatte, begann mit dem Ausbau des neuen Schlosses zu einer repräsentativen Residenz. Niemand anderes als **Balthasar Neumann** (1687 – 1753), der Erbauer der Würzburger Residenz, entwarf das prächtige Treppenhaus und die Schlosskapelle. Für die Stuckaturen konnte man **Joseph Anton Feuchtmayer** (1696 – 1770) und für die Fresken Gottfried Bernhard Göz (1708 – 1774) gewinnen. 1759 beauftragte Fürstbischof Konrad von Rodt den Baumeister Franz Anton Bagnato mit dem Umbau des Schlosses im Stil des Rokoko. Die der Oberstadt zugewandte Seite des Schlosses erhielt dabei eine neue

Fassade. Italienische Meister schufen die opulenten Deckengemälde und Stuckaturen im Festsaal und den anderen Repräsentationsräumen. Das **verschwenderische Dekor** zeugt bis heute von der Geltungssucht der Konstanzer Bischöfe. Eine Besonderheit ist das Naturalienkabinett, das sie als eifrige Sammler von Muscheln, Schnecken, Mineralien und Fossilien zusammenstellten. Einige der Stücke soll James Cook mit nach Europa gebracht haben. Der an der Seeseite des Schlosses angelegte **barocke Lustgarten** bietet weite Ausblicke über den Bodensee.

Schlossplatz 12 | Ende März – Anf. Nov. tgl. 9.30 – 18,
Anf. Nov. – Ende März Sa., So. 12 – 17 Uhr | Eintritt: 6 €
https://www.neues-schloss-meersburg.de

Moderne Kunst und historische Technik

Zeppelinmuseum, Galerie Bodenseekreis

An dem weitläufigen Platz vor dem neuen Schloss residieren zwei Museen, die gegensätzlicher fast nicht sein könnten. Die **Galerie-Bodenseekreis**, die in einem roséfarbenen Palais des 17. Jh.s untergebracht ist, zeigt in Wechselausstellungen zeitgenössische Kunst aus Südwestdeutschland. Das **Zeppelinmuseum** gleich gegenüber beherbergt eine der größten privaten Sammlungen zur Technik und Geschichte der Riesenluftschiffe. Die Ausstellung umfasst aber nicht nur historische Fotos und Postkarten, sondern auch **alte Filme,** die die Welt aus der Perspektive der Zeppelin-Passagiere zeigen.

Galerie: Schlossplatz 13 | März – Nov. Di. – So. 11 – 17 Uhr
Eintritt: 4 € | https://www.bodenseekreis.de
Zeppelinmuseum: Schlossplatz 8 | März – Nov. tgl. 10 – 18 Uhr | Eintritt: 5 € | https://www.zeppelinmuseum-meersburg.de

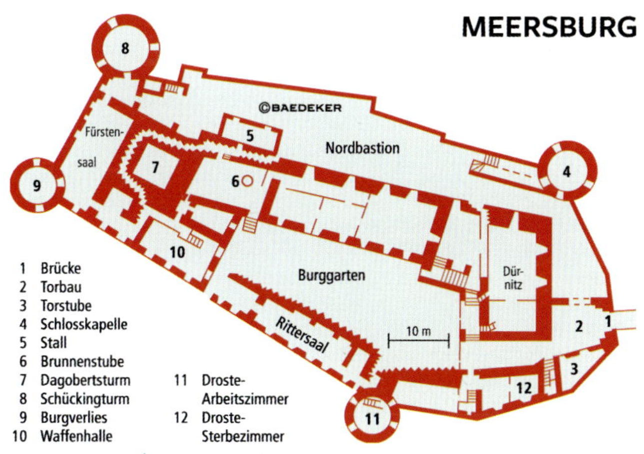

★ Staatswein-gut, Vineum

Hier dreht sich alles um Wein

Nirgendwo lässt sich die regionale Weinkultur besser studieren und genießen als in Meersburg. Gleich an zwei Orten in der Oberstadt dreht sich alles um den edlen Rebensaft. In den **Seminaren** und auf den **Weinbergtouren** des baden-württembergischen Staatsweinguts erfahren die Teilnehmer alles, was man über Wein wissen muss. Bis zur Säkularisation befand sich das Weingut im Besitz der Konstanzer Fürstbischöfe, heute gehört es dem Land Baden-Württemberg. Ganz in der Nähe des Staatsweinguts residiert im ehemaligen Heilig-Geist-Spital das **Vineum**, das eine der ältesten und größten Holz-Weinpressen Europas sein Eigen nennt. Mit dem Ungetüm von 1607 konnten nicht weniger als 4000 Liter Wein in nur 24 Stunden gepresst werden. Das Vineum versteht sich als Erlebnismuseum, das in seiner Ausstellung multimedial alle Sinne ansprechen will.

Staatsweingut: Seminarstr. 6 | Weinverkauf: Mo. – Fr. 9 –18, Sa. 9 –16, April – Okt. auch So. 11 –18 Uhr | https://staatsweingut-meersburg.de

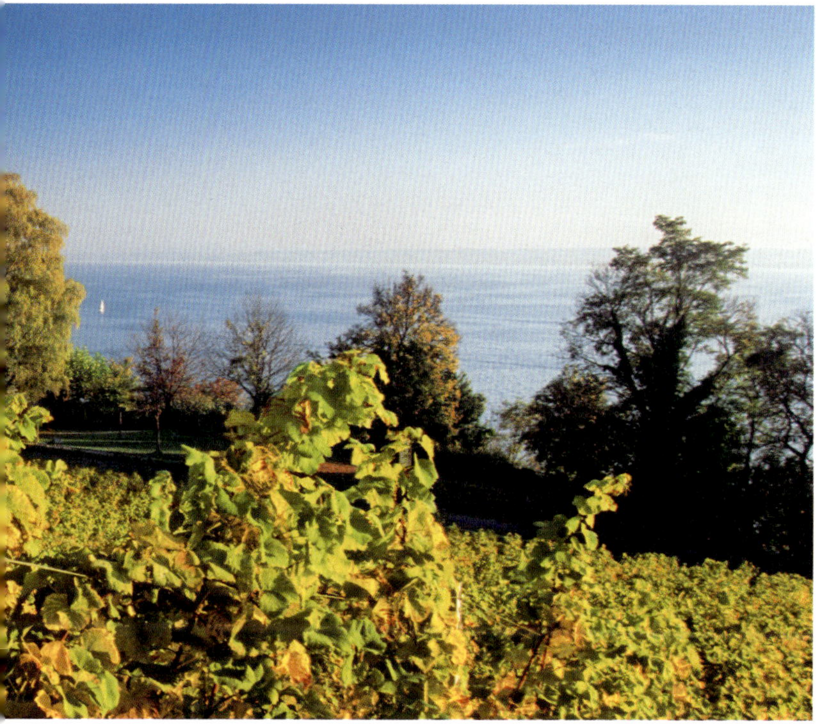

Herbstlich leuchtet das Rebenlaub vor der Meersburg.
Die Trauben sind schon gelesen.

Vineum: Vorburggasse 11 | Di. - So. 11-18 Uhr, Nov.-März nur Sa., So. | Eintritt: 7 € | https://www.vineum-bodensee.de

Reminiszenz an eine Dichterin

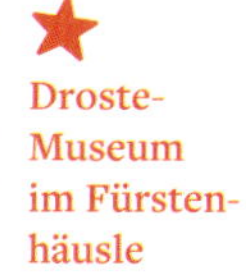

Erstaunlich, welche persönlichen Gegenstände von Annette von Droste-Hülshoff im Fürstenhäusle zu sehen sind. Das reicht vom Sekretär, an dem sie geschrieben hat, bis zu einer Haarlocke. Erworben hatte sie ihr »Schwalbennest«, wie sie das idyllisch in den Weinbergen östlich des Meersburger Zentrums gelegene Fürstenhäusle nannte, 1843. Den Namen »Fürstenhäusle« verdankt das um 1600 errichtete Gartenhaus den Konstanzer Fürstbischöfen, in deren Besitz es sich einst befand.

★ Droste-Museum im Fürstenhäusle

Stettener Str. 11 | Ende März - April. Mi. - So. 10 - 17, Mai - Anf. Nov. tgl. 10 - 17 Uhr | Eintritt: 5 €, Kombikarte mit Schloss Meersburg 8 € https://www.fuerstenhaeusle.de

Rund um Meersburg

Wallfahrtskirche Baitenhausen

Geschichte einer wundersamen Rettung
Als Fürstbischof Kardinal Marquard Rudolf von Rodt (1644 – 1704) und der Kaplan Johann Georg Rodt auf dem Bodensee einmal in einen schweren Sturm gerieten, riefen sie das Gnadenbild in der alten Wallfahrtskapelle von Baitenhausen um Hilfe an. Nachdem sie wohlbehalten an Land zurückgekehrt waren, gaben sie als Dank für die Rettung den Bau einer neuen Heimstatt für das Gnadenbild in Auftrag, die der Neffe und Nachfolger des Fürstbischofs Franz Konrad von Rodt prächtig ausstatten ließ. Die auf einer Anhöhe oberhalb von Baitenhausen errichtete Kapelle ist ein **Juwel des Rokoko.** Die Deckengemälde schuf Johann Wolfgang Baumgartner (1702 – 1761). Bemerkenswert sind das Fresko »Himmelfahrt und Krönung Mariens« und die Illustrationen zur Geschichte der Kapelle im linken und rechten Querhaus. Sie zeigen die Rettung des Fürstbischofs und die Wahl des Standorts für das neue Gotteshaus. Das 150-Seelen-Dorf Baitenhausen liegt drei Kilometer nördlich von Meersburg und wurde 1972 eingemeindet.

Hagnau

Impulse für den Weinbau am Bodensee
Die jüngere Geschichte des 1450-Einwohner-Orts drei Kilometer östlich von Meersburg ist eng mit dem Wirken **Heinrich Hansjakobs** verbunden, der zwischen 1869 und 1883 katholischer Pfarrer in Hagnau war und der den nach einigen Frostjahren danieder liegenden Weinbau am Bodensee retten half. 1881 gründete Hansjakob mit dem Hagnauer Winzerverein nämlich **die erste badische Winzergenossenschaft** zur Verhinderung von Preis-Dumping seitens der Abnehmer. Die Winzer von Hagnau danken es ihm bis heute mit dem alljährlich im Januar stattfindenden Winzertrunk und vor dem Genossenschaftshaus steht seine Statue.
Der Weinbau in Hagnau blickt auf eine lange Tradition zurück. Die älteste noch erhaltene von einmal 30 hölzernen Weinpressen stammt von 1747. Sie kann in der Uferanlage am östlichen Stadtrand betrachtet werden. Heute keltern die Winzer die Spätburgunder-, Ruländer-, Müller-Thurgau- und Traminertrauben, die an den sanft ansteigenden Rebhängen um Hagnau gedeihen, mithilfe modernster Technik.
Hagnau ist aber nicht nur ein Winzer-, sondern auch ein beliebter **Ferienort.** Die stattlichen Fachwerkbauten und barocken Steinhäuser, die das Bild des historischen Ortskerns prägen, hat man für die alljährlich vielen tausend Besucher herausgeputzt. Unweit der Schiffsanlegestelle fällt der langgestreckte Bau der Hofmeisterei des Klosters Weingarten auf. Hier sind heute die Gemeindeverwaltung und das Hagnauer Museum mit einer Ausstellung zur Geschichte des Orts untergebracht.

Wahrzeichen von Hagnau ist die spätgotische, 1729 barock umgestaltete **Kirche St. Johann Baptist** mit Walmdach und einem rechteckigen 48 m hohen Turm. Im Innern sind die Schnitzfiguren des 15. Jh.s bemerkenswert. Die vier farbenfrohen Glasfenster des Chors schuf Peter Valentin Feuerstein 1980.

Nach altem Brauch trug man während der letzten **Seegfrörne im Jahr 1963** die Büste des Evangelisten Johannes (16. Jh.) in einer feierlichen Prozession aus der Kirche über den zugefrorenen Bodensee in die Klosterkirche des schweizerischen Münsterlingen (▶ Kreuzlingen), wo sie auf die nächste Seegfrörne wartet. Das kann allerdings noch dauern. Rund um Hagnau führen ausgewiesene Wanderwege

SPITZENWEIN IN SPITZENLAGE

Die Fürstbischöfe von Konstanz wussten schon, was gut ist. An lauen Sommerabenden können Normalsterbliche das heute auf der Terrasse der Gutsschänke herausfinden, denn ihre Spitzen-Weinlagen gehören nun dem Staatsweingut in Meersburg (https://staatsweingut-meersburg.de).

Die Sonne geht auf über den Weingärten von Hagnau. Ideales Wetter für eine Tour auf dem Weinwanderweg.

durch die Weinberge des Ortes (sehr schön ist der knapp 13 km lange Hagnauer Obst- und Weinwanderweg Richtung Immenstaad). Auf Infotafeln erfährt man dabei viel Wissenswertes über die angebauten Rebsorten.

Hagnauer Museum: Im Hof | Mitte Mai – Mitte Okt. Do. 15.30 – 18, So. 14.30 – 17 Uhr | Eintritt frei| https://www.hagnauer-museum.de
Weinwanderwege: Tourist-Information Hagnau, Im Hof 1
https://www.gemeinde-hagnau.de

Mittelalterstadt und Fachwerksdorf

Markdorf, Bermatingen

Der Ferienort Markdorf neun Kilometer nordöstlich von Meersburg wartet mit einem historischen Zentrum und viel **romantischem Flair** auf. Von der mittelalterlichen Stadtbefestigung sind der Hexenturm sowie das Ober- und das Untertor erhalten geblieben. Das Südportal der spätgotischen, zuerst im 15. Jh. errichteten und später barockisierten Kirche St. Nikolaus schmückt eine Mondsichelmadonna von David Zürn. Auf dem Altar der an der Nordseite der Kirche angebauten barocken Marienkapelle steht eine kunstvoll geschnitzte Schutzmantelmadonna des späten 15. Jahrhunderts. Die ehemalige Sommerresidenz der Konstanzer Fürstbischöfe ist ein Staffelgiebelbau von 1510. Vom Aussichtsturm auf dem Markdorfer Hausberg, dem 754 m hohen Gehrenberg, reicht die Sicht bei klarem Wetter bis in das Berner Oberland. Vier Kilometer westlich von Markdorf liegt das **Bilderbuchdorf Bermatingen.** Der historische Ortskern mit seinen stattlichen Fachwerkbauten steht unter Denkmalschutz. Auf Hinweistafeln an den historischen Gebäuden erfährt man Wissenswertes über deren Geschichte.

Rund um den höchsten Berg Oberschwabens

Deggenhausertal

Die hügelige Wiesen- und Waldlandschaft des Deggenhausertals ist ein wahres Naturparadies, das man auf ausgewiesenen Wanderwegen durchstreifen kann. Allenthalben verlocken Landgasthöfe mit badischer Küche zur Einkehr. In diesem Gebiet erhebt sich der **Höchsten**, der mit 833 m höchste Berg Oberschwabens, von dem man eine weite Aussicht auf den See sowie die Allgäuer und Schweizer Alpen genießt.

RADOLFZELL

Höhe: 395 – 675 m ü. NN | **Einwohnerzahl:** 32 000

C 2

Kunstsinnig, heiter und beschwingt – so präsentiert sich die größte Stadt am Westende des Sees und die damit drittgrößte am ganzen Bodensee. Radolfzell macht aber nicht nur als Stadt bunter Märkte und als Metropole der Blechbläser von sich reden, sondern ist zudem auch als Kurort und als Hochburg der Vogelkundler weit über die Region hinaus bekannt.

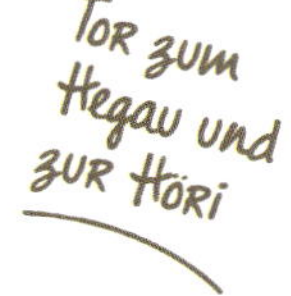

Radolfzell liegt am Nordwestufer des Untersees, genau dort wo die zum Stadtgebiet gehörende Halbinsel Mettnau das Gewässer in Zeller- und Gnadensee teilt. Dank dieser exponierten Lage ist der Ort ein idealer **Ausgangspunkt für Wanderungen und Radtouren.** Westlich von Radolfzell beginnt die Vulkanlandschaft des Hegau, im Südosten lockt der Bodanrück und im Südwesten die malerische Höri. Stattliche elf Prozent des Gemeindegebiets stehen unter Naturschutz. Der Anfänge der Stadt gehen auf das von Bischof Radolf von Verona 826 gegründete Kloster, die »Radolf-Zelle«, zurück. Bis 1300 gehörten das Kloster und seine Siedlung der Reichsabtei Reichenau, dann gingen sie in den Besitz der Habsburger über. 1806 fiel Radolfzell zunächst an Württemberg und 1810 schließlich an Baden. Mit dem Anschluss an das Eisenbahnnetz 1863 setzte die Industrialisierung ein, die in Radolfzell eng mit dem Namen Schiesser verbunden ist. Der 1875 geründete Trikotagen-Hersteller hat bis heute in Radolfzell seinen Sitz.

Wohin in Radolfzell?

Rund um den Marktplatz

Heitere Geschäftigkeit im Schatten des Münsters

Der Marktplatz bildet das pulsierende Zentrum der Altstadt. Hier finden mittwochs und samstags **Wochenmärkte** und in den Sommermonaten donnerstags der traditionelle **Abendmarkt** statt. Dann bieten die Erzeuger der Region frisches Obst, Gemüse und andere kulinarische Köstlichkeiten auch zwischen 16 und 21 Uhr an. Gaukler, Musiker und Theatergruppen sorgen für entspannende Unterhaltung. Der mit 82 m höchste Kirchturm am Bodensee bewacht des Geschehen. Er gehört zu der Münsterkirche »Unserer Lieben Frau«, eine spätgotische, dreischiffige Pfeilerbasilika des 15. und 16. Jh.s, deren Innenausstattung man später mehrmals dem jeweiligen Zeitgeschmack anpasste. Der barocke Rosenkranzaltar im südlichen Seitenschiff stammt von David Zürn, und die prunkvolle Hausherrenkapelle wartet mit Gemälden des Barockmeisters Franz Josef Stiegler (1691 – 1757) auf. Die Fenster des Chors, der Hochaltar und der Orgelprospekt sind neugotisch. Gegenüber dem Münster steht das Österreichische Schlösschen, ein Renaissancebau mit Staffelgiebel, der ab 1619 für den Erzherzog Leopold V. von Österreich erbaut, aber erst 100 Jahre später fertiggestellt wurde. Heute ist hier die Stadtbibliothek untergebracht. In dem mächtigen Reichsritterschaftsgebäude in der Seetorstraße schräg gegenüber der Westseite des Münsters tagte zwischen 1600 und 1805 die Hegauer Ritterschaft. Heute ist der Renaissancebau Sitz des Amtsgerichts. In der ehemaligen Stadtapotheke gleich nebenan residiert heute das Stadtmuseum. Es präsentiert archäologische Funde, Exponate zur Stadtgeschichte und Zeugnisse bürgerlicher Wohnkultur. Im Erdgeschoss lassen sich Verkaufsraum und Labor einer Apotheke der Biedermeierzeit besichtigen.

Seestraßengalerie, Villa Bosch

Orte der Kunst

Dass die Radolfzeller für **Gegenwartskunst** einiges übrig haben, zeigt sich jedes Jahr in den Monaten von Mai bis September, denn dann stellen ausgewählte Künstler, unterstützt von zahlungskräftigen Sponsoren, ihre Werke in der Seestraße unter freiem Himmel aus. Auch der Bildhauer Peter Lenk ist in Radolfzell mit einem Werk vertreten. In der St.-Johannis-Straße 5 nördlich der Altstadt prangt seine 13 m hohe Skulptur »**Kampf um Europa**« an der Hauswand. Eine Horde zwergenhafter Banker und Politiker klammert sich hier an eine in die Jahre gekommene, angekettete Europa und saugt sie aus. Andere sind dabei, sich mit dem Fallschirm zu ihr niederzulassen. Der Kunstverein Radolfzell stellt in der Villa Bosch (1865) in Wechselausstellungen zeitgenössische Künstler vor.

Villa Bosch: Scheffelstr. 8 | Mi. – So. 14 – 17.30 Uhr | Eintritt: frei
https://www.kunstverein-radolfzell.de

RADOLFZELL ERLEBEN

TOURISMUS UND STADTMARKETING

Seestraße 30
D-78315 Radolfzell
Tel. 07732 81 5 00
https://www.radolfzell-tourismus.de

FASNET

Radolfzell ist ein Zentrum der alemannischen Fasnacht. Höhepunkt ist Ende Februar der Hemdglonkerumzug am Vorabend des sog. Schmotzigen Dunnschtigs. Die Narren ziehen dann in weißem Nachthemd, mit weißer Zipfelmütze und rotem Halstuch durch die Stadt.

HAUSHERRENFEST UND MOOSER WASSERPROZESSION

Jedes Jahr am dritten Sonntag im Juli gedenken die Radolfzeller in einer feierlichen Prozession ihrer Stadtpatrone Theopont, Senes und Zeno. Ein buntes Rahmenprogramm sorgt für weltliche Unterhaltung. Am Montag setzen dann die Mooser in blumengeschmückten Booten nach Radolfzell über, um den Heiligen Reverenz zu erweisen. Die drei sollen 1797 dafür gesorgt haben, dass das Mooser Vieh von einer Seuche verschont wurde. Ein großes Feuerwerk am Montagabend beendet die Feierlichkeiten.

WOCHENMARKT

Mi. und Sa. 7 – 14 Uhr auf dem Marktplatz

ABENDMARKT

Ende Juli bis Anfang Sept.: Do. 16–21 Uhr, Kulinarisches, aber auch Kunsthandwerk und Unterhaltung

SEEMAXX OUTLET

In den ehemaligen Produktionshallen der lange in Radolfzell ansässigen Firma Schiesser gibt es mehr als 40 Topmarken zu Outlet-Preisen, darunter auch einen Schiesser-Laden. Die Produktion des Trikot-Unternehmens wurde zwar ins Ausland verlagert, aber die Designer und die Unternehmensleitung residieren noch immer in Radolfzell.
Schützenstr. 50
Mo. – Fr. 10 – 19, Sa. ab 9.30 Uhr
https://www.seemaxx.de

SAFRAN €€€

Das Bio-Bistro bietet einen bunten Mittagstisch mit täglich wechselnden Menüs. Die verwendeten Zutaten sind biozertifiziert und stammen aus der Bodenseeregion. Auch vegetarische und vegane Gerichte.
Löwengasse 22 am Gerberplatz
Tel. 07732 130 50 62
Ruhetag: So.
https://biocatering-safran.de

LIESELE €€

»Omas Küche« ist hier das Motto, und deshalb kommen die Gerichte auch bodenständig daher: Himmlische Herrgottsbscheißerle (Maultaschen) oder knusprige Reibekuchen gibt es in heimeligem Puppenstuben-Ambiente.
Höllstraße 3
Tel. 07732 97 22 15
Ruhetag: Mi., Do.
https://www.liesele.de

STEG 11 €€€–€€

Schönsten Seeblick hat man von der Terrasse des Yachtclubs mit Restaurant, Bar und Café. Für die Cross-Over Küche wie Orange Chicken, Rote-Bete-Ravioli oder Linsen Curry werden regionale Produkte verwendet, Backwaren werden von Hand hergestellt.
Karl-Wolf-Str. 11a
Tel. 07732 44 78
Ruhetag: Mo.
https://www.steg11.de

AQUATURM €€€€

Das anspruchsvolle, familiengeführte Designhotel residiert in einem umgebauten Wasserturm und setzt ganz auf erneuerbare Energien. Die 20 hypermodernen Zimmer bieten jeden erdenklichen Komfort. Highlight ist eine SPA-Suite in 37 m Höhe mit Panoramadampfbad, Whirlpool und Dachterrasse mit herrlicher Aussicht.
Güttingerstraße 15
Tel. 07732 522 55
20 Zi.
https://aquaturm.de

BORA HOTSPA RESORT €€€€

Die 7500 m² große Wellnessoase liegt idyllisch unter alten Bäumen direkt am See. Für die moderne Architektur und elegante Innenausstattung kamen natürliche, hochwertige Materialen zum Einsatz. Alle Zimmer haben bodentiefe Panoramafenster und Balkone. Der Sauna-Bereich befindet sich direkt am See, er ist auch für externe Besucher geöffnet. Zum Haus gehören ein Restaurant und eine verglaste Sky-Lounge.
Karl-Wolf-Straße 35
Tel. 07732 95 04 00
84 Zi.
https://www.bora-hotsparesort.de

K 99 €€

Ohne Schnickschnack, aber dennoch behaglich: Das Haus bietet schöne Zimmer mit Holzböden und bodentiefen Fenstern, Sauna und Bar&Lounge. Das Frühstück wird auf dem Dach serviert.
Kasernenstraße 99
Tel. 07732 978 88 99
60 Zi.
https://www.hotel-k99.de

Kuren im Naturschutzgebiet

Halbinsel-Mettnau

Die schmale Halbinsel ragt auf einer Länge von 3,5 km in den Bodensee hinaus. Ihre südöstliche Hälfte ist bereits seit 1926 Naturschutzgebiet. Auf dem rund 180 Hektar großen Areal brüten seltene Wasservögel wie Kolbenenten, Teichrohrsänger und Graureiher, in den Flachwasserzonen des Uferbereichs laichen Fische. Der **Naturschutzbund NABU** bietet Führungen durch das Gebiet an. Zwischen dem 15. April und dem 31. August sperrt das NABU-Team das Gebiet südlich des Aussichtsturms ab, denn die Vögel sollen beim Brüten nicht gestört werden. Die der Spitze der Mettnau vorgelagerte kleine Liebesinsel war Schauplatz einer Liebesszene in dem Heimatfilm »Die Fischerin vom Bodensee«. Auch diese Insel steht unter Naturschutz, kann aber mit dem Kanu oder der Helio Solarfähre umfahren werden. Das **Kurgebiet** der Mettnau erstreckt sich über die nordwestliche Hälfte der Halbinsel. Die hier ansässigen Kliniken behandeln Herz-, Kreislauf- und Stoffwechselerkrankungen sowie orthopädische Funktionsstörungen und Burnouts. Zu dem Gebiet gehört auch ein weitläufiger Park. Die Kurverwaltung residiert in der Villa des Schriftstellers Joseph Victor von Scheffel (1826 – 1886), dem sog. Scheffelschlösschen. Zwei der Wohnräume Scheffels sind für Besichtigungen zugänglich gemacht worden.

NABU Naturschutzzentrum: Tel. 07531 921 66 40, https://www.nabu-bodenseezentrum.de

Helio Solarfähre: Tel. 0173 953 78 49, https://www.strandcafe-mettnau.de/de/solarfaehre-helio

Besuch bei den Ornithologen

Vogelwarte Radolfzell

Wie Vögel ihre Zugrouten finden und wie man aus Veränderungen im Verhalten der Tiere auf bevorstehende Naturkatastrophen schließen kann, das untersuchen die Wissenschaftler der Vogelwarte Radolfzell, die Teil des Max-Planck-Instituts für Ornithologie ist. Im interaktiven **Besucherzentrum MaxCine** informieren sie in Workshops und Vorträgen sowie auf Exkursionen über ihre Forschungen. Das Institut liegt etwa vier Kilometer nordöstlich von Radolfzell in der Nähe des Mindelsees, einem eiszeitlichen Moränensee, dessen Uferzone Schwarzkehlchen, Neuntötern und Zwergdommeln einen Lebensraum bietet. Auch mehr als 20 Orchideenarten gedeihen hier.

Die Halbinsel Mettnau ist Naturschutzgebiet.

Der Bund für Umwelt- und Naturschutz (BUND) bietet Führungen durch das **Naturschutzgebiet** an.

BUND: Tel. 0751 2 14 51 | https://www.bund-bodensee-oberschwaben.net

MaxCine Besucherzentrum: Schlossallee 1 | Tel. 07732 15 01 45
https://www.maxcine.de

Radolfzeller Aachried

Des einen Freud, des anderen Leid

Zwischen Radolfzell und Moos mündet die Radolfzeller Aach in den Bodensee. Das Delta mit seinen Nasswiesen ist Rückzugsgebiet für seltene Vogelarten wie Bekassine oder Bruchwasserläufer und steht unter Naturschutz. Mittlerweile hat man hier sogar Biber gesichtet. Auch Kormorane, die früher nur zum Überwintern an den Bodensee kamen, brüten mittlerweile hier. Den Fischern sind die Vögel allerdings ein Dorn im Auge, sie machen sie für den Rückgang des Fischbestandes verantwortlich (▶ Fischerei, S. 10). Die Experten der Fischereiforschungsstelle Langenargen nennen dagegen den Klimawandel, die Flussverbauungen und das immer sauberer werdende Seewasser als Ursache für den Rückgang der Fischbestände.

★★ REICHENAU

Inselfläche: 4,3 km² | **Höhe:** 438 m ü. NN | **Einwohnerzahl:** 5400

Dem Paradies kommt man auf der Klosterinsel Reichenau recht schnell nah, wenn auch nicht unbedingt dem in himmlischen Sphären. Die größte Insel im Bodensee ist nicht nur dank dreier bedeutender frühromanischer Kirchen UNESCO-Weltkulturerbe, sondern auch ein wahres Gartenparadies. 2024 ist für die Reichenau ein besonderes Jahr. Man feiert das 1300-jährige Jubiläum der Gründung des Klosters Reichenau.

»Dort, wo die Fluten des Rheins den Ausonischen Alpen entströmen / in den gewaltigen See, der weit nach Westen sich ausdehnt, / dort erhebt sich inmitten der Flut die liebliche Insel. / Reichenau wird sie genannt, im Herzen Germaniens liegt sie«, so bedichtet Walahfrid Strabo, berühmter Abt des Klosters Reichenau, im 9. Jh. die Lage der Insel. Heute dagegen klingt die Lagebeschreibung weniger poetisch: Die Reichenau liegt im Untersee, dem westlichen Teil des Bodensees. Sie ist mit 5 km Länge und 1,5 km Breite die größte Insel im See und durch einen von Pappeln gesäumten Damm mit dem Festland verbunden. Der Name der Insel leitet sich von der »Reichen

DIE REICHENAU ERLEBEN

TOURIST INFORMATION REICHENAU

Pirminstr. 145
D-78479 Reichenau
Tel. 07534 92 07-0
https://www.reichenau-tourismus.de

Die Fähren steuern die Schiffslände im Süden der Reichenau an. Park & Ride: Es gibt kostenlose Parkplätze auf dem Festland und anschließend bringt einen die Buslinie 204 für 1 € vom Bahnhof Reichenau auf die Insel.

KIRCHENFESTE

Auf der Reichenau finden alljährlich drei hohe kirchliche Feste mit Prozessionen statt: das Markusfest am 25. April und das Fest Mariä Himmelfahrt am 15. Aug. zu Ehren der beiden Patrone des Münsters Mittelzell sowie das Heilig-Blut-Fest, das immer am Montag nach dem Dreifaltigkeitssonntag begangen wird.
https://www.kath-reichenau.de

WEIN- UND FISCHERFEST

An drei Tagen im August bieten Fischer und Winzer aus der Region ihre Spezialitäten an. Musikgruppen sorgen für das Rahmenprogramm.

GLASPERLENMANUFAKTUR

Elsbeth Fuchs betreibt vis-à-vis des Münsters einen Werkstattladen für Glasperlen und Murmeln. Sie bietet auch Kurse an, bei denen man mittels Feuer und Flamme eigene Glasperlen herstellen kann.
Burgstr. 7
Geöffnet: Di., Mi., Do. 14 – 16 Uhr
https://glasperlen-manufaktur.business.site

ZUM ALTEN MESMER €€

Die Küche hier ist bodenständig und regional orientiert. Das Gemüse stammt von der Insel und die Gänse kommen vom Klosterhof. Dazu wird fair gehandelter Kaffee oder Tee serviert. Der Name des Restaurants kommt nicht von ungefähr: Die Gastwirtsfamilie stellte 100 Jahre lang den Mesmer des benachbarten Münsters.
Burgstr. 9
Tel. 07534 239
Ruhetag: Mo., Di.
https://www.zumaltenmesmer.de

LAIB UND SEELE €

Leckeren Kuchen mit Ausblick auf St. Georg gibt es auf der Sommerterrasse der Cafébar. In der Bäckerei kann man Holzofenbrote aus alten Getreidesorten wie Emmer, Einkorn, Kamut und Amaranth sowie Reichenauer Gemüsebrot kaufen.
Zellele Weg 2
Tel. 07534 77 30
Geöffnet: tgl. 7 – 17 Uhr
https://laibundseele.de

GANTER HOTEL & RESTAURANT MOHREN €€€ – €€

Das ruhige, moderne Haus in Mittelzell ist mit viel Liebe zum Detail eingerichtet. Der Wellnessbereich bietet eine Vielzahl von Anwendungen. Die

exzellente Küche ist abgestimmt auf regionale Highlights der Saison.
Pirminstraße 141
Tel. 07534 99 44 - 0
38 Zi.
https://www.mohren-bodensee.de

MEIN INSELGLÜCK €€€

Das familiengeführte Haus in Mittelzell bietet behagliche Zimmer und zweistöckige Dachgeschoss-Suiten. Zum Spa gehören Sauna, Dampfbad, Infrarotkabine und ein Außenbereich mit Liegewiese. Das Restaurant serviert regionale Küche.
Abt-Berno-Straße 3
Tel. 07534 995 59 60
32 Z.
https://meininselglueck.de

STRANDHOTEL LÖCHNERHAUS €€€

Pluspunkte des direkt am See gelegenen Hotels sind die Seeterrasse und ein eigenes Strandbad. Die Küche bereitet regionale Gerichte zu, darunter köstliche Fischspezialitäten.
An der Schiffslände 12
Tel. 07534 80 30
41 Z.
https://loechnerhaus.de

Au«, d. h. der »reichen Insel« ab. Dank des milden Klimas, fruchtbarer Böden, künstlicher Beregnung und einer Anzahl Gewächshäuser fahren die ca. 170 bäuerlichen Betriebe auf der Reichenau, die in der Hauptsache Salat, Gurken und Tomaten anbauen, alljährlich bis zu drei Ernten ein. In Hanglagen gedeihen Müller-Thurgau- und Blaue-Spätburgunder-Trauben. Wie überall am Bodensee steckt die Fischerei auf der Reichenau aufgrund des schrumpfenden Fischbestandes in einer Krise. Die Fischbrutanstalt in Mittelzell setzt alljährlich zwar 70 Millionen Jungfische aus, dennoch gibt es dort heute kaum mehr als 20 Berufsfischer.
Die Geschichte der Reichenau ist eng mit der 724 durch den hl. Pirmin gegründeten Benediktinerabtei verbunden, die zwischen dem 8. und dem 11. Jh. eines der bedeutendsten geistigen Zentren Europas war und unter den Karolingern auch politischen Einfluss ausübte. Abt Waldo, der dem Kloster von 786 bis 806 vorstand und die Reichenauer Klosterschule begründete, war Erzieher des zweiten Sohns von Karl dem Großen und späteren König von Italien, Pippin. Auch sein Nachfolger Haito (732 – 836), der Erbauer des Münsters St. Maria und Markus, war ein Vertrauter Karls, der in dessen Auftrag 811 nach Byzanz reiste. Hatto III. schließlich war nicht nur Abt auf der Reichenau und mehrerer anderer Reichsklöster, sondern auch Erzbischof von Mainz und als Vormund von dem kleinen König Ludwig I. der wohl mächtigste Mann im ostfränkischen Reich. Hatto soll auch für die Wahl Konrads I. zum Nachfolger des früh verstorbenen Ludwig gesorgt haben. Der wohl berühmteste Abt auf der Reichenau war Walahfrid Strabo (808 – 849), der dem Kloster von 838 bis zu seinem Tod vorstand und sich als Dichter und Botaniker einen Namen machte. Eines der wichtigsten botanischen Werke des Mittelalters, das »Buch über die Kulturen der Gärten« stammt von ihm. Unter Witigowo, der von 985 bis 996 Abt des Klosters war, begann

6X DURCHATMEN

Entspannen, wohlfühlen, runterkommen

1. LAUTLOS

Wie ein Zeltdach aus lauter Solarsegeln sieht die Solarfähre Helio aus, wenn sie lautlos an der **Mettnau** vorbeigleitet. Und das ist auch gut so, denn der östliche Teil der Halbinsel ist Naturschutzgebiet. (▶ **S. 156**)

2. HEILSAM

Der Kräutergarten nördlich des Münsters in **Reichenau** baut auf Walahfrid Strabos Ratgeber aus dem 9. Jh. auf. Auf einem Rundgang erfährt man einiges über den Nutzen von Kräutern. (▶ **S. 164**)

3. ZAUBERHAFT

Die **»drei Weieren«** bieten Badevergnügen in zauberhafter Natur. Einst zur Wasserversorgung angelegt, nutzen die St. Galler die Teiche heute als Freibäder. (▶ **S. 184**)

4. MORGENLUFT

Tulpen, Rosen, Dahlien soweit das Auge reicht. Weil die **Mainau** ihre Tore im Sommer schon früh öffnet, lohnt es sich zeitig da zu sein. Dann hat man die Insel fast für sich allein und kann sich von der Natur verzaubern lassen. (▶ **S. 136**)

5. BESINNLICH

Mit seinen traumhaften Gärten ist die **Kartause Ittingen** ein ganz besonderer Ort für eine Auszeit. Das Kloster in der Nähe von Stein am Rhein bietet genau die richtige Umgebung für Meditation und besinnliche Stunden. (▶ **S. 201**)

6. ABTAUCHEN

Die Welt unter Wasser ist auch im Bodensee ruhig und still. Die **Tauchschulen** am See informieren über die besten Tauchplätze.(▶ **S. 267**)

die Blütezeit der Reichenauer Buchmalerei. Die im 10. und 11. Jh. im Kloster entstandenen Prachthandschriften zählen zu den herausragenden Werken ottonischen Kunstschaffens. Als Auftragsarbeiten gelangten sie in Bibliotheken überall im Reich. Zehn von ihnen stehen seit 2003 auf der Liste des UNESCO-Weltdokumentenerbes. Seit dem frühen 13. Jh. sank der Stern des Klosters Reichenau, es verarmte, bis 1538 der Bischof von Konstanz die Leitung übernahm. 1757 wurde es aufgehoben. 2003 gründeten zwei Benediktiner auf der Reichenau eine neue Zelle ihrer Ordensgemeinschaft.
Eine besondere Bedeutung kommt dem Jahr 2024 zu, mit einer großen Landesausstellung und diversen weiteren Events wird das 1300-jährige Jubiläum der Gründung des Klosters Reichenau durch den Wanderbischof Pirmin gefeiert.

Oberzell

St. Georg

Ein Juwel ottonischer Kunst
Abt Hatto III. ließ die Kirche vermutlich zwischen 896 und 913 als Heimstatt für Reliquien des hl. Georg errichten, die ihm Papst Formosus 896 während der Feierlichkeiten zur Krönung seines Protektors Arnulf von Kärnten zum römischen Kaiser geschenkt hatte. Von außen wirkt die dreischiffige Säulenbasilika eher unscheinbar. Das Querhaus ragt kaum über die Seitenschiffe hinaus und ist eigentlich nicht sichtbar. Über der Vierung wächst ein klobiger, gedrungener Turm, und der Chor ist fensterlos. Wenn man dann aber den Innenraum der Kirche betritt, in den man über eine im 11. Jh. angelegte Vorhalle gelangt, ist man überrascht und verzaubert zugleich: Die Wände des Langhauses sind über und über mit eindrucksvollen Wandmalereien bedeckt, die von den Wundertaten Jesu erzählen, darunter der Heilung des Wassersüchtigen und des Aussätzigen sowie der Auferweckung des Lazarus. Zwischen den Obergaden-Fenstern sind die zwölf Apostel stehend dargestellt und unterhalb der durch Mäanderbänder eingefassten Bilderfolge verschiedene Äbte des Klosters Reichenau. Der ganze Zyklus ist vermutlich um 1000 entstanden und zählt zu den herausragenden Zeugnissen ottonischer Wandmalerei. Nicht wenige Kunsthistoriker schreiben ihn der Reichenauer Malschule zu. Am nördlichen Choraufgang fällt ein Bild etwas aus dem Rahmen: Es zeigt eine Kuhhaut, die vier Teufel halten und auf der ein Spottgedicht das »Blabla« verhöhnt, »dass hier die ganze Woche geredet wird«. Neben der Kirche informiert ein kleines Museum über deren Baugeschichte. St. Georg liegt an der Ostseite der Reichenau unweit des Damms, der die Insel mit dem Bodanrück verbindet. Die Burg Schopflen, deren Ruine auf dem Damm aufragt, ließen vermutlich Äbte des Klosters errichten, um die Insel bei Niedrigwasser vor Eindringlingen zu schützen.

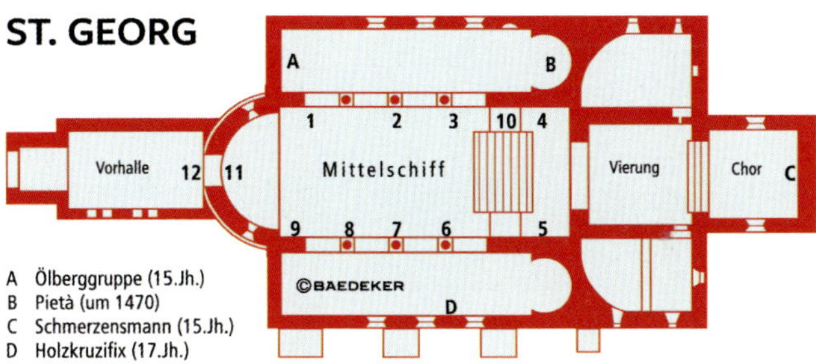

Ikonografie der Wandmalereien

1 Heilung des Besessenen
2 Heilung der Wassersüchtigen
3 Stillung des Sturmes
4 Heilung des Blindgeborenen
5 Heilung des Aussätzigen
6 Erweckung des Jünglings zu Nain
7 Erweckung der Tochter des Jairus
8 Heilung des Blutflüssigen
9 Erweckung des Lazarus
10 Frauengeschwätz (um 1376)
11 Weltgericht (1708)
12 Jüngstes Gericht (um 1200)

Seestr. 4 | Okt.-April tgl. 9 - 17 Uhr, Mai - Sept. öffentl. Führung tgl. 12.30 und 16 Uhr (Dauer 30 Min, Eintritt: 3 €, in den Sommermonaten darf die Kirche zum Schutz der Wandbilder nur im Rahmen von Führungen besichtigt werden, für öffentliche Führungen ist keine Anmeldung erforderlich, Anfragen für private Führungen über Tourist Information, s. S. 159)

Mittelzell

Das Rätsel der Markusreliquien

Münster St. Maria und Markus

Die Anfänge des Münsters gehen auf das beginnende 9. Jh. zurück. Nach der Rückkehr von einer Konstantinopel-Reise, die er 806 im Auftrag Karls des Großen unternommen hatte, ließ Abt Haito an der Stelle des hölzernen Vorgängerbaus ein steinernes Gotteshaus nach dem Vorbild byzantinischer Kreuzkirchen errichten. Diese Kirche, von der heute nur noch Teile der Vierung und des östlichen Querhauses erhalten sind, wurde 816 der Gottesmutter Maria geweiht. Bereits Haitos Nachfolger Erlebald ließ an diese Kreuzbasilika ein Westquerhaus und ein Westwerk mit Doppeltürmen anfügen. Seine bis heute sichtbare Gestalt erhielt das Münster aber erst in der ersten Hälfte des 11. Jh.s unter Abt Berno (978 – 1048). Während dessen Amtszeit wurden der heute sichtbare Turm und ein neues, dem hl. Markus geweihtes, westliches Querhaus gebaut.
Obwohl Bischof Radolt von Verona die **Reliquien des Evangelisten** bereits 830 **in Venedig beschafft** und dem Kloster Reichenau geschenkt hatte, begann man erst bei der Einweihung des Anbaus im Jahre 1048 mit ihrer offiziellen Verehrung. Warum und wieso ist bis

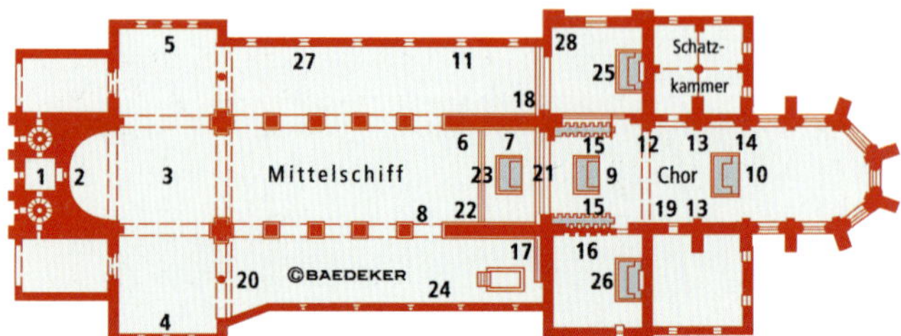

ST. MARIA und ST. MARKUS

1 Kaiserloge (1048)
2 Markusaltar (1477)
3 Grab des Abtes Berno († 1048)
4 Abtsgrabsteine
5 Kreuzigungsgruppe (1690)
6 Muttergottesstatue (um 1300)
7 Christophorusbild (1320)
8 Christus am Ölberg (1350)
9 Heiligblutaltar (1739)
10 Allerheiligenaltar (1498)
11 Vesperbild (Ende 14. Jh.)
12 Wandnische (um 1310)
13 Wandbilder (1555)
14 Sakramentshäuschen (1450)
15 Chorgestühl (15. Jh.)
16 Orgel (1964)
17 Klosterinsel (1624)
18 Klosterbild (1738)
19 Grab Karls des Dicken († 888)
20 Witigowosäule (10. Jh.)
21 Chorgitter (1746)
22 Muttergottesbild (1471)
23 Volksaltar (1970)
24 Stephanusaltar (1590)
25 Ölberg (1480)
26 Christus mit Aposteln (15. Jh.)
27 Kreuzweg (1972)
28 Taufe (16. Jh.)

heute nicht geklärt. Lange war der Reliquienschrein im Markusaltar in der westlichen Querhalle ausgestellt. Heute findet sich hier nur eine Kopie, das Original wird in der Schatzkammer aufbewahrt. In dem erst im 15. Jh. errichteten spätgotischen Chor des Münsters steht, durch ein kunstvolles barockes Chorgitter geschützt, der Heiligblutaltar von 1739, der eine Monstranz mit Christusreliquien birgt. Der imposante, einem Schiffsrumpf ähnelnde Dachstuhl aus Eichenbalken wurde erst während der Restaurierungsarbeiten der Jahre 1964 bis 1970 freigelegt.

In der gotischen Sakristei des Münsters ist die **Schatzkammer** untergebracht, die außer dem Markus- und anderen **Reliquienschreinen u. a. kostbare Goldschmiedearbeiten,** ein Evangeliar und den sog. Krug von Kana birgt. In den Konventsgebäuden an der Südseite des Münsters residiert heute die Gemeindeverwaltung. Der Konstanzer Fürstbischof Jakob Fuger ließ sie zwischen 1605 und 1610 errichten. Der Walahfrid-Strabo-Weg führt in den frei zugänglichen Klostergarten, in dem noch heute die Pflanzen gedeihen, die Walahfrid in seinem Gartenbuch beschrieb.

Kirche: tgl. 9 – 17 Uhr | Führungen über die Tourist Information
Schatzkammer: wegen Renovierung derzeit geschlossen

Mönche, Bürger und Bauern

Museum Reichenau

Wer sich für den Alltag der einfachen Inselbewohner interessiert, dem sei das Museum am Ergat, einem kleinen Platz südlich des Münsters, ans Herz gelegt. Es informiert über die Entwicklung von Landwirtschaft und Weinbau ebenso wie über Fasnachtsbräuche, die bäuerliche Kultur und die Fischerei auf der Reichenau. Das Museum residiert in einem stattlichen Fachwerkhaus, das ursprünglich aus dem 12. Jh. stammt und das im 15. Jh. zwei zusätzliche Stockwerke erhielt. Die Ausstellung im Neubau hinter dem Museum zeigt Dokumente zur Geschichte des Klosters, zur Reichenauer Malschule, zu Walahfrid Strabos Gartenbuch und zu Hermann dem Lahmen (1013 – 1054), der zur Zeit des Abtes Berno als Mönch auf der Reichenau lebte und als einer der berühmtesten Gelehrten seiner Zeit angesehen wird.

Wegen kompletter Neugestaltung ist das Museum derzeit geschlossen, Wiedereröffnung für Frühjahr 2024 geplant.
https://www.museumreichenau.de

Auf dem höchsten Punkt der Reichenau

Hochwart

Die Anhöhe ragt südöstlich von Mittelzell 40 m über der im Mittel 438 m ü. d. M. liegenden Reichenau auf. Den weiten Blick über die Insel, den dieser Standort gewährt, nutzten einst die Flurwärter, die Felder und Weinberge zu bewachen hatten. In das 1833 an der Hochwart errichtete Teehaus ist eine Keramikwerkstatt eingezogen, zu der auch ein Café und eine Galerie gehören.

Werkgalerie Hochwart mit Café: Di., Mi., Fr., Sa. 14 – 18 Uhr, manchmal auch sonntags geöffnet | https://werkgaleriehochwart.de

Niederzell

Rückzugsort für einen Bischof

St. Peter und Paul in Niederzell

Die dritte der bedeutenden Kirchen auf der Reichenau liegt etwas abgeschieden an der Nordwestspitze der Insel. Bischof Egino von Verona (gest. 802) zog sich nach seiner Amtsniederlegung an den Ort zurück und ließ dort ein reich ausgestattetes Gotteshaus errichten, das man allerdings im 11. Jh. vollständig abtrug und durch die heute sichtbare dreischiffige Säulenbasilika mit einer ungewöhnlichen doppeltürmigen Ostseite ersetzte. Die kostbaren Wandmalereien in der Apsis legten Restauratoren erst um 1900 unter einer dicken Putzschicht frei.

Sie stammen vermutlich aus dem ersten Viertel des 12. Jh.s und zeigen Christus als Weltenherrscher, umringt von Aposteln und Kirchenpatronen. An die Stelle der romanischen Flachdecke trat 1756/1757 ein stuckiertes Rokokogewölbe. In der Egino-Kapelle der Kirche treffen sich Laien und die Mitglieder der erst 2001 neu gegründeten Klosterzelle der Benediktiner zum täglichen Gebet (▶ Von Mönchen und Möhren, S. 24). Das kleine Museum neben der Kirche informiert über deren Baugeschichte.

Kirche: tgl. 9 – 17 Uhr | Führungen über die Touristeninformation: https://www.reichenau-tourismus.de

OBEN: Im Münster von Niederzell werden Reliquien des Evangelisten Markus verehrt.

UNTEN: Eine Alternative zur Anfahrt per Auto: mit dem Rad über den Damm auf die Reichenau.

Rund um die Reichenau

Refugium der Vögel

»Fang die Sonne ein« – unter diesem Motto zeigt die ständige Ausstellung im **Naturschutzzentrum Wollmatinger Ried** am Beispiel der Tier- und Pflanzenwelt im Ried, wie unser Zentralgestirn als Lebens- und Energiespender wirkt. Das Naturschutzgebiet zieht sich vom Seerhein westlich von Konstanz bis nach Allensbach das Gnadenseeufer entlang und umfasst auch den Damm, der die Reichenau mit dem Festland verbindet. In den Schilf-Röhrichten, Flachwasserzonen und Streuwiesen sind viele gefährdete Pflanzen und Tiere zuhause. Ornithologen haben allein 230 verschiedene Vogelarten gezählt, darunter viele Zugvögel aus Skandinavien und Russland, Graureiher, Schwarzhalstaucher, Seidenreiher, Säbelschnäbler und Eisvogel. An der Ruine der Burg Schöpflen auf dem Reichenauer Damm hat das Naturschutzzentrum eine Plattform installiert, von der aus man viele Wasservögel beobachten kann. Das Wollmatinger Ried darf nur auf ausgewiesenen Infopfaden (Start Bahnhof Reichenau bzw. Gottlieber Weg bei der Kläranlage Wollmatingen) oder im Rahmen von Führungen des NABU erkundet werden.

Naturschutzgebiet Wollmatinger Ried–Untersee–Gnadensee

NABU-Bodenseezentrum: Am Wollmatinger Ried 20 | April–Sept. Mo.–Fr. 9 –12, 14 – 17, Sa., So. 13 – 15.30 Uhr
https://www.nabu-bodenseezentrum.de

ROMANSHORN

Staat: Schweiz | **Höhe:** 406 m ü. NN | **Einwohnerzahl:** 10 700

Hier herrscht ein ständiges Kommen und Gehen, denn Romanshorn am Schweizer Ufer ist das Tor zum Thurgau und Standort des größten Verkehrshafens am Bodensee mit der kürzesten Fährverbindung nach Friedrichshafen am deutschen Ufer.

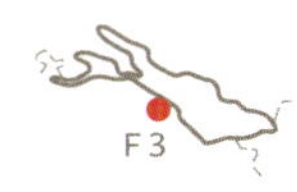

Viel Verkehr

Zwar wurde Romanshorn bereits 779 erstmals urkundlich erwähnt und ist damit mehr als 1200 Jahre alt. Allerdings ist, abgesehen von der Kirche St. Maria, Petrus und Gallus, kaum historische Bausubstanz erhalten.

Dafür hat sich die Stadt seit der Eröffnung von Hafen und Bahnhof im Jahre 1855 zu einem bedeutenden Verkehrsknotenpunkt entwickelt. Obwohl schon seit den 1970er-Jahren keine Eisenbahnfähren mit Güterwaggons über den Bodensee schippern, bestimmen nach wie vor die Hafenanlagen das Ortsbild. Romanshorn ist Heimathafen der Schweizerischen Bodenseeschifffahrt.

ROMANSHORN ERLEBEN

TOURISTINFORMATION

Friedrichshafner Str. 55 a
CH-8590 Romanshorn
Tel. 0041 71 531 01 31
https://www.romanshorn.ch

RADL- UND SKATINGSTRECKEN

Romanshorn ist Station verschiedener Radfahr- und Skating-Strecken wie etwa dem Bodensee-Skate. Im großen Skatepark am Hafen können sich Skater an Ramps, Funboxen und an einer Quarterpipe austoben. Nicht weniger als 900 km Radl- und Skating-Strecken durchziehen den Thurgau. Der Fahrradverleih befindet sich im Bahnhof.
https://schweizmobil.ch/de/skatingland
https://www.rentabike.ch

SEEGASTHOF SCHIFF €€€

Das Haus liegt am kleinen Hafen von Kesswil 5 km westlich von Romanshorn und ist eines der ältesten Lokale am Ort. Im Restaurant, das in einem Fachwerkhaus des 18. Jh.s residiert, kommen nur Fisch aus dem Bodensee, alte Obstsorten aus dem Thurgau und Käse, Milch sowie Fleisch von handverlesenen, regionalen Erzeugern auf den Tisch. Zum Übernachten gibt es einfache, aber ansprechende Zimmer.
CH-8593 Kesswil
Hafenstr. 28
Tel. 0041 71 463 18 55
8 Zi.
Ruhetage: Di., Mi., Do.
https://seegasthof-schiff.ch

Wohin in Romanshorn?

Fast wie am Meer

Seepark, Kirche St. Maria, Petrus und Gallus

Nirgendwo sonst ist der Bodensee so breit wie auf der Höhe von Romanshorn. In dem weitläufigen Seepark, der sich nördlich des Hafenbeckens den Yachthafen entlang zieht, kommt man sich deshalb an manchen Tagen, wenn sich der Blick auf den See in der Ferne verliert, fast vor wie am Meer. Die Segelboote, die vor dem Park vor Anker liegen, tragen viel zur **maritimen Atmosphäre** bei. Die Anfänge der kleinen Kirche St. Maria, Petrus und Gallus am Südrand des Seeparks gehen auf das 8. Jh. zurück. Nicht zuletzt dank beeindruckender Fresken, die Restauratoren erst in den 1960er-Jahren entdeckten, lohnt der von außen eher schlichte Bau gegenüber der neuromanischen Kirche eine Besichtigung. Das Schloss gleich neben der Kirche wurde 1829 errichtet.

Lebendiger Bahnhof

Locorama

Die Eisenbahnerlebniswelt rund um die Lokremise an den Gleisanlagen südlich des Hafens lässt das Herz eines jeden Eisenbahnfans

höher schlagen. Das Locorama zeigt nicht nur historische Dampfloks und Zugwaggons, sondern auch, wie ein **Bahnhof mit Stellwerk, Signalen und Drehscheibe** in der guten alten Zeit funktionierte. Die Mitarbeiter der Erlebniswelt führen Reparaturen, Gleisbauarbeiten, Weichenstellungen und vieles andere mehr vor. Im **Fahrsimulator** erhalten die Besucher Gelegenheit, sich selbst einmal als Lokführer zu versuchen. Zwischen April und September stehen Ausflugsfahrten mit einem historischen Dampflokzug auf dem Programm. Eine Fahrt mit der Gartenbahn ist für Kids sicher ein Erlebnis.
Egnacherweg 1 | Mai – Okt. So. 11 – 17 Uhr | Eintritt: 6 CHF
https://www.locorama.ch

RORSCHACH

Staat: Schweiz | **Höhe:** 398 m ü. NN | **Einwohnerzahl:** 9700

F/G 4

Hier scheint die Zeit beinahe stehengeblieben zu sein. Bis heute läutet ein Glöckner mehrmals täglich das Glöcklein des Jakobsbrunnen zum Angelus-Gebet. Im Sommer trifft man sich am Ufer des Sees, um riesige Sandskulpturen zu bauen oder im alten Badi von vergangenen Tagen zu träumen, als der Leinwandhandel die alte Hafenstadt reich machte.

Nachdem König Otto I. Rorschach 947 das Markt-, Münz- und Zollrecht verliehen hatte, entwickelte es sich zu einem bedeutenden Warenumschlagsplatz für das Kloster St. Gallen. Bis heute zeugen die schmucken Barockhäuser von dem Aufschwung, den der Ort im 17. Jh. durch den Handel mit Leinwand nahm. Die Industrialisierung machte auch vor Rorschach nicht halt. Nach dem Anschluss an das schweizerische Eisenbahnnetz in der zweiten Hälfte des 19. Jh.s entwickelte sich Rorschach zu einem richtigen Industriestandort. Über Jahrzehnte prägte die 1881 als Maschinenstickerei gegründete Feldmühle das Wirtschaftsleben der Stadt. Erst 1988 wurde das Unternehmen aus dem Handelsregister gelöscht. Auf dem brachliegenden Werksgelände entstand ein neues Wohnquartier.

Wohin in Rorschach?

Museum für alle Sinne

Museum im Kornhaus (MiK)

Einst diente der mächtige, von Giovanni Gaspare Bagnato zwischen 1746 und 1749 errichtete Barockbau am Hafen als Getreidespeicher. Heute ist hier ein Museum untergebracht, das multimedial über die

RORSCHACH ERLEBEN

TOURIST INFO

Hafenpavillon
CH-9400 Rorschach
Tel. 0041 71 841 61 41
https://www.rorschach.ch/tourinfrorschach

SANDSKULPTURENFESTIVAL

Sandkünstler aus aller Welt verwandeln das Rorschacher Bodenseeufer alljährlich von Mitte August bis Mitte Sept. in einen riesigen Sandskulpturenpark.
Eintritt: 6 CHF
https://www.sandskulpturen.ch

CHÄSLAUBE KÜNDIG

Alles Käse und zwar in mehr als 300 Sorten. Kündig ist eines der besten Käsefachgeschäfte der Ostschweiz mit Stammsitz in Rorschach. Wem es nach einem echten Rohmilch-Appenzeller, einem Thurgauer Blauschimmelkäse oder einem Alpstein Ziegenkäse gelüstet, wird hier fündig. Auch Wein und Delikatessen sind im Sortiment.
Am Marktplatz
Tel. 071 8 41 17 75
https://kuendigfeinkost.ch

HOTEL MOZART €€€

Das zentral gelegene, hoteleigene Café/Restaurant, ein Treffpunkt der Einheimischen, serviert leckeren, tgl. frisch gemachten Kuchen und regionale Speisen. Das Hotel bietet günstige Pilgerzimmer an.
Hafenzentrum
Tel. 0041 71 844 47 47
35 Zi.
https://www.mozart-rorschach.ch

Entwicklung der Stadt, aber auch über Naturwissenschaft und Technik informiert. An modernen **Lernstationen** können kleine wie große Besucher experimentieren, forschen und ihre fünf Sinne erproben. Im **Bodensee-Aquarium** lässt sich beobachten, wie Felchen, Groppen und Gründlinge ihre Kreise ziehen.
Hauptstr. 58, Mitte April – Mitte Okt. tgl. 13 – 17 Uhr
Eintritt: Erwachsene 11 CHF, Kinder 6 CHF
https://www.museum-rorschach.ch

Jakobsbrunnen

Glockengeläut zum Gebet
Von Ende März bis Ende Oktober steht eine(r) der etwa 15 Glöcknerinnen oder Glöckner mit schwarzem Hut und in langem Cape um 11 und um 18 Uhr am erst 2023 restaurierten Jakobsbrunnen auf dem Kronenplatz und lässt das in der Brunnensäule aufbewahrte Glöcklein erklingen. Der Brauch erinnert an die Jakobskapelle, die einst hier stand, die aber 1833 abgerissen wurde. Rorschach ist eine Station auf dem Pilgerweg nach Santiago de Compostela.

Ganz große Kunst

Forum Würth

Das Forum Würth zeigt in Wechselausstellungen Meisterwerke überwiegend moderner und zeitgenössischer Kunst. Sie gehören zu der nicht weniger als rund 20 000 Objekte umfassenden Sammlung des Unternehmers Reinhold Würth, die alle Epochen der europäischen Kunstentwicklung vom Mittelalter bis zur Kunst der Gegenwart abdecken. Das Rorschacher Forum ist eine von zehn Kunstdependancen der Würth-Gruppe, die alle mit Niederlassungen des Unternehmens verbunden sind und die Bestände der Sammlung untereinander austauschen. In dem lichten Bau der Architekten Gigon/Guyer direkt am Seeufer sind neben Ausstellungs- und Veranstaltungsräumen Geschäftsbüros der Würth-Gruppe sowie ein Café und Restaurant untergebracht. Rund um das Gebäude wurde ein **Skulpturengarten** angelegt mit Werken von Niki de Saint Phalle und Horst Antes (im Winter sind einige Skulpturen verhüllt).

Churerstr. 10 | April – Sept. tgl. 10 – 18, Okt. – März Di.– So. 11 – 17 Uhr | Eintritt: frei | https://www.wuerth-haus-rorschach.ch

Baden wie in der guten alten Zeit

Badhütte

Von Weitem erinnert die 1924 errichtete hölzerne Badeanstalt westlich des Kornhauses ein wenig an einen steinzeitlichen Pfahlbau. Sie steht auf Pflöcken im See und ist mit dem Ufer nur durch einen Steg verbunden. An heißen Sommertagen ist das Badi ein Treffpunkt für Einheimische, aber auch für Touristen. Ein Sprung in die Bodenseefluten sorgt dann für ein wenig Abkühlung. Wer möchte, kann auf den warmen Holzplanken in der Sonne dösen oder es sich in dem Restaurant der Badhütte gut gehen lassen.

Thurgauerstr. 26 | Saison Mitte Mai – Mitte Sept. | Eintritt: 4 CHF https://www.badi-info.ch

Andachtsräume

St. Kolumban

An dem barocken Kirchenbau fällt zunächst die geschwungene Hauptfassade auf. Die Statue über dem Eingangsportal stellt vermutlich den Namenspatron St. Kolumban dar. Rokoko-Heiterkeit empfängt die Besucherinnen und Besucher. Andreas Brugger hat die Stuckdecke des in den Jahren 1782 bis 1786 erweiterten Langhauses ausgemalt. Auf dem ehemaligen Friedhof hinter der Kirche führt ein **Besinnungsweg** an schönen alten Grabmälern vorbei.

Klosterkrieg

Kloster Mariaberg

Dieser Klosterbau verdankt sich jahrelangen **Auseinandersetzungen zwischen der Stadt St. Gallen und der im Ort ansässigen Fürstabtei.** Nicht zuletzt weil sich die Mönche durch den Lärm aus der Stadt in ihrer Ruhe gestört fühlten, beschloss der Konvent der Abtei 1483 auf Vorschlag des Abtes Ulrich Rösch ins ruhigere Rorschach umzuziehen und dort ein neues Kloster zu errichten. Der

Gebannt lauschen die Besucher im Forum Würth. So versteht man Kunst gleich besser.

Rohbau stand schon, als die St. Galler Bürger bemerkten, dass ihnen aus dem Wegzug der Mönche finanzielle Nachteile erwachsen würden. 1489 stürmten sie mit Appenzeller Truppen die Anlage und brannten sie nieder. Doch sie hatten die Rechnung ohne die mit der Abtei verbündeten Kantone Zürich, Luzern, Glarus und Schwyz gemacht, die das Heer St. Gallens 1490 besiegten und die Stadt zu einer Schadensersatzzahlung zwangen. Der Wiederaufbau des Klosters ging zwar schnell vonstatten, doch nach dem Tod Ulrich Röschs entschieden die Benediktiner in St. Gallen zu bleiben. Heute ist hier die Pädagogische Hochschule des Kantons St. Gallen untergebracht. Kunsthistoriker rühmen das Kloster Mariaberg als »mächtigste spätgotische Klosteranlage in der Schweiz«. Der Kreuzgang von 1519 beeindruckt durch individuell gestaltete Maßwerkfenster und der Kapitelsaal durch Wandmalereien (2. Hälfte des 16. Jh.s).

Führungen n. V. | Tel. 0041 71 844 18 21

Wohin in der Umgebung von Rorschach?

Fünfländerblick

Rossbüchel

Vom St.-Anna-Schloss (568 m) oberhalb des Klosters Mariaberg gelangt man auf Schusters Rappen in gut einer Stunde auf den 964 m hohen **Rossbüchel,** die höchste Kuppe des Rorschacher Bergs. Hier lässt sich ein Rundblick über die Schweiz, Vorarlberg, Baden, Württemberg und Bayern genießen.

Hundertwasser am Bodensee

Altenrhein

Das Fischerdorf im Mündungsdelta des Alten Rheins fünf Kilometer östlich von Rorschach ist auf jeden Fall einen Abstecher wert. Die 2001 eröffnete **Markthalle-Altenrhein,** das letzte Werk des Wiener Künstlers Friedensreich Hundertwasser, ist hier die Hauptattraktion. Gerade Linien, rechte Winkel und glatte Flächen sucht man an dem Gebäude vergebens. Stattdessen prägen windschiefe Wände, runde Türme mit vergoldeten Zwiebeldächern und bunte Säulen das Bild. Natürlich ist das Dach begrünt und begehbar. Die Markthalle kann als Veranstaltungssaal für geschäftliche oder private Anlässe gemietet werden. Ein Bistro serviert ab 8 Uhr Snacks, Kaffee und Kuchen, und die Galerie zeigt Hundertwasser-Werke.
Das **Fliegermuseum** am Flugplatz St. Gallen-Altenrhein zeigt flugtüchtige Luftfahrzeuge, Flugmotoren und Flugzeuge, die die Geschichte der Schweizer Luftwaffe dokumentieren, und bietet auch Rundflüge an. Die Bücker-Doppeldecker aus Holz, Metall und Stoff sind heute Kunstfluglegenden. Für viele Piloten zählen sie zu den formschönsten Kleinflugzeugen, die je gebaut wurden.

Markthalle: Mai, Juni tgl. 12 - 16, Juli - Okt. tgl. 10 - 12, 13.30 -17, Nov.-April Sa., So. 13 -17 Uhr | http://www.markthalle-altenrhein.ch
Fliegermuseum: Mi. - So. 13.30 - 17 Uhr | Eintritt: 12 CHF
https://fliegermuseum.ch

Biedermeierzeitliches Bilderbuchdorf

Heiden

Von Rorschach aus fährt eine Zahnradbahn in das 800 m hoch gelegene Bilderbuchdorf Heiden. Fast hätte der verheerende Großbrand vom 7. September 1838 die kleine Gemeinde komplett dem Erdboden gleichgemacht. Doch innerhalb von nur zwei Jahren entstand Heiden als Reißbrettdorf aus biedermeierzeitlichen Bürgerhäusern neu. Nach dem Wiederaufbau entwickelte sich Heiden zu einem in ganz Europa bekannten Kurort. Das **Museum Heiden** südlich des Dorfplatzes informiert über die Geschichte des Orts, umfasst aber auch eine naturgeschichtliche sowie eine ethnologische und eine mineralogische Sammlung. Das **Henri-Dunant-Museum** erinnert an den Gründer des Roten Kreuzes Henri Dunant (1828 - 1910), der in Heiden von 1887 bis zu seinem Tod lebte. Hauptthemen sind Dunant und sein weltumspannendes Hilfswerk.
In der Nähe des Weilers **Rasplen** südöstlich von Heiden ragt ein mächtiger Felsbrocken mit schalenförmigen Vertiefungen auf. Auch wenn sich über seine Verwendung in einem vorchristlichen Fruchtbarkeitskult nur spekulieren lässt, eine eindrucksvolle geologische Formation ist der Fels allemal. Ostschweiz-Tourismus vermittelt den

6X

EINFACH UNBEZAHLBAR

Erlebnisse, die für Geld nicht zu bekommen sind

1. KUNSTWERKE

Peter Lenks » Imperia » ist nur eine von vielen **Skulpturen** im öffentlichen Raum am See. Auch Lenks »Magische Säule« oder die Kunstgrenze von Ralf Dörflinger sind sehenswert. (▶ **S. 19, 47, 142**)

2. FASNACHT

Trommelschläge, bunte Kostüme, närrisches Treiben: In der **fünften Jahreszeit** geht es rund um den See hoch her auf zahlreichen Events. Die schwäbisch-alemannische Fasnacht ist ein großes Fest für alle. (▶ **S. 278**)

3. GUTE STUBE

Im **Bleicheli-Quartier** in St. Gallen wartet eine Open-Air-Stadtlounge auf Gäste. Mit ihrem knallroten Bodenbelag und ihren ebenso roten Sofas, Stühlen und Tischen wirkt sie wie ein riesiges Wohnzimmer. (▶ **S. 182**)

4. PICKNICK

In **St. Gallen** findet jährlich das BIGNIK an wechselnden Orten auf einer permanent wachsenden Picknickdecke statt. Bis 2043 soll die Decke aus 252 144 Tüchern bestehen Mitfeiern und Mitnähen kann jeder. (▶ **S. 178**)

5. GELÄUTE

Im Sommer läuten Glöckner und Glöcknerinnen 2 x täglich am Jakobsbrunnen das Jakobsglöcklein. Die Stadt **Rorschach** liegt nämlich am Pilgerweg nach Santiago de Compostela. (▶ **S. 170**)

6. ORGEL-KONZERTE

Jeden ersten Samstag in den Monaten Mai, Juni, Juli, September und Oktober verzaubert, während draußen Markt ist, die Nikolausorgel im Münster von **Überlingen** die Besucher mit wunderbaren Klängen. (▶ **S. 207**)

Kontakt zu ortskundigen Führern, die den sagenumwobenen **Chindlistein** den Gästen näherbringen.
Von Heiden aus führt der Witzwanderweg in 2,5 Stunden hinunter nach Walzenhausen. Mit der Zahnradbahn gelangt man von dort nach Rheineck, mit dem Schiff geht es dann zurück nach Rorschach.
Museum Heiden: Kirchplatz 5 | April – Okt. Mi. – So. 14 – 17 Uhr; Nov. – März nur Mi., Sa., So. | https://www.museum-heiden.ch
Henri-Dunant-Museum: Asylstr. 2 | derzeit wegen Umbaumaßnahmen geschl.; Wiedereröffnung Sommer/Herbst 2024
https://www.dunant-museum.ch

★★ ST. GALLEN

Staat: Schweiz | **Höhe:** 675 m ü. NN | **Einwohnerzahl:** 82 500

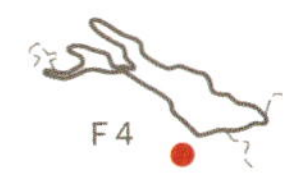

Diese Stadt ist einfach spitze und zwar im Wortsinn. Schon im 16. Jh. waren hier Webereien und Stickereien ansässig und heute werden in St. Gallen Stoffe für die Haute-Couture hergestellt. Hauptattraktion ist und bleibt jedoch die Stiftsbibliothek der Benediktinerabtei – eine Kathedrale für Bücher. Ihre Freizeit verbringen die St. Gallener aber lieber draußen, in der Stadtlounge – einem roten Freiluftwohnzimmer. Oder beim Massenpicknick BIGNICK – einer Langzeitperformance, bei der die Teilnehmer jedes Jahr neue Tücher an eine riesige Picknickdecke annähen. Mit Stoffen kennt man sich hier eben aus.

St. Gallen, 15 km südwestlich vom Bodensee in einem schmalen Hochtal der Voralpen gelegen, ist als Hauptort des gleichnamigen Schweizer Kantons wirtschaftliches und kulturelles Zentrum der Nordostschweiz. Um 1830 entwickelte sich das heimische Weber- und Stickereigewerbe zu einer bedeutenden exportorientierten Industrie. Bis heute sind die hochpreisigen Stoffe aus St. Gallen bei internationalen Designerlabels heiß begehrt und die Werksverkäufe der in der Stadt ansässigen großen Marken wie Akris, Bischoff oder Forster-Rohner ein Publikumsmagnet. Der **Textilweg St. Gallen** führt auf einer Länge von ca. fünf Kilometern zu wichtigen Stätten der Textilherstellung und -verarbeitung (https://textilland.ch).

Von der Einsiedelei zum UNESCO-Weltkulturerbe

Etwas Geschichte

Die Anfänge St. Gallens gehen auf eine Einsiedelei zurück, die der irische **Mönch Gallus** um 612 gründete. Aus ihr erwuchs ein Kloster, das unter dem Abt Otmar 747 die Regeln des Benediktinerordens

Nicht ganz die Bregenzer Seebühne, aber dennoch gibt die Stiftskirche eine eindrucksvolle Kulisse für das Kulturfestival St. Gallen ab.

übernahm und sich in den folgenden zwei Jahrhunderten zu einem der wichtigsten wirtschaftlichen, kulturellen und geistlichen Zentren Europas entwickelte. Bereits 818 wurde es Reichsabtei. Von 1206 bis in die napoleonische Ära genossen die St. Gallener Äbte den Status von Reichsfürsten.

Trotz dieser Privilegien setzte im 13. und dann verstärkt im 14. Jh. ein Niedergang ein. Der Ort, der seit dem 10. Jh. um das Kloster entstanden war und der sich zu einer prosperierenden Handelsstadt entwickelt hatte, begann sich gegen die Herrschaft der Mönche aufzulehnen und machte ihnen sogar ihre weltlichen Besitzungen streitig. Zwar konnte der Abt Ulrich Rösch (1426 – 1491) die Macht des Klosters für kurze Zeit konsolidieren und den Konflikt befrieden, doch als sich die St. Galler mit ihrem Bürgermeister Joachim von Watt 1526 der Reformation anschlossen, brachen die Streitereien um so heftiger wieder aus. Erst eine 1566 zwischen Stiftsbezirk und Stadt errichtete, zehn Meter hohe Schiedmauer beendete den Zank. Zwar waren beide, die Reichsabtei und die Stadt, bereits seit 1451 bzw. 1454 sog. zugewandte Orte der Schweizer Eidgenossenschaft, doch bildeten sie fortan zwei von einander unabhängige Staaten. Nach dem Einmarsch Napoleons und der Helvetischen Revolution von 1798 verloren sie ihre Souveränität und gingen zunächst in dem neu gegründeten Kanton Säntis auf. Die Stadt St. Gallen wurde 1803 Hauptort des nach ihr benannten neuen Kantons, der das Benediktinerkloster 1805 auflöste. 1847 wurde die in der Mitte des 18. Jh.s in barocker Pracht errichtete Stiftskirche Kathedrale des neu gegründeten Bistums St. Gallen. Seit 1983 steht sie als Teil des Stiftsbezirks auf der UNESCO-Liste des Weltkulturerbes.

Wohin im Stiftsbezirk?

Perle des Spätbarock

Stiftskirche (Kathedrale)

Fast scheint es so, als wollte Cölestin II. von Staudach, einer der bedeutendsten Äbte in der Spätphase des Klosters, mit diesem Neubau dem Niedergang ein sichtbares Zeichen entgegensetzen. Die zwischen 1755 und 1767 errichtete Stiftskirche zählt zu den letzten **monumentalen Sakralbauten des Spätbarock** und ist Wahrzeichen der Stadt. Die Architekten Giovanni Gaspare Bagnato, Peter Thumb und Johann Michael Beer schufen einen in vielerlei Hinsicht ungewöhnlichen Kirchenbau. Nicht nur, dass die doppeltürmige Hauptfassade nicht wie üblich an der West-, sondern an der Ostseite des Gotteshauses steht, Langhaus und Chor sind etwa gleich groß und durch eine Rotunde verbunden. Innen fasziniert die Kirche durch meisterlich gearbeitete Stuckaturen von Johann Georg und Matthias Gigl. Die in auffällig kräftigen Farbtönen gehaltenen Fresken der Deckengewölbe, die einen stimmungsvollen Kontrast zu dem ansonsten heiteren Kircheninneren bilden, schuf Joseph Wannenmacher, und das aufwendig geschnitzte Chorgestühl ist ein Entwurf von Joseph Anton Feuchtmayer. Bemerkenswert sind auch die reich verzierte Kanzel und das Chorgitter von Franz Anton Dirr.

Mo. – Mi. 6 – 18.30 (Sommer bis 19 Uhr), Do. – Sa. 7 – 18.30 (Sommer bis 19 Uhr) | Eintritt frei

In der Kathedrale der Gelehrsamkeit

Stiftsbibliothek

»Heilstätte für die Seele« – so lautet die deutsche Übersetzung der griechischen Inschrift über dem Eingang zum berühmten **Barocksaal der St. Galler Stiftsbibliothek,** die in den südlich an die Kathedrale angrenzenden Klostergebäuden residiert. Wer ihn betreten will, der muss in Filzpantoffeln schlüpfen, denn in den Fußboden aus Tannenholz sind kostbare Intarsien eingelassen. Aber auch sonst ist der Raum einfach überwältigend. Die deckenhohen Bücherschränke an den Pfeilern zwischen den Fenstern verleihen ihm eine Aura jahrhundertealter Gelehrsamkeit, die geschwungene Galerie, die ihn auf halber Höhe umgibt, nimmt ihm jede Schwere. Auch die kunstvoll mit Fresken von Joseph Wannenmacher und Stuckaturen der Brüder Gigl geschmückte Decke ist staunenswert. Der Saal wurde wie die Stiftskirche unter dem Abt Cölestin II. Gug-

ST. GALLEN ERLEBEN

ST. GALLEN-BODENSEE TOURISMUS

Bankgasse 9
CH-9001 St. Gallen
Tel. 0041 71 2 27 37 37
https://st.gallen-bodensee.ch

ST. GALLER FESTSPIELE

Der Klosterhof des St. Galler Stiftsbezirks verwandelt sich im Juni/Juli in eine Opernbühne. Konzerte und Theateraufführungen ergänzen das Programm.
https://festspielguide.de

KULTURFESTIVAL ST. GALLEN

Für vier Wochen im Juni/Juli sorgen internationale Künstler aus aller Welt für ein abwechslungsreiches Kulturprogramm. Zu hören sind Hip-Hop, Jazz und Salsa, zu sehen gibt es unter anderem Kabarett und Kleinkunst.
https://www.kulturfestival.ch

BIGNIK

Jedes Jahr im Sommer findet an alljährlich wechselnden Schauplätzen rund um St. Gallen ein riesiges Picknick statt, auf dem die Teilnehmer an einer beständig wachsenden Picknickdecke werkeln, die bis 2043 so groß wie 100 Fußballfelder sein soll und dann aus 252 144 Tüchern bestehen wird. Die Konzeptkünstler Frank und Patrik Riklin, die das Projekt initiierten, knüpfen damit an die Tradition der St. Galler Stoffherstellung und -verarbeitung an.
Termine zum Mitfeiern und Mitnähen: https://www.bignik.ch

AKRIS

Das führende Schweizer Designerlabel bietet exklusive Mode im Outlet Store an. Hier gibt es auch chique Taschen und Geldbörsen aus Rosshaar.
Felsenstr. 36
Di. – Fr. 12 – 18, Sa. 10 – 16 Uhr
https://de.akris.com

BISCHOFF TEXTIL

Stickereien, Stoffe und Geschenkartikel vom Feinsten erhält man im Factory Outlet des Herstellers.
Bogenstr. 9
Mo. – Fr. 13.30 – 17.30,
Sa. 9 – 12.30 Uhr
https://www.bischoff-textil.com

JAKOB SCHLAEPFER

Hier gibt's luxuriöse Haute Couture- und Prêt-à-Porter-Stoffe, Paillettenkreationen, Accessoires und Geschenkartikel.
Flurhofstr. 150
Di. – Fr. 9 – 18 Uhr
https://jakob-schlaepfer.ch

CHÄSLAUBE KÜNDIG

Alles Käse und zwar in mehr als 300 Sorten. Kündig ist eines der besten Käsefachgeschäfte der Ostschweiz mit Stammsitz in Rorschach. Bezugsquellen sind ausgewählte Erzeuger aus ganz Europa; meist kleine Familienbetriebe. Wem es nach einem echten Rohmilch-Appenzeller, einem Thurgauer Blauschimmelkäse oder einem Alpstein Ziegenkäse gelüstet, wird hier fündig. Auch ausgesuchte Weine und Delikatessen werden angeboten.
Webergasse 19
Di.–Do. 9–12.30, 13.30–18.30,
Fr. 9–18.30, Sa. 8–17
https://kuendigfeinkost.ch

❶ ZUM GOLDENEN SCHÄFLI €€€€

Weil es auf den Straßen St. Gallens oft laut zuging, verlegten viele Wirte ihre Gasthäuser einst in den 1. Stock eines Gebäudes. Das »Goldene Schäfli« ist so ein »Erststock-Beizli«. Das Restaurant residiert im ehemaligen Zunfthaus der Metzger und serviert Klassiker der regionalen Küche in rustikalem Ambiente.

Metzgergasse 5
Tel. 0041 71 2 23 37 37
Ruhetag: So.
https://www.zumgoldenenschaeflisg.ch

❷ ZUM SCHLÖSSLI €€€€

Hier diniert man in einem Schlösschen aus dem 16. Jh. Die Küche ist raffiniert und in der Region verankert.

Zeughausgasse 17
Tel. 0041 71 222 12 56
Ruhetage: Sa., So.
https://www.schloessli-sg.ch

🍴
❶ Zum Goldenen Schäfli
❷ Zum Schlössli
❸ Fonduebeizli

🏠
❶ Militärkantine
❷ Einstein
❸ Dom

❸ FONDUE BEIZLI €€€

Nach Lehr- und Wanderjahren, die ihn u. a. nach Kanada führten, ist Stefan Schmidhauser an den heimischen Herd zurückgekehrt und bereitet nun exquisite Käsefondues in nicht weniger als zehn Varianten zu. Raclette, Fleischfondues sowie leckere Spätzle- und Röstispezialitäten gibt's natürlich auch. Die große Weinkarte bietet vornehmlich Schweizer Spitzenweine.
Brühlgasse 26
Tel. 0041 71 222 43 44
Ruhetag: So., Mo.
http://www.fonduebeizli.ch

❶ MILITÄRKANTINE €€€

Das Haus residiert in einem Jagdschlösschen im Fachwerkstil mit Türmchen und Erkern. Die Zimmer sind modern, hell und mit Designermöbeln ausgestattet. Im Restaurant mit internationaler Küche speist man in rustikalem Ambiente.
Kreuzbleicheweg 2
Tel. 0041 71 2 79 10 00
21 Zi.
https://www.militaerkantine.ch

❷ EINSTEIN €€€€

Das kleine, elegante Grand Hotel residiert in einer ehemaligen Stickereifabrik und legt vielleicht deshalb Wert darauf, dass seine Gäste in feinster Bettwäsche nächtigen. Aber auch sonst lassen die Zimmer keine Wünsche offen. In der Küche des Gourmet-Restaurants zaubern Sebastian Zier und Richard Schmidtkonz Haute Cuisine aus allerfrischesten Zutaten. Das Auge isst immer mit.
Berneggstr. 2
Tel. 0041 71 2 27 55 55
113 Zi.
https://www.einstein.ch

❸ DOM €€

In den Zimmern des Hauses herrschen angenehme Weißtöne mit einigen Farbtupfern vor. Das Restaurant ist nur zum Frühstück sowie mittags geöffnet und wartet dann mit einem reichhaltiges Buffet auf. Schön ist, dass das Haus Menschen mit Beeinträchtigungen einen Ausbildungs- und Arbeitsplatz bietet.
Webergasse 22
Tel. 0041 71 2 27 71 71
41 Zi.
https://www.hoteldom.ch

---

ger von Staudach zwischen 1758 und 1767 von **Peter Thumb** errichtet.
Die Schätze, die die 719 gegründete Bibliothek hütet, sind natürlich sehr viel älter. Der Bestand an mittelalterlichen Handschriften und Inkunabeln ist weltweit einzigartig. Erwähnenswert sind hier u.a. das älteste bis heute erhaltene Buch in deutscher Sprache mit einer althochdeutschen Version des Vaterunser und der sog. **St. Galler Klosterplan von 819** mit dem Bauplan für ein Benediktinerkloster. Das kostbarste Buch der Bibliothek ist das **Psalterium Aureum** (um 860), ein karolingisches Meisterwerk, das vollständig mit Goldtinte geschrieben und mit herrlichen Illustrationen versehen ist. Insgesamt nennt die Bibliothek 2100 Handschriften, 1650 Inkunabeln und 170 000 Bücher ihr eigen. Bücher, die nach 1900 erschienen sind, können ganz normal ausgeliehen werden, ältere Werke sind im Lesesaal einsehbar. Ihre wertvollsten Schätze zeigt die Bibliothek in Wechselausstellungen im Barocksaal. Dazu gehört

Weiß Gott eine Kathedrale der Gelehrsamkeit und dazu ein künstlerisches Meisterstück: der Barocksaal der Stiftsbibliothek

auch ein altägyptischer Sarkophag, den die Bibliothek 1836 erworben hat und in dem die Mumie der Schepenese (650 bis 610 v. Chr.) ruht.

Tgl. 10 – 17 Uhr | Eintritt: 18 CHF | https://www.stiftsbezirk.ch

Wohin in der St. Galler Innenstadt?

Fratzen und Engel in den Gassen

In der Altstadt

Das in eine Fußgängerzone umgewandelte Viertel nördlich des Stiftsbezirks bildet das quirlige Zentrum der Stadt, das tausenderlei Einkaufs- und Einkehrmöglichkeiten bietet. Bei einem Bummel durch die schmalen Gassen fallen allenthalben Fachwerkbauten und phantasievoller Fassadenschmuck auf. Besonders stolz ist man auf die insgesamt **111 reich verzierten Erker,** die die Bürgerhäuser schmücken. Sie sind im 17. und frühen 18. Jh. in einer wirtschaftlichen Blütezeit entstanden und sollten den Reichtum ihrer Besitzer bezeugen. Je üppiger und ausgefeilter das Dekor, desto wohlhabender war der Hausbewohner. Der Phantasie der Künstler waren dabei keine Grenzen gesetzt. Die Erker sind oft mit Fabelwesen, Fratzen, Engeln oder Tierfiguren, aber auch mit Blumen- oder Fruchtornamenten geschmückt. Bemerkenswert ist das um 1720 errichtete **Haus zum Pelikan** in der Schmiedgasse 15. Sein Erker zieht sich über zwei Stockwerke, und die Brüstung ist mit symbolischen Darstellungen der damals bekannten vier Erdteile geschmückt. Seinen Namen verdankt das Haus der Pelikanfigur, die in einem Nest auf dem Dach des Erkers steht. Biegt man von der Schmiedgasse in die Marktgasse und geht ein Stück weiter Richtung Norden, gelangt man zum Marktplatz, an dessen Ostseite das 1584 errichtete Waaghaus steht. Einst diente das Gebäude mit den auffallend großen Eingangstoren als Warenlager, heute ist es Sitz des Gemeinderates. Das Karlstor im Südosten des Stiftsbezirks, der einzig noch erhaltene Teil der alten Stadtbefestigung, wurde erst 1569 nach lange währenden Konflikten zwischen der protestantischen Stadt und dem katholischen Kloster eigens für den Abt und seine Leute errichtet. Heute dient der massive Torbau als Untersuchungsgefängnis. Der weitläufige **Gallusplatz** südwestlich des Stiftsbezirks bildete die Keimzelle der Stadt, denn hier siedelten sich im 10. Jh. im Schatten des Klosters die ersten Handwerker an. Die stattlichen Fachwerkhäuser, die ihn säumen, stammen ursprünglich wohl aus dem 16. Jahrhundert.

Textilmuseum, Stickereibörse

Stoffe, Stickereien und Spitzen

Wer etwas für feine Stoffe übrig hat, der ist hier richtig. Die Sammlung zeichnet die Geschichte der Herstellung und Verarbeitung von Textilien von der Spätantike bis zur Gegenwart anhand von **Kleidung, Bordüren oder Stofffetzen aus aller Welt** nach. Im Mittelpunkt der Ausstellung steht natürlich die Entwicklung der Schweizer Textilindustrie. Die Textilbibliothek des Museums umfasst 2000 Musterbücher. Am Oberen Graben unweit des Museums, das übrigens in einem lachsfarbenen Neorenaissance-Palast residiert, steht ein anderes **»Denkmal« der St. Galler Textilindustrie,** die ehemalige Stickereibörse. In dem zwischen 1889 und 1891 im Stil des Neobarock errichteten Prachtbau, in dem heute eine Bank residiert, trafen sich die Kaufleute und Fabrikanten der Branche, um Geschäfte zu machen. Der von Nixen bevölkerte Broderbrunnen vor der Stickereibörse erinnert an den Beginn der Versorgung St. Gallens mit Bodenseewasser im Jahr 1894.

Textilmuseum: Vadianstr. 2 | tgl. 10 – 17 Uhr | Eintritt: 12 CHF
https://www.textilmuseum.ch

Stadtlounge/ Roter Platz

Im größten Wohnzimmer der Schweiz

Ein knallroter Bodenbelag und ebenso rote Sessel, Liegen und Skulpturen: Im Bleicheli-Quartier, in dem einst Stoffe zum Bleichen ausgelegt wurden, ist eine **Open-Air-Lounge für jedermann** entstanden. Das Projekt der Künstlerin Pipilotti Rist und des Architekten Carlos Martinez, der sog. Rote Platz, will zu Diskussionen über die Verwendung öffentlicher Räume anregen. Die St. Galler Bürger haben die Lounge längst für sich entdeckt und nutzen sie zum Relaxen und Chillen. Das Areal ist immer zugänglich und der Möbel wie Boden überziehende rote Belag aus weichem Kunststoffgranulat wetterfest. Dank der »Bubbles« genannten Lichtkörper, die an hauchdünnen Drähten befestigt sind und über dem Boden zu schweben scheinen, ist die Lounge auch nach Einbruch der Dunkelheit erleuchtet.

Vom Lokschuppen zum Kulturzentrum

Lokremise

Als die Ära der Dampfloks sich in den 1970er-Jahren ihrem Ende zuneigte, setzte auch der allmähliche Niedergang des St. Galler Lokdepots ein. Der Rundbau südlich des Hauptbahnhofs blieb jahrelang ungenutzt. Erst 2010 baute man die Anlage um und schuf in der Halle, in der einst die Loks parkten, Räume für ein ambitioniertes **Kulturzentrum,** in dem bildende Kunst und Theater, Film und Musik ineinandergreifen. Frankreich schmecken kann man im Restaurant Chez Lok. Die originelle **John Armleder Bar** im Eingangsbereich greift das für Armleders Werk charakteristische Konzept von Licht und Spiegelung auf.

Grünbergstr. 7 | tgl. 10 – 24 Uhr | https://www.lokremise.ch

Drei auf einen Streich

Museumsstraße

Die St. Galler Museumsmeile, die sich nordöstlich der Altstadt den Stadtpark entlangzieht, wartet mit interessanten Museen auf. Das **Naturmuseum** präsentiert Mineralien, Fossilien und präparierte Tiere in frei zugänglichen Arrangements. Im vierten Stock wurde 2024 der neue Ausstellungsbereich »Mensch und Universum« eröffnet. Einen Schwerpunkt der Sammlung des **Kunstmuseums** bilden niederländische Meister des 17. sowie französische und deutsche Maler des 19. Jh.s. Die klassische Moderne ist u.a. mit Werken von Klee, Picasso sowie Tàpies und die Gegenwartskunst mit Installationen von Tinguely, Serra und Nauman vertreten. Das **Kulturmuseum** informiert über Geschichte und Volkskunst im St. Galler Land.

Naturmuseum und Kunstmuseum: Di. – So. 10 – 17, Naturmuseum: Mi bis 20, Kunstmuseum Do. bis 20 Uhr | Eintritt: jeweils 12 CHF
https://naturmuseumsg.ch, https://kunstmuseumsg.ch
Kulturmuseum: Di. – So. 10 – 17, Mi. bis 19 Uhr | Eintritt: 12 CHF
https://kulturmuseumsg.ch

Wissenschaft und große Kunst

Universität

Der Campus einer modernen Universität ist nicht unbedingt ein Ort, an dem man große Kunst vermutet. Doch die Uni St. Gallen lockt mit viel Kunst am Bau und **klingenden Namen** wie Joan Miró, Alexander Calder, Alberto Giacometti, Antoni Tàpies, Georges Braque, Gerhard Richter und Hans Arp. Auch die Gebäude selbst sind bemerkenswert (1960–1963, nach Entwürfen von Walter Förderer).

Eines der Geheimnisse um den Appenzeller Käse ist schnell gelüftet: Die Kühe verbringen den Sommer auf der Hochalpe und fressen würziges Gras. Im Spätsommer werden sie wieder ins Tal getrieben.

Rund um St. Gallen

Drei Weiern

Badevergnügen in zauberhafter Natur

Mit dem Mühlegg-Bähnli, einer fahrerlosen Standseilbahn, geht es durch einen Tunnel hinauf zu den »Drei Weiern« an den Hängen des Freudenberg im Süden von St. Gallen. Die insgesamt fünf Weiher wurden zwischen 1610 und 1713 angelegt, um die Wasserversorgung der Stadt sicherzustellen. Heute sind sie ein beliebtes **Naherholungsgebiet.** Bereits um 1900 wurden an drei von ihnen **hölzerne Badehäuser und Stege** angelegt. Mittlerweile gibt es Duschen, Liegewiesen und diverse Freizeiteinrichtungen. In kalten Wintern sieht man hier Schlittschuhläufer ihre Pirouetten drehen.

Familienbad Dreilinden/Drei Weiern: Mitte Mai – Mitte Okt. tgl. 9 – 19 Uhr | Eintritt: 5,50 CHF
Mühleggbahn: tgl. 05.40 – 00.50 Uhr im 5-Min.-Takt, Fahrtdauer 90 Sekunden | Fahrkarte: 2,40 CHF (einfache Fahrt)
https://www.muehleggbahn.ch

Geheimnis bleibt Geheimnis

Dem Geheimnis des besonders würzigen Appenzeller Käses kann man in der Appenzeller Schaukäserei in Stein acht Kilometer südlich von St. Gallen nachspüren. Von der Besuchergalerie aus lassen sich alle Arbeitsschritte der traditionellen Käseherstellung verfolgen. Das Rezept für die Kräutersulz, mit der die Käselaiber regelmäßig eingerieben werden, verraten die Verantwortlichen allerdings nicht. Dafür kann man in der Gaststube verschiedene Käsespezialitäten probieren und im Laden Appenzeller in allen Reifegraden kaufen.

Appenzeller Schaukäserei

Dorf 711, Stein | tgl. 9 – 17.30 Uhr | Käseherstellung bis 15 Uhr
Eintritt: 12 CHF | https://www.schaukaeserei.ch

Mit Schweizer Schokolade zum Glück

Im Chocolarium des Schokoladenpioniers Maestrani in Flawil 22 km westlich von St. Gallen erfährt man während eines Erlebnis-Rundgangs, wie und warum Schokolade glücklich macht. Naschen ist ausdrücklich erwünscht. Man kann sich auch seine eigene Schokolade gießen.

Chocolarium Maestrani

Toggenburgerst. 41, Flawil | Di. – Fr. 10 – 18, Sa., So. 10 – 17 Uhr
Eintritt: 14 CHF | https://www.chocolarium.ch

Auf dem höchsten Gipfel am Bodensee

Der mit 2502 m höchste Berg des Alpsteinmassivs ragt als mächtige Landmarke über dem Schweizer Bodenseeufer auf. Sein Gipfel bietet überwältigende Fernsichten auf die schneebedeckten Bergriesen der Schweizer Alpen und über den Bodensee, die bei entsprechendem Wetter zu den **Vogesen** im Nordwesten und der **Zugspitze** im Osten reichen. An manchen Tagen soll sogar das **Ulmer Münster** zu erkennen sein. Von der Schwägalp in 1360 m Höhe fährt eine Luftseilbahn in zehn Minuten hinauf zum Gipfel. Im Panoramarestaurant kann man

Säntis

GIPFELFEELING

Wenn im Herbst das Tal in dichtem Nebel liegt, kommt es einem mystischen Erlebnis gleich, auf dem Säntisgipfel über dem Nebelmeer zu stehen. Bei Vollmond veranstaltet die Säntis-Schwebebahn mit Musik und Buffet Fahrten auf den Gipfel. (109 CHF p.P; https://saentisbahn.ch)

nicht nur die Sicht auf die Berge, sondern auch Schweizer und internationale Spezialitäten genießen. Seit 2015 prangt jedes Jahr zum Nationalfeiertag am 1. August eine riesige Schweizer Fahne an einer Wand unterhalb des Gipfels. Sie misst 80 mal 80 m, wiegt 700 kg und ist damit die größte Flagge der Welt.
Die Schwägalp kann man über Urnäsch und Nesslau auch mit öffentlichen Verkehrsmitteln erreichen. Der hier angelegte **Natur-Erlebnispark** ist von Lehr- und Wanderpfaden durchzogen, besonders interessant ist der Themenweg Moor (Dauer 45 Min.). Von November bis März wird ein am Hotel startender Rundwanderweg nach Einbruch der Dunkelheit am Do., Fr. und Sa. durch romantische Petroleumlampen beleuchtet. Die Säntisbahn bietet in den Monaten Juli und August auch Sonnenaufgangsfahrten für Frühaufsteher an. Wer den Säntis zu Fuß erklimmen möchte, kann unterwegs unter mehreren Einkehrmöglichkeiten wählen.
Betriebszeiten je nach Jahreszeit, i. d. R. 7.30 – 18 Uhr alle 30 Min.
Berg- und Talfahrt 58 CHF | https://saentisbahn.ch,
https://naturerlebnispark.ch

★★ SCHAFFHAUSEN

Staat: Schweiz | **Höhe:** 403 m ü. NN | **Einwohnerzahl:** 37 700

Donnernder Rauch steigt auf, und feiner Wasserstaub benetzt die Haut, wenn die Bötchen ihre staunenden Passagiere dicht am breiten Band des größten Wasserfalls Europas vorbeifahren. Wegen des tosenden Rheinfalls kommen die meisten Besucher nach Schaffhausen, dabei hat der Ort selbst noch anderes zu bieten. Schon Goethe staunte über die vielen reich verzierten Erker, die Schaffhausens Bürgerhäuser schmücken. Insgesamt sollen es 171 sein. Der Dichter sah da eine Lust, zu sehen ohne gesehen zu werden, am Werk. Tatsächlich aber verdanken sich die Vorbauten wohl auch der Prunksucht wohlhabender Kaufleute, die ihren Reichtum zur Schau stellen wollten.

Der Rheinfall ist nicht alles

Gegründet wurde »Scafhusun« – der Name ist vermutlich vom althochdeutschen »scafa« für Schiff abgeleitet – oberhalb jener Stelle, an welcher der Rheinfall die Flussschifffahrt zwischen Basel und Konstanz unterbrach und die Waren ein Stück auf dem Landweg transportiert werden mussten. Kaiser Heinrich III. verlieh der Siedlung 1045 das Münzrecht, das Marktrecht folgte 1080 und 1190 die Reichsunmittelbarkeit. Zwischen 1330 und 1415 war Schaffhausen, das König Ludwig

SCHAFFHAUSEN ERLEBEN

SCHAFFHAUSERLAND TOURISMUS

Vordergasse 73
CH-8200 Schaffhausen
Tel. 0041 52 632 40 20
https://schaffhauserland.ch

RHEINFALL-WASSER

Das Wasser aus der Getränkedose gibt es als Souvenir beim Ticketschalter am Rheinfall zu kaufen. Es ist durchaus trinkbar, denn es wird vor der Abfüllung kontrolliert.
https://rheinfall.ch

JAZZFESTIVAL

Die Avantgarde der Schweizer Jazzmusik trifft sich jedes Jahr im Mai im Kulturzentrum Kammgarn und führt ihre neuesten Kompositionen auf. Improvisationen und Jam-Sessions gibt es natürlich auch.
https://www.jazzfestival.ch

RHEINFALL-FEUERWERK

Jedes Jahr am 31. Juli taucht nach Einbruch der Dunkelheit ein Riesenfeuerwerk den Rheinfall in gleißendes Licht.
https://rheinfall.ch

STARS IN TOWN

Anfang August verwandeln internationale Stars den Herrenacker und den Fronwagplatz in der Altstadt in eine riesige Musikbühne.
https://starsintown.ch

SCHLÖSSLI WÖRTH €€€€

Die voll verglaste Panoramaterrasse des Restaurants bietet die beste Sicht auf den Rheinfall und Köstlichkeiten der gehobenen regionalen und mediterranen Küche. Für den kleinen Hunger zwischendurch gibt es im Insel-Bistro leckere Imbisse.
Rheinfallquai 30
CH-8212 Neuhausen
Tel. 0041 52 672 18 21
Ruhetag: Jan.–Juni und Okt.–Dez. Mo., Di.; Bistro kein Ruhetag
https://www.rheinfall-gastronomie.ch

SCHLOSS LAUFEN €€€€

Wer möchte, kann im beheizbaren Glaslift von Schloss Laufen ein romantisches Candlelight-Dinner zelebrieren und dabei den Blick auf den Rheinfall genießen (April – Okt., ab 18 Uhr, 290 CHF p.P.). Das Castello bittet mittags im Bannersaal des Schlosses zu Tisch, im Bleuersaal wird abends feine internationale Küche serviert.
Am Rheinfall
Tel. 0041 52 659 67 67
Ruhetage: Nov. – März Mo., Di.
https://www.schlosslaufen.ch

GÜTERHOF €€€€ – €€€

Einst wurden in dem 300 Jahre alten Speicherhaus an der Schaffhauser Schiffslände Lastkähne ent- und beladen. Heute residieren hier trendige Lokale. Der Güterhof bietet täglich wechselnde Mittags- und À-la-carte-Menüs der internationalen Küche. In der Lounge Bar sorgt ein DJ für Stimmung.
Freier Platz 10
Tel. 0041 52 630 40 40
https://www.gueterhof.ch

SCHÜTZENSTUBE €€€

Das Restaurant setzt dem Fastfood unserer Tage seine Slowfood-Küche entgegen. Deshalb kommt hier nur Gemüse aus regionalem Anbau in den Topf und nur Fleisch von artgerecht gehaltenen Tieren in die Pfanne. Natura Beef Burger und von Hand geschnittene Pommes frites sind eine Spezialität des Hauses.
Schützengraben 27
Tel. 00 41 52 625 42 49
Ruhetag: So. u. Fei., Sa.
https://www.schuetzenstube.ch

VIENNA HOUSE ZUR BLEICHE €€€

Das moderne Haus unweit des Schaffhauser Bahnhofs bietet moderne, aber dennoch behagliche Zimmer mit allem Komfort. Das Restaurant kredenzt mediterran inspirierte Menüs und die Lobby-Bar eine große Auswahl an Cocktails.
Bleicheplatz 1
Tel. 0041 52 6 31 00-00
130 Zi.
https://viennahouse.hrg-hotels.com

SORELL HOTEL RÜDEN €€€€ – €€€

Das Haus residiert in einem Zunfthaus von 1783, die Zimmer haben einen rustikalen Touch und strahlen viel Wärme aus. Es gibt ein Restaurant und eine Lounge, überdies können die Gäste Fitnesscenter und Spa von Eurofit nutzen.
Oberstadt 20
Tel. 0041 52 632 36 36
30 Zi.
https://sorellhotels.com

RÜEDI FASSHOTEL €

Inmitten des Blauburgunder Weinanbaugebietes von Trasadingen 19 km westl. von Schaffhausen kann man es sich wie Diogenes in riesigen Weinfässern gemütlich machen. Die 15 000 Liter fassenden Holzfässer bieten Platz für max. 6 Pers. Die 11 neuen Fässer haben auch WC und Dusche. Zum Areal gehören ein Garten und eine Weinlounge.
Zinggen 1
CH-8219 Trasadingen
Tel. 0041 52 681 43 77
Winterpause: Nov. – Ende März
https://rueedi-ferien.ch

---

der Bayer an die Habsburger verpfändet hatte, eine österreichische Landstadt. Erst Kaiser Sigismund beendete während des Konstanzer Konzils diesen Zustand und machte aus Schaffhausen eine freie Reichstadt, die aber 1501 der Eidgenossenschaft beitrat. 1529 hielt die Reformation Einzug.
Seit dem Hochmittelalter bestimmten Handwerkszünfte und Kaufleute, die durch den Handel mit Salz, Tuch und Hölzern viel Geld verdienten, die Geschicke der Stadt und das Wirtschaftsleben. Im 18. Jh. kamen Baumwollspinnereien hinzu. Nach dem Bau des Rheinkraftwerks 1866 setzte der industrielle Aufschwung ein, die mittelalterliche Stadtbefestigung wurde bis auf Reste abgetragen. Im Zweiten Weltkrieg wurde Schaffhausen, dessen bedeutende Uhren- und Rüstungsindustrie ihre Produkte nach Deutschland verkaufte, versehentlich von den USA bombardiert, die den Ort angeblich mit Konstanz verwechselt hatten.

Wohin in Schaffhausen?

Schöne Aussichten und rauschende Feste

Kastell Munot

Unübersehbar thront das Wahrzeichen Schaffhausens, das Kastell Munot, über der Stadt. Der mächtige zwischen 1564 und 1589 errichtete Rundbau hat einen Durchmesser von 50 m und ist 25 m hoch, seine Mauern sind bis zu 5 m dick. Berittene Soldaten konnten die Artillerie oben auf dem Rondell über die sog. Reitschnecke, eine spiralförmige Rampe im Innern der Festung, im Bedarfsfall mit Munition und anderem Nachschub versorgen. Als die Franzosen 1798 Schaffhausen belagerten, gab die Besatzung des Munot allerdings nach der Erstürmung der Stadt auf und warf die kurz zuvor erhaltenen Geschütze in den Festungsgraben. Seit 100 Jahren veranstaltet der 1839 gegründete Munot-Verein auf dem Rondell zwischen Juni und August **rauschende Bälle.** Auch **Openair-Kino** und **Konzerte** finden dort statt. Heute wie vor 400 Jahren lässt der Munot-Wächter, der in dem das Rondell noch einmal um 15 m überragenden Bergfried der Festung wohnt, jeden Abend pünktlich um 21 Uhr eine Glocke erklingen. Einst war es das Zeichen, dass nun die Stadttore zu schließen seien, heute ist es ein schöner Brauch. Der Weinberg unterhalb der Festung gehört der Stadt Schaffhausen und liefert jedes Jahr zwischen 5000 und 7000 Liter »Munötler«.

Mai – Sept. tgl. 8 – 20, Okt. – April 9 – 17 Uhr | Eintritt frei
https://munot.ch

Stadt der Brunnen, Stadt der Erker

Altstadt

In der schmucken Altstadt, deren Gassen durch schmale Durchgänge miteinander verbunden sind, fallen nicht nur die vielen Erker, sondern auch einige farbenfrohe Figurenbrunnen auf. Die beiden ältesten stehen auf dem **Fronwagplatz**. Den Mohrenbrunnen von 1520 ziert eine Statue des Kaspar, des jüngsten der Heiligen Drei Könige. Der Metzger- oder Landsknechtbrunnen von 1524 gegenüber wird auch »Vierröhrenbrunnen« genannt, weil das Wasser hier aus vier Röhren ins Becken fließt. Seinen Namen verdankt der Platz übrigens dem Umstand, dass hier die Schiffer einst die Waren, die um den Rheinfall herum transportiert werden mussten, umluden. Heute ist er lebendiger Treffpunkt von Jung und Alt.

Linkerhand des südlichen Fronwagplatzes führt die **Vordergasse** Richtung Osten. Wenn man hier entlang schlendert, wird schnell klar, warum Schaffhausen den Beinamen »Stadt der Erker« erhalten hat, denn besonders hier nehmen figuren- oder wappengeschmückte, eckige oder runde Vorbauten von stattlichen Bürgerhäusern den Blick gefangen. Keiner sieht wie der andere aus. Besondere Aufmerksamkeit verdient aber das Haus zum Ritter von 1586, dessen Fassade prächtige Fresken von Tobias Stimmer schmücken.

Gleich zu Beginn der Vordergasse zweigt der **Rathausbogen,** eine schmale Gasse, nach Süden ab. Hier befindet sich der Eingang zum historischen Rathaus von 1412, das mit einem prächtigen Saal mit renaissancezeitlicher Kassettendecke aufwarten kann. Der Rathausbogen führt auf den weitläufigen **Herrenacker**, den größten Platz der Stadt. Hier bildet das stattliche barocke Kornhaus einen besonderen Blickfang. Auf dem Herrenacker wurde einst der Wochenmarkt abgehalten, heute finden hier den Sommer über Straßenfestivals statt. Am östlichen Ende der Vordergasse steht der Tellbrunnen mit einer Statue des Schweizer Nationalhelden, der lässig und stolz eine Armbrust in der linken Hand hält. Kurz vor dem Brunnen nimmt an der Nordseite der Vordergasse die Kirche St. Johann ziemlich viel Raum ein. Sie stammt ursprünglich wohl aus dem 11. Jh., wurde zu Beginn des 16. Jh.s aber fünfschiffig ausgebaut und ist das nach den Münstern von Basel und Bern breiteste Gotteshaus der Schweiz. Auf dem Platz vor der Kirche findet dienstags, freitags und samstags ein Bauernmarkt, der »Puure Märkt«, statt.

Münster und Museum Zu Allerheiligen

Allround-Museum hinter Klostermauern

»Die Lebenden rufe ich, die Toten beklage ich, Blitze breche ich« – dies ist die deutsche Übersetzung der lateinischen Inschrift auf der 1486 in Basel gegossenen Osannaglocke, die Friedrich Schiller 1800 seinem »Lied von der Glocke« voranstellte. Die Glocke befindet sich heute im stimmungsvollen Kreuzgang des Schaffhausener Münsters, einer romanischen Säulenbasilika des 12. Jh.s, die einst Kirche des Benediktinerklosters Zu Allerheiligen war und heute reformierte Stadtkirche ist. In den Klostergebäuden residiert das Museum Zu Allerheiligen, **eines der reichhaltigsten Stadtmuseen der Schweiz.** Seine Sammlungen gewähren umfassende Einblicke in die Geschichte Schaffhausens und das Alltagsleben seiner Bürger durch die Jahrhunderte. Aber auch Kunst und Naturgeschichte kommen nicht zu kurz, denn das Museum versteht sich als Bewahrerin des universalistischen Anspruchs der Benediktiner. Zu den Glanzstücken der Ausstellung gehören der sog. Onyx von Schaffhausen, ein Cameo aus augusteischer Zeit, der im 13. Jh. eine neue Fassung erhielt, sowie Gemälde von Cranach, Strigel, Hodler, Füssli und Dix. Das Café gilt als eines der besten in der Stadt und ist auch sonntags geöffnet, im Sommer sitzt man im idyllischen Pfalzhof. Am Eingang zum Kloster Allerheiligen ziert das Schaffhausener Wappentier, ein schwarzer Steinbock, die Fassade. Dass seine Hörner, Klauen und das Gemächt vergoldet sind, verdankt sich Papst Julius II., der den Schaffhauser Söldnern als Lohn für ihre Hilfe bei der Eroberung Mailands gestattete, ihr Wappen und Banner entsprechend zu verschönern.

Klosterstr. 16 | Di. – So. 11 – 17 Uhr | Eintritt: 12 CHF
https://www.allerheiligen.ch

Baden wie anno dazumal

Rhybadi

Im Hochsommer ist es ein Treffpunkt für alle Generationen, das größte in der Schweiz noch existierende **Holzkastenbad**. Einem Schiff mit einem spitzen Bug gleich liegt es seit 1870 im Rhein unterhalb des Munot. In beiden auf Pfählen errichteten Becken kann man sich ganz entspannt von der Rheinströmung treiben lassen oder gegen sie anschwimmen. Bis in die Zeit nach dem Ersten Weltkrieg war Geschlechtertrennung oberstes Gebot. Heute stehen das Männerhägli und das kleinere Frauenhägli natürlich beiden Geschlechtern offen.

Rheinuferstr. 1 | Mai, Sept. tgl. 8 - 21, Fr., Sa. bis 22, Juni - Aug. tgl. 8 - 22, Fr., Sa. bis 23 Uhr
Eintritt: 4 CHF | https://rhybadi.ch

 Rheinfall

Rhyfall Express: von der Schifflände Schaffhausen bis Rheinfall, Mitte April - Mitte Okt. 11.15 - 16.45 alle 30 Min., Dauer ca. 20 Min. | Hin- und Rückfahrt: 12 CHF | https://rhyfall-express.ch
Bootstouren: April, Okt. tgl. 11 - 17, Mai - Sept. 9.30 - 18.30 Uhr, alle 10 Min., Abfahrt vom Schlössli Wörth zum Rheinfall-Felsen | 15-Minuten-Rundfahrt ab 8 CHF, Felsenfahrt mit Besteigung des Mittelfelsens ab 20 CHF | https://rhyfall-maendli.ch
Besucherzentrum und Aussichtsterrassen beim Schloss Laufen: Juni - Aug. tgl. 8 - 19, Sept., Okt., April, Mai 9 - 18, Nov. - März 10 - 17 Uhr | Eintritt: 5 CHF | https://www.schlosslaufen.ch

Naturschauspiel der Superlative

Tosender Wasserfall

Die Bötchen haben gegen die wogenden Fluten ganz schön anzukämpfen, wenn sie ihre Passagiere an dem Felsen inmitten des tosenden Wasserfalls absetzen. Dort führt eine steile Treppe nach oben auf eine kleine Aussichtsterrasse mit Schweizer Fahne. **Eduard Mörike** sah hier

» ... donnernde Massen auf donnernde Massen geworfen. «

Immerhin stürzen an dem 150 m breiten Rheinfall im Mittel mehr als **500 000 Liter Wasser pro Sekunde** 23 m in die Tiefe. Im Juni und Juli, wenn in den Alpen der Schnee schmilzt, können es sogar 700 000 Liter sein.
Der Rheinfall liegt rund vier Kilometer südwestlich von Schaffhausen vor einer Biegung des Flusses. Von Schaffhausen erreicht man ihn am besten über die Hauptstraße 4 nach Neuhausen am rechtsrheinischen Ufer. Kurz vor dem Wasserfall führt eine Eisenbahnbrücke mit Gehwegen beiderseits der Gleise zum Schloss Laufen auf der links-

Wo donnernde Massen auf donnernde Massen treffen, entstehen wunderbare Bilder.

rheinischen Seite. Von der mittelalterlichen Trutzburg, die auf einem steilen Felsen über dem Rheinfall thront, bieten sich grandiose Aussichten auf die tosenden Wassermassen. Besonders beeindruckend ist die Sicht von einem gläsernen Aufzug aus, den man abends sogar für Candlelight-Dinners mieten kann. Im Schloss informiert eine Ausstellung über dessen Geschichte und seine Verbindung zum Rheinfall. Durch einen Park geht es hinunter zu den Aussichtspunkten Pavillon und Känzeli, an denen man die Wassermassen hautnah erleben kann.

Die beste Gesamtansicht des Rheinfalls bietet aber das Schlössli Wörth auf der gegenüberliegenden Rheinseite. Bootshuttles pendeln zwischen beiden Ufern hin und her.

Badevergnügen der besonderen Art

Von der Schiffsanlegestelle Brüggli Nohl (auf der Dachsemer-Seite) startet ein individuell buchbares Badiboot zur Rheinfallbecken-Rundfahrt. Im Anschluss haben Gäste die Möglichkeit, einen erfrischenden Sprung in den Rhein zu wagen. Schwimmer können selbst entscheiden, ob sie sich zurück zur Nohl-Brücke oder bis zur Bachdelle treiben lassen.

Termine: ab 20 Grad Wassertemperatur | Eintritt: 5 CHF | Reservierung: Tel. 0041 52 659 69 00, https://schiffmaendli.ch/badiboot

Auf dem Hochrhein unterwegs

Am Hochrhein

Zwischen Schaffhausen und ▶ Stein am Rhein folgt der Fluss seinem natürlichen Lauf und schlängelt sich durch eine idyllische Kulturlandschaft. Auf der Fahrt gleiten dichte Wälder, sanft ansteigende Rebhänge, Felder und Wiesen vorbei. Die unberührten Auenwälder und Röhrichte im Uferbereich bieten seltenen Wasservögeln einen Rückzugsort. In den Sommermonaten nutzen viele Menschen die Flussbäder entlang der Strecke für eine Abkühlung. Das Wasser des Hochrheins ist sauber, glasklar, und es fließt sehr schnell. An Pfählen befestigte Signaltafeln mit Nummern und grün-weißen Rauten markieren die Fahrrinne. Manch eine »Wiffe«, wie die Markierungen genannt werden, ist mit einer Gruselgeschichte verbunden. Links der Wiffe 55 beispielsweise steht ein Felsen, an dem 1813 ein Schiff mit einer Hochzeitsgesellschaft zerschellte. Richtig spannend wird es, wenn das Schiff die überdachte Holzbrücke von Diessenhofen unterqueren muss. Die Durchfahrtshöhe ist so niedrig, dass der Kapitän den Bugmast umlegen und das Steuerhaus absenken lässt. Die Diessenhofener Brücke ist die einzige, heute noch erhaltene Holzbrücke über den Rhein. Sie wurde 1816 errichtet. Eine Urkunde belegt allerdings, dass es in Diessenhofen schon 1292 eine Rheinbrücke gab.

Große Rheinrundfahrt von Stein am Rhein nach Schaffhausen und zurück: 49,50 CHF | Fahrzeit: 4,45 Std. | https://www.urh.ch

STECKBORN

Staat: Schweiz | **Höhe:** 404 m ü. NN | **Einwohnerzahl:** 3900

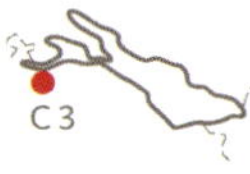

Das Fachwerk-Städtchen liegt idyllisch am Südufer des Untersees. Wenn die ersten Schneeflocken um die Erker der Häuser tanzen, werden Erinnerungen an die schön bemalten Steckborner Fayenceöfen wach, die einst die Stuben wärmten. So einen Kachelofen hätte man im Winter auch gern zu Hause.

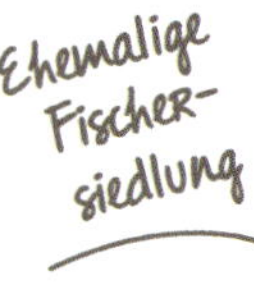

Der Ort entstand aus einer Fischersiedlung, der Kaiser Heinrich VII. 1313 das Stadt- und Marktrecht verlieh. Hafner machten Steckborn im 18. Jh. weit über die Grenzen der Region hinaus bekannt. Ihre Fayenceöfen waren in ganz Europa begehrt.

STECKBORN ERLEBEN

STECKBORNTOURISMUS
Seestr. 123
CH-8266 Steckborn
Tel. 0041 58 346 20 00
https://www.bodenseewest.eu/de/steckborn

SEE & PARK HOTEL FELDBACH
€€€€
Das ruhige und geschmackvoll eingerichtete Haus steht inmitten eines Parks direkt am Untersee. Architektonisch ist der Bau dem einst hier ansässigen Kloster nachempfunden. Auf der Speisekarte des Restaurants steht täglich frischer Bodenseefisch.
Im Feldbach 10
Tel. 0041 52 762 21 21
36 Zi.
https://hotel-feldbach.ch

Wohin in Steckborn?

Fayenceöfen und vieles mehr

Museum im Turmhof

Unweit der Schiffslände ragt direkt am Seeufer dieser mächtige, fünfgeschossige Bau wie ein Bollwerk auf. Abt Albrecht von Castell ließ den Turmhof um 1282 als Stützpunkt des Klosters Reichenau errichten. Die Ecktürmchen und die barocke Zwiebelhaube kamen im 17. Jh. hinzu. Seit 1937 residiert hier ein **Regionalmuseum**, das anhand einer Fülle von Exponaten die Geschichte des Untersees von den steinzeitlichen Pfahlbausiedlungen bis in die Gegenwart nachzeichnet. Eine Sammlung prächtig verzierter Steckborner Fayenceöfen steht im Zentrum der Ausstellung. Die Tradition der Spitzenklöppelei und des Zinngießens bilden weitere Schwerpunkte.
Seestr. 84a | Mitte Mai – Okt. Mi., Sa., So. 14 –17 Uhr | https://www.turmhof-museum.ch

Rathaus mit zwei Seiten

Rathaus, Stadtkirche

Wer mit der Fähre nach Steckborn kommt, muss durch die Passage im Rathaus gleich an der Schiffslände durch. Von der Seeseite aus wirkt der **Bau wie ein Knusperhäuschen,** an der der Stadt zugewandten Seite aber entpuppt er sich als **stattliches Fachwerkhaus** mit einem bemerkenswerten achteckigen Turm. Das Rathaus wurde 1667 errichtet und hat einen reich ausgestatteten Ratssaal mit Kassettendecke und einem Steckborner Fayenceofen. Schlendert man vom Rathaus Richtung Süden die Kirchgasse hinunter, gelangt man zur reformierten Kirche, einem von außen schlichten, aber innen durch feine Stuckarbeiten bestechenden Bau, den Franz Anton Bagnato zwischen 1766 und 1768 errichtete. Der Turm bietet einen weiten Blick über den Untersee.

Tipps für Hobby-Couturiers

Bernina-Zentrale

Wer selbst gern schneidert, näht und stickt, dem sei ein Besuch in der Steckborner Zentrale des weltbekannten Nähmaschinenherstellers Bernina empfohlen. Das Creative Center hält viele Tipps rund ums Nähen bereit und bietet auch Workshops an. Natürlich wird man auch über die neuesten Produkte der Firma informiert. Im Eingangsbereich sind historische Nähmaschinen ausgestellt.

Seestr. 161 | https://www.bernina.com

Rund um Steckborn

Malstube im Tagelöhnerhaus

Berlingen

Das beschauliche 900-Seelen-Dorf liegt knapp vier Kilometer östlich von Steckborn an der breitesten Stelle des Untersees und wartet mit einigen stattlichen Fachwerkbauten wie dem 1780 errichteten Rathaus direkt am Seeufer und dem Kloster Reichenau zinspflichtigen Kehlhof auf. Berühmtester Sohn der kleinen Gemeinde ist der Maler **Adolf Dietrich** (1877 – 1957), dessen zwischen naiver Malerei und neuer Sachlichkeit changierende Bilder die Bodenseelandschaft aus zahlreichen Blickwinkeln festhalten. In seinem Wohnhaus, einem typischen Tagelöhnerhaus des 19. Jh.s, wurde ein ihm gewidmetes Museum eingerichtet. Die Malstube im ersten Obergeschoss blieb nach dem Tod des Künstlers unverändert und kann besichtigt werden.

Adolf-Dietrich-Museum: Seestr. 31, Mai – Sept. Sa., So. 14 – 18 Uhr
https://www.kunstgesellschaft-tg.ch/adolf-dietrich-haus

Kneippbad und Kurklinik

Mammern

Das 650-Seelen-Dorf Mammern sechs Kilometer westlich von Steckborn hat sich als Ferienort und Kneippbad einen Namen gemacht. Die waldreiche Umgebung lädt zu ausgedehnten Spaziergängen und Wanderungen ein. Ein beliebtes Ausflugsziel ist die **Wallfahrtskirche Klingenzell**, die ursprünglich wohl im 14. Jh. errichtet und zu Beginn des 18. Jh.s barockisiert wurde. Freiherr Walter von Hohenklingen soll das Kirchlein gestiftet haben, weil ein nach einem Fehlschuss rasend gewordenes Wildschwein von einem Angriff auf ihn abließ. In das **Schloss** aus dem 17. Jh. zog gegen Ende des 19. Jh.s ein Sanatorium ein. Die 1749 von Johann Michael Beer erbaute barocke Schlosskapelle wartet mit illusionistischen Ausmalungen von Franz Ludwig Herrmann auf. Eine Besichtigung ist aber nur nach Voranmeldung im Sanatorium möglich.

https://www.klinik-schloss-mammern.ch

★★ STEIN AM RHEIN

Staat: Schweiz | **Höhe:** 405 m ü. NN | **Einwohnerzahl:** 3500

C 2

Schmucke Fachwerkhäuser, prächtige Stadttore, verwinkelte Gässchen und freskengeschmückte Patrizierhäuser - nirgendwo sonst in der Schweiz ist der historische Ortskern als geschlossenes Ensemble so gut erhalten wie in Stein am Rhein. Aber nicht nur der Beiname »Rothenburg des Hochrheins« bringt dem Städtchen das ganze Jahr über viele Besucher ein, auch seine Lage am Ausfluss des Rheins aus dem Bodensee lockt alljährlich Tausende an. Eine Schifffahrt auf dem Hochrhein zu den Rheinfällen bei Schaffhausen zählt zu den schönsten Flusstouren Europas.

Stein am Rhein entwickelte sich im Schatten des zu Beginn des 11. Jh.s gegründeten Benediktinerklosters St. Georgen zu einer florierenden Handelsstadt. Den Wohlstand verdankte der Ort seiner günstigen Lage am Ausfluss des Rheins aus dem Bodensee. Die Frachten der Bodensee-Segler wurden hier auf kleinere Rheinkähne umgeladen. 1457 erlangte Stein am Rhein den Status einer Reichsstadt. Als es sich in den Konflikten mit den Habsburgern 1487 dem Schutz Zürichs unterstellte, wurde es Mitglied der Eidgenossenschaft. Seit 1798 gehört Stein am Rhein zum Kanton Schaffhausen.

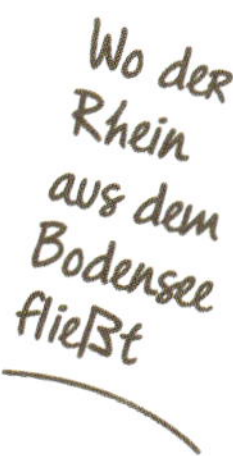

Wohin in Stein am Rhein?

Fassadenschmuck aus vielen Jahrhunderten
Der brunnengeschmückte Platz ist historisches Zentrum und pulsierendes Herz der Stadt. Reich verzierte Erker, bunt bemalte Hausfassaden, Fachwerk und Treppengiebel nehmen hier den Blick gefangen. Jedes der Häuser sieht anders aus. Die meisten stammen ursprünglich wohl aus dem späten Mittelalter und erhielten über die Jahrhunderte neuen Fassadenschmuck. Das Haus **»Zum Weissen Adler«** gegenüber vom Rathaus wartet mit der ältesten, noch erhaltenen Fassadenmalerei der Schweiz auf. Sie ist um 1520 entstanden und stellt Szenen aus Boccaccios »Decamerone« dar. Die Fassade des benachbarten Hotels »Adler« gestaltete 1956 der bekannte Schweizer Maler Alois Carigiet neu. Die spätgotische Fachwerkfassade des Hauses **»Vordere Krone«** schmücken Erker und Fresken aus dem 18. Jahrhundert. Der alles beherrschende Bau am Platz ist aber das zwischen 1539 und 1542 errichtete **Rathaus** mit dem wuchtigen Dach. Die drei Historienbilder, die an der Hauptfassade prangen, entstanden um 1900. Seit 1924 bildet der Rathausplatz die angemessene Kulisse für das **Freilichtspiel »No e Wili«,** das in unregelmäßigen

Nur eine reiche Stadt mit selbstbewussten Bürgern konnte sich solch ein Rathaus leisten.

Abständen aufgeführt wird. Etwa 250 Laienschauspieler und mehr als 100 Helfer aus der Region lassen dann das Mittelalter wieder aufleben. Das Spektakel beruht auf einer Gegebenheit aus dem 15. Jahrhundert: Als die Hegauer sich der Stadt näherten, um sie einzunehmen, soll ein Bäcker die Bürger mit dem Ruf »No e Wili« (noch eine Weile Geduld) ermuntert haben, Ruhe zu bewahren und sich zur Gegenwehr zu sammeln.

Bürgerliche Wohnkultur der Biedermeierzeit

Museum Lindwurm

Dass das Haus in der Unterstadt 18 ursprünglich wohl im Mittelalter errichtet wurde, darauf weist heute fast nur noch der aus dem alt- bzw. mittelhochdeutschen übernommene Name »Lindwurm« hin. Um 1820 ließ der damalige Besitzer die alte Fassade im zeitgenössischen Empirestil komplett neu gestalten und schuf so die passende Hülle für ein Museum, das Einblick in die bürgerliche Wohnkultur um 1850 gewährt. Bei einem Rundgang durch die lichten Räume taucht man in die Welt des Biedermeier ein. Der Tisch im Speisezimmer ist mit erlesenem Geschirr und Kristallgläsern gedeckt, im Salon erklingt Klaviermusik, und im Kinderzimmer können sich jugendliche Besu-

cher mit historischem Spielzeug vergnügen. Im Hinterhaus des Anwesens, ein Fachwerkbau des frühen 18. Jh.s, waren Stallungen und Wirtschaftsräume untergebracht. Ein Raum des Museums ist dem Steiner Maler Hermann Knecht (1893 – 1978) gewidmet.
Unterstadt 18 | März – Okt. Di.– So. 10 – 17 Uhr | Eintritt 5 CHF
https://www.museum-lindwurm.ch

Äbte als Bauherren

Kloster St. Georgen

Kunsthistoriker rühmen dieses Schmuckstück als **besterhaltene mittelalterliche Klosteranlage der Schweiz.** Unter den Äbten, die sich immer auch als Bauherren hervortaten, ragen die letzten drei der 1526 aufgehobenen Benediktinerabtei besonders heraus. Jodokus Krum, Abt von 1460 bis 1490, ließ den Kreuzgang zum Rhein hin absenken und mit spätgotischen Maßwerkfenstern und Kreuzgewölben ausstatten. Unter seinem Nachfolger Johannes Martin II. (reg. 1490 – 1499) wurde die von Krum begonnene Erweiterung des Konvents zum Rhein hin vollendet. Der letzte Abt des Klosters David von Winkelsheim (reg. 1499 – 1526) ließ schließlich direkt am Rheinufer ein neues Konventgebäude mit stattlichem Treppengiebel errichten. Der Festsaal hier ist mit kostbaren Fresken und einer prächtigen Holzdecke ausgestattet. Das um 1000 gegründete Kloster wurde im Zug der Reformation aufgehoben und die romanische Klosterkirche in eine protestantische Pfarrkirche umgewandelt. Seit 1926 ist das Kloster der Öffentlichkeit zugänglich. Neben den Wohnräumen der Mönche und des Abts lohnt auch der schöne Garten mit einem Schaugarten für Küchen- und Heilkräuter einen Besuch.
Fischmarkt 3 | April – Okt. Di. – So. 10 – 17 Uhr | Eintritt 5 CHF
https://www.klostersanktgeorgen.ch

Rund um Stein am Rhein

Die Kirche im Römerkastell

St. Johann in Burg

Auf einem Hügel in im linksrheinischen Ortsteil Burg springt eine von einem Türmchen mit Zwiebelhaube bekrönte Kirche ins Auge. Die **exponierte Lage über dem Rheinufer** und die aus dem 15. Jh. stammenden Fresken im Chorraum haben das dem heiligen Johannes geweihte Gotteshaus zu einem beliebten Ausflugsziel gemacht. Es wurde vermutlich um 800 auf dem Areal eines römischen Kastells aus dem dritten Jahrhundert errichtet, dessen Mauerreste noch heute sichtbar sind.

Gefängnis für einen Abt

Insel Werd

Ein langer hölzerner Steg führt vom linken Rheinufer bei Eschenz auf das idyllische, von Schilf umgebene Inselchen Werd. Seit dem 15. Jh. erinnert eine Kapelle auf dem nicht mehr als 1,5 Hektar großen Ei-

STEIN AM RHEIN ERLEBEN

TOURISMUS STEIN AM RHEIN

Oberstadt 3
CH-8260 Stein am Rhein
Tel. 0041 52 632 40 32
https://tourismus.steinamrhein.ch

FLUSSKREUZFAHRT

Auf der schönsten Flussstrecke Europas mit den Schiffen der Schweizerischen Schifffahrtsgesellschaft Untersee und Rhein kann man entweder bis zu den Rheinfällen (▶ Schaffhausen/Flusskreuzfahrt) oder in die andere Richtung bis zum Bodensee nach (▶ Konstanz) fahren.
https://www.urh.ch/ausflugsziele

NO E WILI

Das historische Freilichtspiel, von Laienschauspielern aufgeführt, findet in unregelmäßigen Abständen auf dem Rathausplatz statt.
Termine: https://noewili.ch

MÄRLISTADT

Im Dezember erstrahlt die Stadt beim Mittelaltermarkt in vorweihnachtlichem Lichterglanz.
https://www.maerlistadt.ch

ZUCKERBÄCKEREI ERMATINGER – CAFÉ SPÄTH

Hier bringen Scherben Glück, zumindest die »Steiner Scherben«, ein handgemachter, mit Schokolade überzogener Mandelkrokant.
Rathausplatz 21
https://www.zuckerbeck.ch

SCHLOSS SCHWANDEGG €€€

Die historischen Mauern bietet inmitten von Weinreben eine atemberaubende Kulisse mit charmanten Zimmern von modern bis romantisch im Turm. Das Restaurant setzt auf regionale Küche.
CH-8468 Waltalingen
Tel. 0041 71 671 17 71
Restaurant Ruhetag: Mo.– Mi.
9 Zi.; https://www.schloss-schwandegg.ch

HIRSCHEN €€€

In einem schönen Fachwerkensemble (Haupthaus mit Gaststuben von 1684) wird man mit Speisen aus marktfrischen, saisonalen Produkten verwöhnt. Die Zimmer sind teils mit alten Kachelöfen ausgestattet.
Steigstr. 4
CH-8477 Oberstammheim
Tel. 0041 52 745 11 24
12 Zi.
Ruhetag: Di.
https://www.hirschenstammheim.ch

RHEINFELS €€€

Das Hotel residiert im ehemaligen Zoll- und Zunfthaus von 1517 direkt an der Rheinbrücke und hat eine Terrasse mit Blick auf den Fluss. Die Küche ist auf Fischgerichte spezialisiert, bietet aber auch Wild aus eigener Jagd an. Die Zimmer sind vielleicht nicht trendy, aber komfortabel ausgestattet.
Rhigass 8
Tel. 052 741 21 44
Ruhetag: Mi., Do.
16 Zi., 1 Suite
https://www.rheinfels.ch

land an den heiligen **Otmar, den ersten Abt des Klosters St. Gallen,** der nach Auseinandersetzungen mit dem Bischof von Konstanz auf der Werd gefangen gehalten wurde und dort 759 starb. Seine Gebeine wurden zehn Jahre später nach St. Gallen überführt und Otmar selbst 100 Jahre später heiliggesprochen. In dem an die Kapelle angebauten Haus leben heute fünf Franziskanermönche. Die Kapelle ist tagsüber zugänglich, und die Besucher dürfen an den Stundengebeten der Mönche teilnehmen. Die beiden Nachbarinseln der Werd sind unbewohnt.

Festung mit Aussicht

Burg Hohenklingen

Die mächtige Festung thront auf einem Ausläufer des Schiener Bergs 600 m über Stein am Rhein. Der rund 40-minütige Aufstieg führt durch Weinberge sowie ein Waldgebiet und wird mit tollen **Aussichten über Hochrhein und Untersee** belohnt. Die Anfänge der Burg gehen auf einen Wohnturm zurück, den ein Vogt des Klosters St. Georgen um 1200 errichten ließ und der schon wenige Jahre später Palas, Bergfried und Befestigungsanlagen erhielt. Der letzte Burgherr, Kaspar von Klingenberg, verkaufte die Festung 1457 an die Stadt Stein am Rhein. Bis ins 19. Jh. war sie ein Glied in der Kette Züricher Hochwachten. Heute residiert in den alten Gemäuern ein Restaurant, das im Rittersaal und im Dachgeschoss der Burg stimmungsvolle Feste organisiert.

Burganlage: Mi. – So. 10 – 23, Mai – Sept. auch Di. 10 – 17 Uhr
https://burghohenklingen.com

Seenlandschaft und Fachwerkdörfer

Stammheimertal

Südwestlich von Stein, jenseits des Stammerbergs, liegt das reizvolle Stammheimertal mit idyllischen Seen und Dörfern mit schmucken Fachwerkhäusern. Der Gasthof Hirschen von 1684 in Oberstammheim (▶ S. 200) gehört zu den bemerkenswertesten Fachwerkhäusern der Ostschweiz, und die Oberstammheimer romanische Gallus-Kapelle ist mit hochgotischen Fresken aus dem frühen 14. Jh. geschmückt.

Meditation in der Mönchsklause

Kartause Ittingen

Mehr als tausend Strauch- und Kletterrosen verwandeln jeden Frühsommer den Garten der Kartause Ittingen rund 25 km südlich von Stein am Rhein in ein Blütenmeer. Das Kloster, seit 1983 im Besitz der Stiftung Kartause Ittingen, nennt die mit 250 verschiedenen Sorten größte Sammlung historischer Rosen in der Schweiz sein eigen. Aber nicht nur dank der schönen Gärten und der ländlichen Umgebung bietet es sich als Ort für eine Auszeit an. Die Workshops des Kultur- und Seminarzentrums führen in **Meditationstechniken** ein und lehren **Spiritualität** zu leben. Zur Anlage gehören auch ein Hotel und eine idyllische Gartenwirtschaft. Der Klosterladen verkauft Produkte des klostereigenen landwirtschaftlichen Betriebs und der angeschlossenen Behindertenwerkstatt. Auch das **Kunstmuseum** des Kantons Thurgau und das **Ittinger Museum** sind in der Kartause ansässig. Das Kloster wurde 1152 als Augustiner Chorherrenstift gegründet und zwischen 1461 und 1848 von Kartäusern geführt. Die 1553 errichtete Klosterkirche erstrahlt seit der Mitte des 18. Jh.s in heiterem Rokoko und steht damit in Kontrast zu den kargen Mönchszellen.

Museen: Mai – Sept. tgl. 11 – 18, Okt.– April Mo. – Fr. 14 – 17, Sa., So. ab 11 Uhr | Eintritt: 10 CHF | https://www.kartause.ch

★ ÜBERLINGEN

Höhe: 403 m ü.NN | **Einwohnerzahl:** 23 000

E 2

»Lebe langsam, aber gut!« Das haben sich die Überlinger gesagt, als sie sich 2004 dem Netzwerk »Cittàslow« anschlossen. Gutes Essen und Lebensqualität stehen bei ihnen hoch im Kurs, weshalb der Ort manchmal »Klein-Nizza am Bodensee« genannt wird. Aber auch die palmen- und blumengeschmückte Uferpromenade bietet im Sommer mediterranes Flair, vor den Cafés spielen dann Straßenmusiker auf und Müßiggänger träumen den Ausflugsschiffen hinterher.

Eine Stadt fürs Wohlgefühl

Überlingen war vom Ende des 14. Jh.s bis 1803 freie Reichstadt und gehörte zu den wirtschaftlichen Zentren am Bodensee. Bis heute zeugen die Reste der Stadtbefestigung und stattliche Patrizierhäuser von dem Wohlstand, den der Handel mit Salz, Getreide und Wein brachte. Nach der Eingliederung in das neu gegründete Herzogtum Baden zu Beginn des 19.Jh.s änderten Bürger und Stadtväter ihr Geschäftsmodell: Überlingen entwickelte sich zu einem beliebten Fremdenverkehrsort mit Thermalbad und Kuranlagen. Seit 1956 ist die Stadt anerkanntes Kneippheilbad. 2004 wurde Überlingen **Mitglied von »Cittàslow«,** einem ursprünglich in Italien gegründeten, weltweiten Netzwerk von Gemeinden unter 50 000 Einwohnern, die auf eine nachhaltige Stadtentwicklung setzen und dabei das Ziel verfolgen, die regionale Kultur und Natur zu bewahren. Auch die Gastronomie hat sich Nachhaltigkeit auf die Fahne geschrieben, die Spitzenrestaurants der Region haben sich in der Marketinggemeinschaft »Südland Köche« zusammengeschlossen.
Als »**Gartenstadt**« sieht sich Überlingen nicht erst seit 2021, als hier die Landesgartenschau stattfand. Vom Badgarten über das Arbore-

tum am See, den unter Denkmalschutz stehenden Stadtgarten bis zu den Menzinger Hausgärten, Kleingärten mitten in der Altstadt, überall grünt und blüht es. Herrlich erkunden kann man das »grüne Überlingen« auf dem rund 4 km langen, gut ausgeschilderten **Gartenkulturpfad** (Start am Seeufer im Badgarten).

Wohin in Überlingen?

Ein Ross und sein Reiter

Landungsplatz

Mit dem Bronzebrunnen **»Der Bodenseereiter«,** der seit 1999 den Landungsplatz am Überlinger Hafen schmückt, nimmt der Bildhauer **Peter Lenk** einmal mehr eine bekannte Persönlichkeit aufs Korn. Diesmal machte er allerdings keine Politiker, sondern den (damals) in Überlingen lebenden Schriftsteller **Martin Walser** (1927–2023) zur Zielscheibe seines Spotts. Müde und griesgrämig hockt der Autor auf einem alten Gaul, der von zwei Seejungfrauen gehalten wird. Die Stadt hatte sich eine bildhafte Umsetzung von Gustav Schwabs Ballade »Der Reiter und der Bodensee« gewünscht. Lenk griff die Idee auf seine Weise auf und schuf eine Persiflage auf Walsers Auslassungen zur jüngeren deutschen Geschichte. Der war davon nicht angetan:

> »
> Da wohnt man 30 Jahre in einer Stadt,
> und dann stellen sie einfach so etwas auf.
> «

Der baumbestandene Landungsplatz, an dem die Schiffe der Weißen Flotte anlegen, ist erkennbar das touristische Herz von Überlingen. In der Greth an seiner Ostseite, einst Handels- sowie Kornhaus und 1788 von Franz Anton Bagnato im klassizistischen Stil umgebaut, residieren heute die Touristeninformation, eine Markthalle sowie Restaurants und Geschäfte. Direkt an der Schiffanlegestelle befindet sich auch die **städtische Galerie,** die in ihren lichten Räumen in wechselnden Ausstellungen regionale und internationale Kunst vom Mittelalter bis zur Gegenwart präsentiert.

Städtische Galerie: Seepromenade 2 | Di. – Fr. 14–17, Sa., So., Fei. ab 12 Uhr | Eintritt: 2,50 € | https://www.staedtischegalerie.de

Von Garten zu Garten

Badgarten, Stadtgarten, Bodensee-Therme

Schlendert man vom Landungsplatz die Seepromenade in Richtung Westen entlang, so gelangt man zum Badgarten, einer wunderschönen **Parkanlage mit altem Baumbestand und einem Kursaal,** in dem Konzerte und Kunstausstellungen stattfinden. Nördlich des Badgartens beginnt jenseits der Bahnhofstraße der langgestreckte Stadtgarten, der sich an einen Hang schmiegt und in seinem oberen

ÜBERLINGEN ERLEBEN

TOURISTINFORMATION
Landungsplatz 3 – 5
D-88662 Überlingen
Tel. 07551 947 15 22
https://www.ueberlingen-bodensee.de

KULINARIK FÜHRUNG
Hausgemachte Nudeln, fairen Stadtkaffee, leckeren Bodenseefisch und Wein kann man auf einer 2-stündigen Genusstour durch die Altstadt probieren und interessante Hintergründe zum Stellenwert von Regionalität und Nachhaltigkeit erfahren.
April– Okt. Di. 14-tägig, Anmeldung: Tourist-Information

SCHWEDENPROZESSION
Jedes Jahr im Frühling und Sommer erinnert Überlingen mit einer feierlichen Prozession an die Belagerung der Stadt durch die Schweden während des Dreißigjährigen Krieges. Im Sommer wird auch der historische Schwertlestanz aufgeführt.

HÄNSELEJUCK
Der alljährlich am Fasnachtssamstag stattfindende nächtliche Umzug bildet den Höhepunkt der Überlinger Fasnet. Während in schwarz-bunt gestreifte Fransenanzüge gekleidete Hänsele durch die Stadt ziehen, erleuchtet ein bengalisches Feuer den Nachthimmel.

TAUCHEN
Der Bodensee ist das ganze Jahr über ein Taucherparadies, denn auch unter Wasser gibt es einiges zu entdecken. Bei Überlingen fallen Felswände fast 80 m in die Tiefe ab. Bei Konstanz lässt sich das Wrack eines Schaufelraddampfers bestaunen.
https://tauchgruppe-ueberlingen.blogspot.com

WOCHENMARKT AUF DER HOFSTATT
Mi., Sa. 7 – 14 Uhr

BAUERNMARKT AUF DEM MÜNSTERPLATZ
Viele der rund 15 Marktleute sind schon seit mehr als 25 Jahren dabei.
Sa. 7 – 14 Uhr

❶ HOTEL RESTAURANT BÜRGERBRÄU €€€
Simon Metzler, Mitglied der Südland Köche, verwöhnt seine Gäste mit leckeren Gerichten der regionalen Küche. Ab 2024 gibt es allerdings kein À-la-carte-Restaurant mehr, sondern nur noch spezielle Menüabende. Beliebte Produkte wie das Hausdressing können gekauft oder online bestellt werden.
Aufkircher Str. 20
Tel. 0049 7551 927 40
https://www.bb-ueb.de

❷ LANDGASTHOF ZUM ADLER €€€
Der Gasthof residiert in einem alten Fachwerkhaus im Überlinger Stadtteil Lippertsreute und wird nun schon in der 11. Generation von der Familie Vögele geführt. Auf der Speisekarte stehen vor allem Gerichte der badischen und internationalen

Küche. Im Sommer sitzt man herrlich im gemütlichen Bauerngarten.
Hauptstraße 44, Lippertsreute
Tel. 07553 825 50
Ruhetage: Mi., Do.
https://adler-lippertsreute.de

❸ NATURATA €€

Naturata Überlingen residiert seit 1992 in einem architektonisch interessanten Holzpalast. Das Haus wird von Anthroposophen geführt und hat sich einer kreativen Bio-Küche verschrieben. Im Restaurant werden aber nicht nur vegetarische, sondern auch hochwertige Fleisch- und Bodenseefischgerichte serviert. Zum Unternehmen gehören verschiedene Ladengeschäfte, die Naturkost, Textilien und Kosmetika anbieten, sowie ein kleines Hotel mit 6 Zimmern.
Rengoldshauser Str. 21
Tel. 07551 94 16 15
Ruhetag: So.
https://www.naturata-gmbh.de

❹ FISCHHAUS LÖWENZUNFT €€–€

Die Bodensee-Fischerfamilie Knoblauch betreibt in der Altstadt in ihrem Laden auch ein Fischbistro mit offener Schauküche, bei der jeder Gast bei der Zubereitung der fangfrischen Speisen zusehen kann (nur bis zum Mittag geöffnet).
Hofstatt 7
Tel. 07551 94 90 25
Ruhetag: Mo.
https://www.knoblauch-bodensee.de

❶ BAD-HOTEL MIT VILLA SEEBURG €€€

Das Haus residiert direkt am Badgarten unweit des Bodenseeufers und bietet echte Kurhaus-Atmosphäre. Einige Gästezimmer befinden sich im historischen Gebäude der Warmba-

ÜBERLINGEN

❶ Bürgerbräu
❷ Landgasthof Zum Adler
❸ Naturata
❹ Fischhaus Löwenzunft

❶ Bad-Hotel
❷ St. Leonhard
❸ Johanniter-Kreuz
❹ Villa Rosengarten

300 m
©BAEDEKER

deanstalt von 1896 und in der Villa Seeburg. Insgesamt besteht das Hotel aus vier Hauptgebäuden. Alle Zimmer wurden in den letzten Jahren aufwendig renoviert.
Christophstr. 2
Tel. 07551 8 37-0
78 Zi.
https://www.bad-hotel-ueberlingen.de

❷ ST. LEONHARD €€€
Das Hotel liegt inmitten eines großen Parks hoch über dem Bodensee. Die großzügigen Zimmer befinden sich in einem modernen Anbau westlich des historischen Haupthauses, einem stattlichen Fachwerkbau. Die Zimmer verteilen sich auf zwölf verschiedene Kategorien. Außer Spa, Sauna und Pool bietet das Hotel auch eine Tennisschule. Die Gäste können zwischen drei Restaurants wählen.
Obere St.-Leonhard-Str. 71
Tel. 07551 80 81 00
183 Zi.
https://www.parkhotel-st-leonhard.de

❸ JOHANNITER-KREUZ €€
Das Romantikhotel residiert in einem mehr als 350 Jahre alten ehemaligen Bauernhof. Im früheren Stall mit altem Gebälk und Kamin befindet sich ein rustikales Restaurant mit klassisch-regionaler Küche.
Johanniterweg 11
Andelshofen
Tel. 07551 93 70 60
Ruhetag: Mo.
29 Zi.
https://www.johanniter-kreuz.de

❹ VILLA ROSENGARTEN €€
Das Haus residiert in einem entzückenden Jugendstilschlösschen unter Bäumen am Stadtgarten. Die vier Themenzimmer punkten mit romantischem Flair und viel Liebe zum Detail, die anderen sind mit Marmorbädern ausgestattet.
Bahnhofstr. 12
Tel. 07551 9 28 20
15 Zi.
https://www.hotelvillarosengarten.de

Teil tolle Ausblicke über den See bietet. Besondere Attraktionen hier sind der Rosengarten, die Kakteenfreianlage und ein Rehgehege. Mit der Bodensee-Therme am westlichen Rand des Badgartens macht Überlingen seinem Ruf als Kurort alle Ehre. Die Anlage lockt nicht nur mit viel Badespaß, sondern auch mit einem **Thermalbad**, das mit Wasser tief aus der Erde gespeist wird, sowie einer großzügigen Wellness- und Saunalandschaft. Alle Bereiche der Therme bieten direkten Zugang zum See.
Bodensee-Therme: Bahnhofstr. 27 | tgl. 10 – 22 Uhr | Eintritt: ab 12 €
https://www.bodensee-therme.de

Von der Gotik zur Renaissance

Rathaus

Im Norden der Hofstatt, einem großen Platz unweit des Landungsplatzes, fallen die drei aneinander gebauten Häuser des Überlinger Rathauses auf. Sie stammen aus dem 14. sowie dem späten 15. und frühen 16. Jh. und gehören verschiedenen Architekturepochen an. Während der Westbau aus dem 14. Jh. alle Elemente des gotischen Stils aufweist, kündigt sich in dem zwischen 1490 und 1494 errichteten Mittelbau, besonders in der quaderverblendeten Fassade, bereits die Formensprache der Renaissance an. Auch der um 1513 entstandene Pfennigturm, Sitz der städtischen Münze, weist dieses Stilelement auf. Nötig wurden die Anbauten, weil Überlingen im 15. Jh. zur freien Reichsstadt aufgestiegen war. Berühmt ist der spätgotische, mit prachtvollen Holzschnitzereien ausgestattete Ratssaal im Mittelbau. Die 41 Statuetten des Saales stellen die Stände des Heiligen Römischen Reichs vom Kaiser bis zum Bauern dar. Der Eingang zum Rathaus befindet sich an der weniger auffälligen Rückseite des Gebäudes am Münsterplatz.

Münsterstr. 15 – 17 | Führungen: Mi., Do. 11 Uhr

Familie Zürn, Meister ihres Fachs

Hinter dem Rathaus ragt weithin sichtbar der kantige Turm des Überlinger Münsters St. Nikolaus 78 m hoch auf. Die Kirche ist der größte spätgotische Sakralbau am Bodensee und ein Wahrzeichen der Stadt. Innen wartet sie mit einigen überaus kunstvoll geschnitzten Altären auf. Der **viergeschossige Hochaltar,** den Jörg Zürn und seine Brüder zwischen 1613 und 1616 schufen, ruft nicht nur bei Kunsthistorikern Entzücken hervor. Die Fülle an figürlicher und ornamentaler Schnitzerei ist enorm. Auch der ebenfalls von der Bildhauerfamilie Zürn 1631 geschaffene und mit reichen Schnitzereien ausgestattete **Rosenkranzaltar** im rechten Seitenschiff ist sehenswert. Überlinger Bürgerfamilien stifteten die Seitenaltäre, die aus verschiedenen Epochen stammen und so kunstgeschichtliche Entwicklungen dokumentieren. Das Gotteshaus, ursprünglich eine Pfeilerbasilika, wurde im

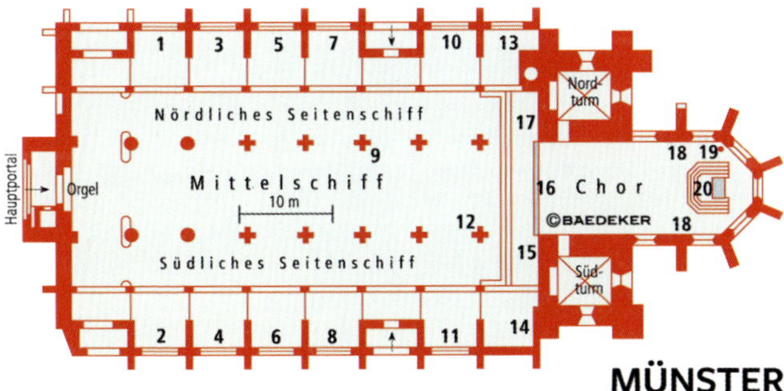

MÜNSTER

1 Cajetanaltar (1723)
2 Heiligkreuzaltar (1592)
3 St.-Anna-Altar (1697)
4 Bernhardusaltar (1650; Mittelschrein 1913)
5 Caritasaltar (1937)
6 St.-Elisabeth-Altar (Fresko 1490)
7 Altar der Hl. Familie (1883)
8 Marienaltar (J. Zürn, 1607–1610)
9 Kanzel (urspr. 1551)
10 Schutzengelaltar (1634)
11 Kriegergedächtniskapelle (Wandbild 1489)
12 St. Nikolaus (Anfang 14. Jh.)
13 Dreikönigsaltar (1689)
14 Rosenkranzaltar (M.+D. Zürn, 1631)
15 Kinderfreundaltar (1880)
16 Chorgitter (nach 1753)
17 Ölbergaltar (1871)
18 Chorgestühl (um 1430)
19 Sakramentshaus (J. Zürn, um 1611)
20 Hochaltar (Holzschnitzerei der Familie Zürn, 1613–1616)

15. Jh. zunächst zu einer dreischiffigen, dann zu einer fünfschiffigen Hallenkirche und schließlich durch die Erhöhung des Mittelschiffs zu einer Basilika umgebaut. Der Südturm der Kirche blieb unvollendet und wurde nur mit einem Walmdach gedeckt. Von Mai bis Oktober findet an jedem 1. Samstag im Monat um 11.30 Uhr ein Orgelkonzert statt.

Konzerte: https://www.ueberlinger-muensterkonzerte.de

An der Straße der Kaufleute

Salmansweiler Hof, Franziskanerkirche

Die von Patrizierhäusern gesäumte **Franziskanerstraße** führt vom Franziskanertor im Norden, einem Teil der Stadtbefestigung, zum Landungsplatz unten am See. Einst war sie ein wichtiger Handelsweg, auf dem die landwirtschaftlichen Produkte aus dem Überlinger Umland zum Kornlager am Hafen transportiert wurden. Seit Beginn des 16. Jh.s unterhielt das Zisterzienserkloster Salem an der Straße einen Stützpunkt, in dem die Mönche die Erträge aus ihren landwirtschaftlichen Betrieben zum Kauf anboten. Dieser ab 1530 errichtete Salmansweiler Hof besteht aus zwei stattlichen Gebäuden, die durch einen repräsentativen Torbau miteinander verbunden sind. Einer Steintafel links der Toreinfahrt ist zu entnehmen, dass hier Kaiser Ferdinand I. 1563 wohnte.

Die **Franziskanerkirche** schräg gegenüber, eine ursprünglich gotische, dreischiffige Basilika, erhielt im 18. Jh. eine komplett neue Innenausstattung im Stil des Rokoko nach Plänen von Johann Michael Beer. Der berühmte Joseph Anton Feuchtmayer schuf die Stuckaturen und entwarf den üppigen Hochaltar.

Erster Renaissancebau Deutschlands

Städtisches Museum

Das Museum residiert in einem ganz besonderen Gebäude, denn das zwischen 1459 und 1463 errichtete Reichlin-von-Meldegg-Haus gilt als frühester Renaissancebau nördlich der Alpen und zeigt besonders in den **quaderverblendeten Fassaden** den Einfluss der damals noch neuen florentinischen Architektur. Sein Erbauer, der Patrizier Andreas Reichlin von Meldegg, der Leibarzt von Kaiser Friedrich III. war, ließ sich vermutlich während seines Medizinstudiums in Padua von toskanischen Palazzi inspirieren.

Das Museum lohnt aber auch sonst einen Besuch. Es nennt die größte Sammlung von historischen **Puppenstuben** von der Renaissancezeit bis zum Jugendstil sowie Werke von Jörg Zürn und Joseph Anton Feuchtmayer sein Eigen. Eine Abteilung zeichnet die Geschichte Überlingens von den steinzeitlichen Pfahlbauten bis in die Zeit um 1900 nach. Auch eine Sammlung von historischen Hieb-, Stich- und Schusswaffen lässt sich bestaunen. Der prächtige barocke Festsaal des Museums ist mit Stuckaturen (1695) von Franz Schmuzer geschmückt, hier finden zwischen April und Oktober regelmäßig Vorträge, Lesungen und Konzerte statt.

Krummebergstr. 30 | Di. – Sa. 9 – 12.30, 14 – 17, April – Okt. auch So. 10 – 15 Uhr | Führungen: April – Okt. So. 11.30 Uhr | Eintritt: 5 €
https://museum.ueberlingen.de

Erlebte Mystik

Suso-Haus

Es ist eines der ältesten noch erhaltenen Wohnhäuser Süddeutschlands – das Suso-Haus. Der Dominikanermönch und Mystiker Heinrich Seuse, auch Suso genannt (► Interessante Menschen), soll hier 1295 geboren worden sein. Ein Rundgang durch das Haus zeichnet **Seuses Weglehre** nach und veranschaulicht deren verschiedene Etappen. Er beginnt im Felsenkeller, wo Wasser aus einer Quelle sprudelt – Sinnbild der von Seuse postulierten Quelle des Herzens als Urgrund des Lebens. Nachdem die Besucher ein Glas Wasser geschöpft haben, geht es über Zwischenstationen im Erdgeschoss und erstem Stock nach oben in das Dachgeschoss, dessen von Licht und Musik erfüllter Raum die von Seuse beschworene Haltung der Gelassenheit gegenüber dem Willen Gottes symbolisiert. Hier können die Besucher das mitgebrachte Wasser durch den Quellturm, eine sich durch alle Stockwerke ziehende Installation, wieder nach unten tropfen lassen. Im Susohaus finden regelmäßig Lesungen und Kurse für kreatives Schreiben statt. Der »Garten der Stille« ist frei zugänglich.
Suso-Gasse 10 | nur mit Führung nach Voranmeldung unter Tel. 07551 947 13 19 |https://www.susohaus.de

Romanisches Schatzkästlein

Kapelle St. Sylvester

Die zuerst in der Mitte des 9. Jh.s entstandene Kapelle in Überlingen-Goldbach birgt kunsthistorische Kleinodien von unschätzbarem Wert. Das **Mäanderband,** das direkt unterhalb der Decke die Wände des Kirchenschiffs schmückt, fertigten Mönche des Klosters Reichenau an. Die Inschrift ist zwar nur bruchstückhaft erhalten, aber das vorhandene Fragment lässt keinen Zweifel daran, dass es sich um ein **Gedicht des berühmten Walahfrid Strabo** handelt, der zwischen 838 und 849 Abt auf der Reichenau war. Links und rechts des Torbogens, der in den im 10. Jh. angefügten Chorraum führt, sind die Stifter des Anbaus abgebildet. Diese Malereien gelten ebenso wie die nur fragmentarisch vorhandenen Fresken an der Nord- und Südwand des Kirchschiffs als herausragende Beispiele ottonischer Malerei.
Führungen: April – Okt. 14-tägig Mi. 16.00 Uhr, Tickets über die Tourist-Information

Ein gespenstischer Ort

Goldbacher Stollen

Eine Besichtigung des drei Kilometer langen Stollensystems in Überlingen-Goldbach lässt wohl die meisten Besucher erschauern. Häftlinge des Lagers Aurich, einer **Außenstelle des KZ Dachau,** mussten die Gänge zwischen Juni 1944 und April 1945 in das Molassegestein sprengen. Die Produktionsanlagen der Friedrichshafener Rüstungsbetriebe sollten hier vor Luftangriffen geschützt werden. Mindestens 170 Gefangene sind dabei an Entkräftung und Misshandlungen gestorben. 97 von ihnen liegen auf dem KZ-Friedhof nahe der Wallfahrtskirche Birnau bestattet.

Eingang: Obere Bahnhofstraße 28 | Führungen: 1. Fr. im Monat 17 Uhr, Mai – Sept. zusätzlich 3. Fr. im Monat 17 Uhr, keine Anm. erforderlich | Dauer 1,5–2 Std. | warme Kleidung ist bei 12° C im Stollen ratsam | https://www.stollen-ueberlingen.de

Erdmännchen, Nasenbären und Haustiere

Tierhof Reutemühle

Für Familien das passende Ausflugsziel: Auf dem Bauernhof bei Überlingen-Bambergen lassen sich 160 einheimische, oft vom Aussterben bedrohte Haus- und Nutztierrassen sowie einige exotische Arten hautnah erleben. Die Kids lernen einiges über den artgerechten Umgang mit Tieren, viele dürfen gefüttert und gestreichelt werden.

Reuteweg 71 | April – Okt. tgl. 10 – 19, Nov.–März bis 17 Uhr (nur an eisfreien Tagen) | Eintritt: 10,50 €, Kinder ab 3 J.: 5 €
http://www.haustierhof-reutemuehle.de

★★ UHLDINGEN-MÜHLHOFEN

Höhe: 429 m ü NN | **Einwohnerzahl:** 8400

Kleine Hütten, die idyllisch in Ufernähe auf Pfählen im Wasser stehen, haben Unteruhldingen den Beinamen »Bora-Bora am Bodensee« eingebracht. Das im Ort ansässige Pfahlbaumuseum ist heute eine der großen Attraktionen am See. Zu denen zählt auch das ganz in der Nähe gelegene Schloss Salem, wo einst ein weinseliger Mönch im Weinfass ertrank und auch heute noch die Affen los sind.

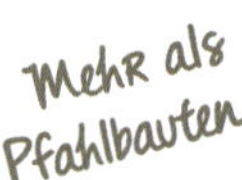

Die Gemeinde Uhldingen-Mühlhofen besteht aus den drei Ortsteilen Unteruhldingen, Oberuhldingen und Mühlhofen, die durch einen Spazierweg entlang der Seefelder Aach, die hier in den Bodensee mündet, verbunden sind. Fast das gesamte, über drei Kilometer lange Seeufer ist frei zugänglich, und ein schönes Strandbad bietet vielen Gästen Erholung an. Uhldingen-Mühlhofen wurde bereits mehrfach für **umweltfreundlichen Tourismus** ausgezeichnet.

Die Reste der Pfahlbausiedlungen, die Archäologen im und am See fanden, belegen, dass das Gebiet schon vor 4000 Jahren besiedelt

UHLDINGEN-MÜHLHOFEN ERLEBEN

TOURISTINFORMATION

Ehbachstraße 1
D-88690 Uhldingen-Mühlhofen
(in Unteruhldingen)
Tel. 07556 92 16-0
https://www.seeferien.com

DB-ERLEBNISBUS

Die Busse verkehren von Anfang April bis Ende Okt. stündlich zwischen mehreren Stationen in Uhldingen und Meersburg sowie zwischen Affenberg/Salem und Uhldingen. Weitere Ausflugsziele können mit dem EchtBodenseeBus Linie 100 erreicht werden.
Detaillierte Fahrpläne:
https://www.erlebnisbus.de
https://www.bodo.de

LANDHOTEL FISCHERHAUS €€€

Das Fischerhaus ist ein schmucker, 300 Jahre alter Fachwerkbau und Herzstück einer weitläufigen Anlage, zu der auch ein Wellnessbereich mit Außenpool sowie eine Liegewiese mit Zugang zum See gehören. Die Zimmer sind komfortabel und behaglich. In Restaurant und Bauernstube speist man in Landhausatmosphäre. Auch Nicht-Hotelgäste sind hier herzlich willkommen.
Seefelden 3
Tel. 07556 85 63
23 Zi.
Ruhetag: Mi.
https://www.fischerhaus-seefelden.de

SEEHALDE €€€

Das direkt am See gelegene Haus kann man auch vom Wasser aus erreichen, denn es verfügt über drei Bootsanleger. Alle Zimmer haben Balkon oder Terrasse mit Seeblick. Besonderen Komfort genießt man in der Suite Seehalde mit einer Dachterrasse zur Seeseite. Es gibt einen Wellnessbereich mit einem Innenpool und natürlich eine Liegewiese mit Zugang zum See. Das Restaurant bietet Leckerbissen der regionalen Küche.
Maurach 1
Tel. 07556 92 21- 0
Ruhetag: Di., Mi
21 Zi.
https://seehalde.de

PILGERHOF & REBMANNSHOF €€

Gleich zwei Häuser direkt am See stehen hier zur Auswahl: der Rebmannshof, ein Fachwerkbau des 17. Jh.s, und der moderne Pilgerhof. Beide bieten einen ähnlichen Komfort. Viele Zimmer haben Balkon oder Terrasse mit Blick zum Bodensee. Die Restaurants servieren regionale und internationale Spezialitäten.
Maurach 2
Tel. 07556 9 39-0
48 Zi.
https://www.hotel-pilgerhof.de

war. Im 9. Jh. v. Chr. zwang ein starker Anstieg des Seespiegels die Menschen dazu, die Siedlungen zu verlassen. Münzfunde lassen vermuten, dass die Römer hier einen Hafen unterhielten. Während das direkt am See gelegene Unteruhldingen sich ab 1264 im Besitz der Grafen Heiligenberg befand und sich zu einem wichtigen Hafen entwickelte, gehörten Oberuhldingen und Mühlhofen zum Kloster Salem. 1803 wurden alle drei Ortschaften selbstständige Gemeinden im neu gegründeten Herzogtum Baden. 1972 schlossen sie sich zur Gemeinde Uhldingen-Mühlhofen zusammen.

 Pfahlbaumuseum Unterhuhldingen

Strandpromenade 6 | nur mit Führung: April – Okt. tgl. 10 – 18 bzw. 17.30 im Okt., März und Nov. Sa., So. 10 – 17.30 Uhr | Eintritt: 12 €
Tickets an der Tageskasse (keine Voranmeldung) oder online
https://www.pfahlbauten.de

Ein spektakulärer Fang

Pfahlbauten im Alpenvorland

Es waren Fischer, die Mitte des 19. Jh.s im Bodensee und anderen Gewässern am Alpenrand die ersten Überreste von Pfahlbauten fanden. Lange konnte über das Alter der Behausungen und die Herkunft ihrer Erbauer nur spekuliert werden. Erst als in 1920er-Jahren neue Datierungsmethoden entwickelt wurden, stellte sich heraus, dass die frühesten Bauten vermutlich aus der Zeit um 4400 v. Chr., also aus der Jungsteinzeit, stammen und die jüngsten in der Bronzezeit um 850 v. Chr. entstanden sind. Bisher haben die Wissenschaftler in den Seen und Mooren rund um die Alpen mehr als 700 Fundstellen ausgemacht.

Am Bodensee gab es sowohl im Wasser stehende Pfahlbauten als auch Siedlungen, die auf einem hochwassersicheren Platz am Ufer auf Pfählen errichtet wurden. Die Pfahlhäuser boten Schutz gegen Feinde und wilde Tiere und waren ideal für den Fischfang. Auch mussten die prähistorischen Bauern und Fischer für den Siedlungsplatz nicht erst aufwändig dichten Wald roden. Dafür nahmen sie manchmal weite Wegstrecken zu ihren Feldern in Kauf. Zudem mussten die rasch verrottenden Holzpfähle alle 15 Jahre erneuert werden.

Annäherung an die Steinzeit

UNESCO-Weltkulturerbe

Die Ausstellungen in den mittlerweile 23 Pfahlhaus-Nachbauten lassen den Alltag der prähistorischen Bewohner in der Stein- und in der Bronzezeit der Bodenseeregion wieder lebendig werden. Im 1996 eröffneten neuen Hauptgebäude des 1922 gegründeten Museums macht das **Archaeorama** die größtenteils unter Wasser gelegenen Stätten des UNESCO-Weltkulturerbes »Pfahlbauten rund um die Alpen« durch einen **virtuellen Tauchgang** für alle sichtbar und führt dabei auch in die Arbeit der Unterwasserarchäologen ein. Hinter dem historischen Museumsgebäude, das eine ständige Ausstellung über das Welterbe Pfahlbauten beherbergt, führt ein Steg zu den beiden ältesten, 1922 entstandenen Häusern, die Archäologen auf der Grundlage von Grabungsfunden am Federsee rekonstruierten. Das

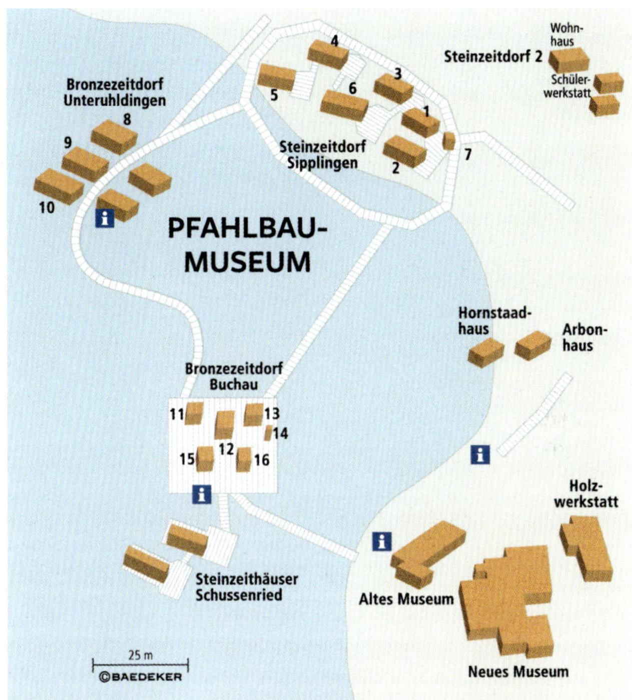

Dorf Sipplingen
1 Haus des Fischers
2 Haus des Töpfers
3 Weberhaus
4 Haus des Steinhauers
5 Haus des Holzschnitzers
6 Dorfhalle
7 Wehranlagen

Dorf Unteruhldingen
8 Wohnen und Handwerk
9 Umwelt und Tiere
10 Kult und Religion

Dorf Buchau
11 Haus des Bronzegießers
12 Haus des Dorfoberhauptes
13 Haus des Töpfers
14 Töpferofen
15 Haus des Hirten
16 Vorratshaus

aus fünf Häuschen bestehende bronzezeitliche Dorf Buchau gleich daneben basiert ebenfalls auf Funden, die am Federsee gemacht wurden. Hier können die **Werkstätten** eines Töpfers und eines Bronzegießers sowie die **Unterkünfte des Dorfoberhaupts und eines Hirten** besichtigt werden. Über einen Steg geht es weiter zum 2002 errichteten Nachbau eines Bronzezeitdorfs, dessen Überreste zwischen der Mainau und Unteruhldingen im Bodensee gefunden wurden. In den Häuschen sind Szenen aus dem Alltag der Pfahlbauer nachgestellt. Vom Bronzezeitdorf führt ein Steg zurück ans Ufer in das von Palisaden umgebene **Steinzeitdorf Sipplingen.** Hier erfah-

BAEDEKER WISSEN

ARCHÄOLOGIE AM BODENSEE

Unter Wasser erhalten sich organische Materialien wie Holz, Stroh oder Gewebe teils viele Jahrtausende lang. Seit den 1980er-Jahren erforschen Unterwasserarchäologen mit hoch spezialisierter Ausrüstung die vom Wasser bedeckten vorgeschichtlichen Pfahlbausiedlungen am Bodensee. Aus den Ergebnissen ergibt sich ein detailreiches Bild des damaligen Lebens – anschaulich rekonstruiert im Pfahlbaumuseum Unteruhldingen.

▶ Uferrandsiedlungen und Pfahlbauten

... existieren an allen größeren Voralpenseen der Schweiz, Italiens, Frankreichs und Deutschlands. Beim Bau wurden Standorte an Kreuzungspunkten von Handelswegen mit guten Ackerböden und Frischwasserversorgung bevorzugt.

Pfahlbaumuseum Unteruhldingen

Jungsteinzeit		Bronzezeit	Eisenzeit
5000 v.Chr. Erste Bauten an norditalienischen Alpenrandseen	**4300 v. Chr.** Entstehung erster Pfahlbauten rund um die Alpen.	**850 v. Chr.** Rückgang Ufer- und Moorsiedlungen	**600 v. Chr.** Bau der letzten Pfahlbauten

▶ Unterwasserarchäologie

Die Pfähle werden mit Hilfe einer Kelle und einem Sauggerät freigelegt. Das gelockerte Sediment sowie alle Funde werden angesaugt und am Ende der Rohrleitung durch ein Netz gespült. So bleiben selbst kleinste Funde hängen. Die Bauhölzer werden nach der Freilegung auf Plänen dokumentiert.

Fundstätten der Pfahlbausiedlungen
Die Pfahlbausiedlungen des Alpenvorlandes sind hervorragend erhalten, immer wieder kommen sensationelle Funde ans Tageslicht. Die Siedlungen gehören zu den faszinierendsten archäologischen Fundstätten Europas und wurden wegen ihrer Einzigartigkeit 2011 zum UNESCO-Weltkulturerbe erklärt.

DEUTSCHLAND
Unteruhldingen
Bodensee
SCHWEIZ
ÖSTERREICH

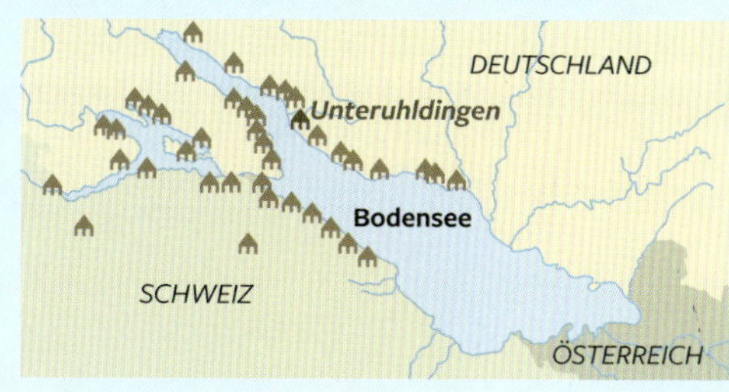

Pfahlbau
Rekonstruktion anhand des Ausgrabungsbefunds von Hornstaad am Bodensee

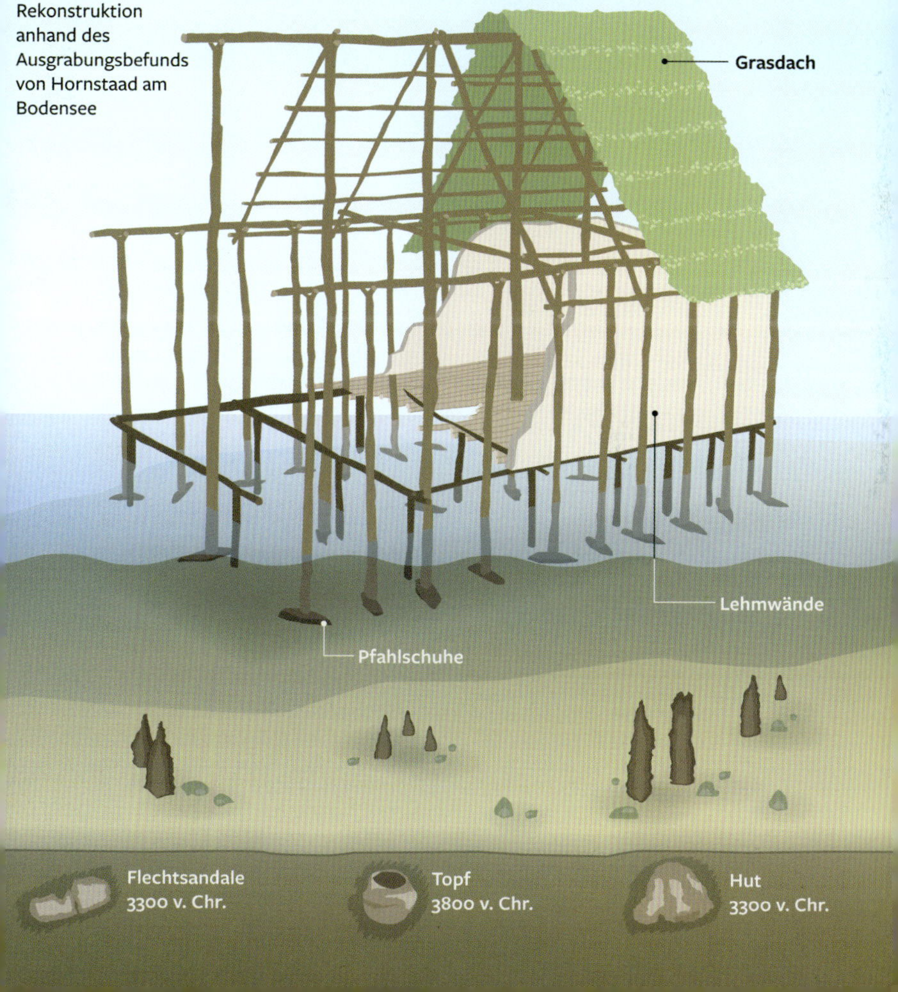
Grasdach
Lehmwände
Pfahlschuhe
Flechtsandale
3300 v. Chr.
Topf
3800 v. Chr.
Hut
3300 v. Chr.

ren die Besucher alles Wissenswerte über jungsteinzeitliche Bauern, Fischer und Handwerker. Das Pfahlbaukino im größten Haus des Dorfs informiert über die Arbeit der Archäologen und Kuratoren am Ort. Die Häusergruppe gleich dahinter wurde für ein Filmprojekt errichtet, in dem 13 Menschen acht Wochen lang wie in der Steinzeit lebten. Am Museum führt außerdem ein 2000 m langer Zeitweg 10 000 Jahre zurück in die Vergangenheit.

Reptilienhaus

Seit mehr als 45 Jahren pflegen Renate und Peter Kisser in ihrem Reptilienhaus am Ortsrand von Unteruhldingen vom Zoll beschlagnahmte und ausgesetzte Tiere. In den Terrarien haben vor allen Dingen Schlangen wie Kobras, Mambas oder Pythons und verschiedene Echsen ein neues Zuhause gefunden.

Ehbachstr. 4 | April – Okt. tgl. ab 9.30, Nov. – März Sa., So. ab 11 Uhr, Schließzeiten je nach Witterung | Eintritt: 6,50 €
https://www.reptilienhaus.de

 Wallfahrtskirche Birnau

Sommer tgl. 7.30 – 18, Winter 7.30 – 17 Uhr | Führungen: Mitte Mai – Mitte Sept. Do. 15 Uhr | Eintritt: 4 € (Führung)
https://www.birnau.de

Dem Himmel so nahe

Barocke Pracht

Erhaben und majestätisch thront die der Maria geweihte Wallfahrtskirche über einem Weinberg am Bodenseeufer. Mit ihrem zartrosa Anstrich hebt sie sich augenfällig vom Grün der Landschaft ab. Die Kirche gilt als schönster barocker Sakralbau am Bodensee (▶ Baedeker Wissen, S. 218). Wallfahrer suchen sie wegen des Gnadenbilds der Gottesmutter von Birnau auf, das über Jahrhunderte in einem 1222 erstmals urkundlich erwähnten Marienheiligtum in der Nähe aufbewahrt wurde. Nicht zuletzt um den wachsenden Strom an Pilgern zu bewältigen, entschloss sich der Salemer Abt Stephan II. Enroth 1745 die alte Kirche abzureißen und an anderer Stelle eine neue Kirche zu errichten. Sein Nachfolger Anselm II. Schwab (1713 – 1778) beauftragte **Peter Thumb,** den damals wohl bedeutendsten Architekten des süddeutschen Raums, mit der Planung und Ausführung des Baus, der binnen vier Jahren fertiggestellt und 1750 eingeweiht werden konnte. Bis zur Säkularisierung 1803 diente die an die Kirche angebaute Propstei den Äbten von Salem als Sommerresidenz. Prinz Max von Baden überließ die Birnau 1919 den Zisterziensern von Mehrerau bei Bregenz, deren Priorat jetzt in der Propstei untergebracht ist. Heute ist die Birnau nicht nur Ziel von Wallfahrern und Kunsthistorikern, sondern auch von Heiratswilligen. Um die 50 Paare lassen sich hier jährlich trauen. Die Kirche ist ein Gesamtkunstwerk aus hellem Marmor, Stuckaturen und Fresken, aus schwunghaften Formen

OBEN: Wer die Birnau betritt, meint sich in himmlischen Sphären zu bewegen und von Engeln umgeben.

UNTEN: Haben Sie den Honigschlecker entdeckt?

WALLFAHRTSKIRCHE BIRNAU

Die Wallfahrtskirche gilt als die schönste Barockkirche am Bodensee und ist damit eine der wichtigen Attraktionen der Region. Außerdem kann man von der Kirche einen weiten Blick auf den Überlinger See genießen – oder dort heiraten.

GOTTESDIENSTE
So. und Feiertage:
Frühmesse 7.30 Uhr
Hl. Messe 9 Uhr (nur Ostern – Okt.)
Feierliches Amt 10.45 Uhr
Werktage:
Hl. Messe: 8.00 Uhr

KLOSTERPFORTE
Mo. – Fr. 9 – 11.30,
Mi. auch 14.30 – 17,
Fr. auch 14.30 – 16 Uhr

Eine besondere Raumwirkung wird im Kircheninnern durch gestaffelte, kleiner werdende Räume erzielt. Dadurch bilden Langhaus und Chor eine grandiose Einheit.

❶ Altar des Heiligen Josef
Der Josefsaltar versammelt mit Figuren des Stephanus Laurentius, Blasius und Wendelin vier der 14 Nothelfer, an die sich die Wallfahrer mit ihren Sorgen wenden können.

❷ Altar des Heiligen Erasmus
Erasmus von Antiochia wurde schon in Altbirnau verehrt. Seitlich vom Altar erkennt man die Figuren des Heiligen Leonhard und des Heiligen Magnus von Füssen.

❸ Altar des Heiligen Bernhard mit dem Honigschlecker
Dieser Altar ist Bernhard von Clairvaux gewidmet, der den Zisterzienserorden maßgeblich prägte. Hier entdeckt man am rechen Seitenaltar die berühmte, reizende barocke Figur des Honigschleckers. Der Bienenkorb, den er trägt, symbolisiert die Beredsamkeit des hl. Bernhard, dessen Worte wie Honig aus dem Munde geflossen seien, weshalb er den Beinamen »Doctor mellifluus« (»honigfließender Lehrer«) bekommen hat. Geschaffen hat den viel fotografierten Putto der Bildhauer Joseph Anton Feuchtmayer.

❹ Altar des Heiligen Benedikt
Benedikt von Nursia, Gründer des Benediktinerordens, ist hier in der Stunde seines Todes dargestellt. Ein Putto hält ein Buch mit der ersten Regel des Ordens »Ausculta o fili – Höre, mein Sohn«.

❺ Altar Johannes des Täufers

❻ Altar Johannes des Evangelisten

❼ Hochaltar
Das Ziel der Wallfahrer ist das Gnadenbild der »Lieblichen Mutter von Birnau« (um 1450), das aus einem älteren Marienheiligtum stammt.

❽ Deckengemälde
Ein künstlerischer Höhepunkt sind die meisterlich gearbeiteten Deckengemälde. In der Kuppel schwebt Maria, von Engeln umgeben.

1
2
3
4
5
6
7
8

und zarten wie kräftigen Farben, aus Schatten und Licht. Strenge Linien gibt es nicht, alles scheint in Bewegung aufgelöst und ist doch zu einer harmonischen Einheit zusammengefügt. Peter Thumb konnte für die Innenausstattung einige der bedeutendsten Künstler seiner Zeit gewinnen. **Joseph Anton Feuchtmayer** schuf die Stuckaturen, die Decken, Säulen, Kanzel und Altäre schmücken. Die Deckenfresken im Stil illusionistischer Malerei stammen von **Gottfried Bernhard Göz:** Das Gemälde über dem Chorraum zeigt Maria, wie sie in Begleitung von Engeln in die Kirche einschwebt. In der durch Stuckaturen geteilten Decke des Langhauses musizieren Engel über der Orgel und in Richtung des Altars sieht man Maria mit den Stiftern der Salemer Abtei und den Bauherren der Kirche zu ihren Füßen. Das Fresko über dem Hochaltar schließlich zeigt Esther, wie sie den König Ahasver um Hilfe für ihr Volk bittet.

 Salem und Umgebung

Vom Kloster zum Internat

Berühmtes Internat

Salem steht für 900 Jahre bewegte Geschichte am Bodensee. Das dort 1134 gegründete Zisterzienserkloster stieg im Mittelalter zur reichsten und mächtigsten Abtei des Ordens in Süddeutschland auf. Zwischen 1487 und 1802 war es Reichsabtei. 1697 zerstörte ein verheerender Brand die Gebäude bis auf das Münster. Abt Stephan I. investierte viel Geld in ein neues prachtvolles Konventgebäude und verpflichtete hierfür die besten Künstler seiner Zeit. Mit der Säkularisierung 1802 wurde das Kloster aufgehoben und gelangte in den Besitz des neu gegründeten Herzogtums Baden. Prinz Max von Baden, der letzte Kanzler des Kaiserreichs, gründete hier 1920 das berühmte Internat. 2009 verkaufte das Haus Baden große Teile des Anwesens für 57 Millionen Euro an das Land Baden-Württemberg. Aktuell leben und lernen mehr als 600 Schülerinnen und Schüler im Internat Schloss Salem, sie gehören ca. 45 verschiedenen Nationen an. Betreut und unterrichtet werden sie von rund 250 Mitarbeitern und Mitarbeiterinnen des Internats.

Die ganze Anlage, zu der neben dem Münster und dem Konvent Wirtschaftsgebäude gehören, liegt in einem gepflegten Park. Die Innenräume können nur im Rahmen von Führungen besichtigt werden.

Kloster und Schloss: Ende März – Okt. Mo. – Sa. 9.30 – 18, So. 10.30 – 18, **Münster:** tgl. 11 – 17 Uhr, in den Wintermonaten ist nur das **Klostermuseum** geöffnet: Sa., So. 11 – 16.30 Uhr | Eintritt: 11 €, nur Klostermuseum: 5 € | https://www.salem.de

Klassizistische Nüchternheit in gotischer Hülle

Münster

Mittelpunkt der ausgedehnten Anlage ist das ab 1285 errichtete Münster Mariä Himmelfahrt, der bedeutendste Sakralbau der Hoch-

Langbau

1 Burs mit Zehntscheuer und Weinkeller
2 Historischer Torkel und Weinverkauf
3 Weinstube »Zum alten Gefängnis«

Schloss (ehem. Konventgebäude)

A Prälatur, Klostermuseum
B Bernhardusgang
C Betsaal (ehem. Sommerrefektorium)
D Konventgebäude

gotik im Bodenseeraum. Die turmlose Westfassade besticht durch einen reich **geschmückten Dreiecksgiebel** und das nördliche Querschiff durch ein schönes **Maßwerkfenster** als Abschluss. Im Zuge des Neubaus des Konventgebäudes erhielt das Münster eine barocke Innenausstattung, die allerdings noch unter Anselm II. Schwab zumindest in Teilen zurückgenommen wurde. Der von klassizistischer Architektur sehr angetane Abt ließ das Kircheninnere ab 1772 von Johann Joachim Scholl im neuen Stil umbauen. Johann Georg Dirr und Johann Georg Wieland schufen dabei die **von barockem Prunk befreiten dekorativen Elemente.** Vom südlichen Querhaus führt der von Franz Anton Feuchtmayer und Michael Wiedemann stuckierte Bernhardusgang in das Konventgebäude.

Salems Zöglinge wohnen und büffeln im Konventgebäude – sicher etwas weniger mönchisch als zu Zeiten der ersten Äbte.

Symbol weltlicher und geistlicher Macht

Kovent-gebäude

Wie keine zweite Anlage ihrer Art in der Bodenseeregion zeigt das direkt an das Münster angebaute Konventgebäude der Salemer Abtei den durchaus weltlichen Drang geistlicher Herrscher, ihrer Macht durch Prunkbauten sichtbaren Ausdruck zu verleihen. **Abt Stephan I. Jung** ließ den viergeschossigen Gebäudekomplex, der sich um drei Innenhöfe gruppiert und eine Fläche von fast zwei Hektar bedeckt, nach der verheerenden Brandkastrophe von 1697 errichten. Der mit dem Neubau beauftragte Architekt Franz Beer schuf in nur zehn Jahren die vielleicht schönste barocke Klosteranlage Süddeutschlands. Namhafte Künstler halfen bei der prachtvollen Ausstattung der Räume. Das Sommerrefektorium im Südflügel des mittleren Hofs beispielsweise ist mit Stuckaturen von Michael Beer und Gemälden u. a. von Johann Michael Feuchtmayer ausgestattet. Vor allem aber die **Repräsentationsräume der Prälatur** im östlichen Geviert des Konvents erstrahlen in barockem Prunk. Hier sind der 1708 von Franz Joseph Feuchtmayer prächtig dekorierte Kaisersaal und das von Johann Georg Dirr gestaltete **Rokoko-Arbeitszimmer von Abt Anselm II. Schwab** besonders sehenswert. In der Prälatur residiert auch das Klostermuseum, das die Baugeschichte der Abtei beleuchtet und Meisterwerke vom Hochmittelalter bis zum Spätbarock zeigt. Glanzstück der Ausstellung ist der Marienaltar von Bernhard Strigel (1460 – 1528). Unter der Prunktreppe der Prälatur lassen sich die Feuerwehrspritzwagen bestaunen, die die Zisterzienser nach der verheerenden Brandkatastrophe von 1667 anschafften.

Wein, Feuer, Schnaps und ein Schlossgespenst

Wirtschaftsgebäude

Das weitläufige Klosterareal wird im Norden und Westen von den ehemaligen Wirtschaftsgebäuden begrenzt. Die große **Weinpresse** von 1706 im sog. Langhaus erinnert an die lange Tradition des Weinbaus in Salem. Bis zu fünf Tonnen Trauben konnten hier innerhalb von acht Stunden zu Most verarbeitet werden. Bis heute soll in der Klosterkellerei der Geist des Mönchs umhergehen, der dort einst – der Sage nach – in einem großen Weinfass ertrank. Dass die Abtei die Blutgerichtsbarkeit besaß und auf einem nahegelegenen Hügel ein Galgen stand, daran erinnert der Name der markgräflichen **Weinstube »Zum alten Gefängnis«.**

Das Salemer **Feuerwehrmuseum,** das seit 2014 in einem historischen Wirtschaftsgebäude im Südwesten des Klosterareals residiert, ist aus einer Sammlung des Markgrafen von Baden entstanden, die durch Geschenke von Feuerwehren aus aller Welt ständig erweitert werden konnte. Heute zählt es zu den bedeutendsten Feuerwehrmuseen Deutschlands. Die Ausstellung umfasst historische Feuerspritzen und modernes Gerät, Helme, Uniformen und Spielzeugfeuerwehren. In dem Sennhof gegenüber dem Feuerwehrmuseum residiert ein **Brennereimuseum,** in dem die Besucher viel Wissenswertes über die Kunst des Schnapsbrennens erfahren.

Besuch in der Künstlerwerkstatt

Feuchtmayer-Museum

Wie ein Künstler im 18. Jh. prachtvolle Altäre, Skulpturen und Stuckaturen schaffen konnte, das ist in Salem-Mimmenhausen zu sehen. In Wohnhaus und Werkstatt des berühmten Bildhauers Joseph Anton Feuchtmayer, der sich 1706 in Salem niederließ, wurde ein Museum eingerichtet, das über die Arbeitstechniken des Meisters vom Entwurf bis zum fertigen Kunstprodukt infomiert.

Tüfinger Str. 10 | April – Okt. Sa., So. 11 –17 Uhr
Eintritt: 3,50 € | https://www.feuchtmayermuseum.de

Tierisches Vergnügen

Affenberg Salem

Das Tiergehege westlich von Salem zählt mittlerweile zu den bedeutendsten Touristenattraktionen am Bodensee. In dem rund 20 Hektar großen Waldstück leben **200 Berberaffen** fast wie in freier Wildbahn. Eine Scheu vor Menschen kennen die Tiere nicht, weshalb es inzwischen verboten ist, sie wie früher mit Popcorn zu füttern. Dafür erfährt man heute bei moderierten Fütterungen durch Parkmitarbei-

6X FÜR KINDER

Langeweile verboten!

1. HIER TOBT DER AFFE!

Man kann sich natürlich fragen, was Berberaffen am Bodensee verloren haben. Doch für Kinder ist ein Ausflug auf den **Affenberg bei Salem** ein tolles Vergnügen. (► **S. 223**)

2. REISE IN DIE VERGANGENHEIT

Eine der Hauptattraktionen am Bodensee für Jung und Alt ist das **Pfahlbaumuseum** in Unterruhldingen. Es bietet einen auch für Kinder anschaulichen Einblick in das Leben vor vielen tausend Jahren. (► **S. 212**)

3. DREIDIMENSIONAL

Warum nicht einmal eine 3-D-Reise zu anderen Planeten und zu urzeitlichen Meerestieren einplanen? Möglich macht es die **»inatura Erlebnis Naturschau«** in Dornbirn bei Bregenz. (► **S. 64**)

4. WASSERSPASS

Mit Rutsche, Wasserfall, Pirateninsel macht das Erlebnisbad **Aquastaad** auch bei Regen richtig Spaß. Bei Sonne geht's dann auf zum Strand: Strandbadstr. 1, Immenstaad, Eintritt: Erw. 4,50 €, Kinder (6 –17 J.) 2,20 €, Familienkarte 11 € https://www.aquastaad.de

5. ABENTEUERLICH

4 km südlich von Dornbirn klafft die gewaltige **Rappenlochschlucht.** Auf abenteuerlichen Wegen spaziert man an der reißenden Ache entlang, Felsen hängen über und Wasserfälle tosen. (► **S. 64**)

6. AUSBLICK

In Bregenz vermittelt der Hausberg **Pfänder** Alpenstimmung. Geschwind bringt eine riesige Gondel die ganze Familie auf 1064 m Höhe. Droben wartet bei guter Sicht ein Blick über den gesamten Bodensee. (► **S. 59**)

ter Spannendes über die Berberaffen, die aus Nordafrika stammen und dort in Höhen bis zu 2000 m leben. Kalte Winter sind sie aus ihrer Heimat gewohnt. Man sollte die Berberaffen keinesfalls streicheln, das macht die Tiere aggressiv. Ganz nahe kommt man ihnen auf einem in 12 m Höhe verlaufenden Baumwipfelpfad (Treewalk).
Auf dem Gelände leben auch rund 50 Storchenpaare und Damwild, auch für sie gibt es zu bestimmten Zeiten öffentliche Fütterungen. Eine Ausstellung informiert über Libellen, ca. 20 verschiedene Arten sind auf dem Gelände heimisch. Der 1976 gegründete Park versteht sich als Arche Noah für die bedrohten Berberaffen. Es soll nur noch 8000 frei lebende Tiere geben. Tierschutzorganisationen sehen das allerdings anders: Sie fordern, die Affen in ihrer angestammten Heimat besser zu schützen.

Mitte März – April tgl. 10 – 17, Mai – Anf. Sept. tgl. 10 – 17.30 bzw. 18, Sept., Okt. tgl. 10 –17 Uhr | Eintritt: 12,50 € plus 5 € für Treewalk
https://www.affenberg-salem.de

Aussichtsterrasse des Bodensees

Schloss Heiligenberg

Schloss Heiligenberg thront am südlichen Ortsrand von Heiligenberg (12 km nördlich von Salem) direkt über der steil abfallenden Moränenkante, die den oberen vom unteren Linzgau trennt. Dieser exponierten Lage ist es zu verdanken, dass es nie zerstört oder verwüstet wurde. In der Mitte des 16. Jh.s ließ Friedrich von Fürstenberg die mittelalterliche Burg, die seine Frau Anna von Werdenberg mit in die Ehe gebracht hatte, zu dem heutigen Renaissanceschloss umbauen. Der von Jörg Schwartzenberger geschaffene, sich über zwei Stockwerke hinziehende Rittersaal ist mit einer überaus kunstvoll geschnitzten Kassettendecke geschmückt. 22 Jahre sollen die Schnitzer an dem Prachtstück gearbeitet haben. Das Schloss ist heute Wohnsitz von Erbprinz Christian von Fürstenberg und seiner Familie und kann deshalb bis auf weiteres nicht besichtigt werden.

https://www.heiligenberg.de

H

HINTER-GRUND

Direkt, erstaunlich, fundiert

Unsere Hintergrundinformationen beantworten (fast) alle Ihre Fragen zum Bodensee.

Geschützt im Windschatten der Vogelinseln ankern die Segelboote hier bei Immenstaad. ▶

DIE REGION UND IHRE MENSCHEN

Im Winter zeigt der See, welch wichtiger Lebensraum er ist. Für Zigtausende Wasservögel ist er eine gigantische Speisekammer, die auch in der kalten Jahreszeit ein Überleben möglich macht. Zahlreiche Gebiete, vor allem die empfindlichen Uferzonen, sind unter Schutz gestellt.

Vielfältige Landschaften

Obersee

Das **»Schwäbische Meer«,** wie der Volksmund den Bodensee nennt, ist ein Gewässer mit vielen landschaftlichen Facetten: Langgezogene Uferlinien zeichnen den weiten, sich von Bregenz bis Konstanz auf einer Länge von 46 km hinziehenden und bis zu 15 km breiten Obersee aus. In seinem Südosten erheben sich die Berge des Bregenzer Waldes, deren nordwestlichste Bastion der 1064 m hohe Pfänder bei Bregenz ist. Zwischen dem Bregenzer Wald im Osten und dem schweizerischen Alpsteinmassiv im Westen weitet sich das relativ dicht besiedelte Tal des Alpenrheins, der sein mächtiges Delta immer weiter in den Obersee vorschiebt. Beherrscht wird diese faszinierende Alpenlandschaft von dem über 2500 m aufragenden **Säntis,** dem höchsten und imposantesten Aussichtsberg der Bodensee-Region. Westlich des Alpsteinmassivs reicht das schweizerische Alpenvorland bis an das Ufer des Obersees heran. Die Städte der Region – St. Gallen, Rorschach und Arbon – sind industriell geprägt, ihre ländliche Umgebung ist als Obst- und Weinanbaugebiet bekannt.

Überlinger See und Untersee

Im Nordwesten, auf der Höhe von Konstanz im Süden und Meersburg im Norden, verengt sich der Obersee zu dem nicht mehr als vier Kilometer breiten, fjordähnlichen Überlinger See, der rund 20 km in das Land schneidet. Südlich des Überlinger Sees und von ihm durch den bis auf eine Höhe von fast 700 m aufragenden **Bodanrück** getrennt, liegt der weit verzweigte Untersee, der nur durch den schmalen Seerhein mit dem weitaus größeren Obersee verbunden ist. Er ist durch den Schiener Berg, die Halbinsel Höri und die schmale Landzunge der Mettnau bei Radolfzell fingerförmig in den Gnadensee, den Zeller See und den eigentlichen Untersee gegliedert. Mit einem Volumen von fast 50 Kubikkilometern ist er Mitteleuropas größter Trinkwasserspeicher (▶ Baedeker Wissen, S. 48).

Der **Seerhein** verlässt kurz vor dem schweizerischen Bilderbuchstädtchen Stein am Rhein den Untersee und fließt nun als Hochrhein in westliche Richtung. Bei Schaffhausen stürzt er – quasi an der Naht-

Landschaftsidyll am Schweizer Ufer des Bodensees bei Egnach

stelle von Schweizer und Schwäbischem Jura – über eine Kalksteintreppe in die Tiefe, um dann am Südrand von Hotzenwald und Schwarzwald weiterzufließen.

Hegau

Das westliche Hinterland des Bodensees ist der Hegau, dessen Landschaftsbild von tertiärzeitlichen Vulkankegeln geprägt ist. Die beiden bekanntesten sind der 688 m hohe **Hohentwiel** bei Singen und der weiter nördlich 644 m aufragende Hohenkrähen.

Inseln

Unter den Inseln des Bodensees ragen drei ganz besonders hervor: Die **Mainau** am Eingang zum Überlinger See ist als Blumeninsel und die zum UNESCO-Welterbe gehörende **Reichenau** im Untersee als Klosterinsel bekannt. Die **Altstadt von Lindau** auf der gleichnamigen Insel im Osten des Obersees wartet mit einem Ensemble prächtiger Renaissance- und Barockbauten auf.

Von Pflanzen und Tieren

Schilf, Seegras und Gebirgsblüher

Obwohl der Naturraum Bodensee bis heute mannigfaltigen Eingriffen des Menschen ausgesetzt ist, zeigen sich Flora und Fauna erstaunlich artenreich. Besonders in den unter Naturschutz stehenden Bereichen des Ufers bieten Schilfröhrichte und Seegraswiesen unzähligen Wasser- und Watvögeln, aber auch seltenen Pflanzenarten einen Lebensraum. Im **Wollmatinger Ried** etwa, das sich von der Mündung des Seerheins in den Untersee über die Insel Reichenau bis in den südlichen Teil des Gnadensees erstreckt, sind Teichrohrsänger, Lappentaucher, Reiher, Kormorane und viele andere Vogelarten heimisch. Das **Eriskircher Ried** bei Friedrichshafen ist für die Irisblüte von Mitte Mai bis Mitte Juni bekannt. Jenseits dieser Uferbereiche finden sich oft Feuchtigkeit liebender Auen- oder Bruchwald mit üppigem Weiden-, Pappel-, Birken- und Erlenbestand. In den höheren Lagen dann herrschen Buchen, Eichen, Erlen, Eschen, Fichten und Kiefern vor. Auch typische Gebirgsblütenpflanzen wie Gelber und Blauer Enzian oder die Alpenrose gedeihen hier.

Fische, Säuger, Vögel

Im Bodensee sowie in Flüssen und Bächen sind etliche Fischarten heimisch (▶ Baedeker Wissen, S. 232), die heute allerdings zumeist in Fischbrutanstalten herangezogen und dann in den Gewässern ausgesetzt werden. Am bekanntesten und als Speisefisch sehr beliebt sind die **Felchen**, gefolgt von den Barschen, die am deutschen Seeufer »Kretzer« und auf der Schweizer Seite »Egli« heißen.
Auf den Feldern und in den Wäldern des Bodensee-Hinterlandes sind alle »gängigen« Säugetiere wie Reh, Hase oder Kaninchen zuhause. In den schwerer zugänglichen Berggebieten lebt noch viel Rot- und Schwarzwild. In abgelegenen Bereichen gibt es auch noch Auerwild, und mit etwas Glück kann der Wanderer in der Matten- und Felsregion der Voralpen auch Gämsen und Murmeltiere beobachten.
In den Feuchtgebieten leben Brachvögel, Kolbenenten, Haubentaucher und Seeschwalben. Weißkopf- und Lachmöwen folgen den Ausflugsschiffen. Kormorane brüten mittlerweile am Bodensee – sehr zum Missfallen der Fischer, die unliebsame Konkurrenz durch den Fischfresser wittern und auf Bestandsdezimierungen drängen (▶ S. 10). Auch Kiebitze und Schnepfen trifft man an. Im Schilf »schimpfen« die Rohrspatzen (Schilf- und Rohrsänger). Auf Frösche macht eine allmählich wieder wachsende Zahl von Weißstörchen Jagd. Krächzende Dohlen haben es auf die Brotkrümel und sonstigen Essensreste der Bergwanderer abgesehen. Und hoch in den Lüften zieht ab und zu ein Steinadler seine Kreise.

Zusammenleben am Bodensee

Kultureller Austausch

Obwohl das Bodenseegebiet **Grenzland** dreier Staaten, nämlich Österreichs, Deutschlands und der Schweiz ist, sehen seine Bewohner es als einheitlichen Kulturraum mit einer in mancher Hinsicht gemeinsamen Geschichte. Nicht nur die Sprache verbindet sie, sondern auch Kunst, Tradition und natürlich die Kultivierung von Genuss und Lebensfreude. Mag in der Zeit vom Ersten Weltkrieg bis zum Ende

Streitigkeiten bei den Haubentauchern

der Naziherrschaft das Trennende bestimmend gewesen sein, heutzutage findet ein **reger Austausch von Kultur, Wirtschaft und Wissenschaft** statt. Die Menschen wissen, dass der Bodenseeraum als lebenswerte Natur- und Kulturlandschaft nur durch die Zusammenarbeit aller Anrainer erhalten werden kann. »Einheit in der Vielfalt«, ist deshalb auch das Motto der 1972 von den an den Bodensee angrenzenden Schweizer Kantonen und deutschen Bundesländern sowie dem österreichischen Vorarlberg und dem Fürstentum Liechtenstein ins Leben gerufenen **Internationalen Bodenseekonferenz.** Die IBK versteht sich als Plattform, die Unternehmen aller Branchen, Wissenschafts- und Kultureinrichtungen der Region miteinander vernetzt und überdies grenzüberschreitende Kooperationen in den Bereichen Verkehr, Tourismus, Raumplanung und Umweltschutz fördert. Auch die 1997 gegründete **Europaregion Bodensee** verfolgt das Ziel, die Zusammenarbeit aller Bodensee-Anrainer zu vertiefen. Bereits seit 1993 unterstützt **EURES-Bodensee** die Entwicklung eines gemeinsamen Arbeitsmarkts.

Unklarer Grenzverlauf

Der Verlauf der Staatsgrenzen im Bodensee zwischen den drei Anrainern Deutschland, Schweiz und Österreich ist unbestimmt. Nach Schätzungen gehören 55 Prozent der Wasserfläche zu Deutschland,

BAEDEKER WISSEN

Fläche des Sees: **536 km²**
Länge: **60 km**
Breite: **15 km**
Umfang: **273 km**
Tiefe: **254 m**

Lage:
Süddeutschland

Uferlängen:
Insgesamt: **273 km**
Baden-Württemberg: **155 km**
Bayern: **18 km**
Österreich: **28 km**
Schweiz: **72 km**

Prozentualer Küstenanteil der Anrainerstaaten

Staat	%
Österreich	10
Schweiz	26
Bayern	7
Baden-Württemberg	57

MEERSBURG
KONSTANZ
FRIEDRICHSHAFEN
DEUTSCHLAND
Bodensee
BREGENZ
SCHWEIZ
ÖSTERREICH

Einwohnerzahl im Bodenseeraum
2,2 Mio. (2021)

Bevölkerungsdichte:
329 Einwohner/km²

▶ **Die zehn wichtigsten Bodenseefische**

Wirtschaft

Beschäftigte nach Wirtschaftssektoren

25 % Produzierendes Gewerbe
73 % Dienstleistungen
<2 % Landwirtschaft

Tourismus

Gästeübernachtungen 2022:
20,3 Mio.

Davon

8,1 Mio.
in deutschen Landkreisen

6,7 Mio.
in Schweizer Kantonen

5,2 Mio.
im österreichischen Vorarlberg

0,2 Mio.
im Fürstentum Liechtenstein

▶ Klimastation Konstanz

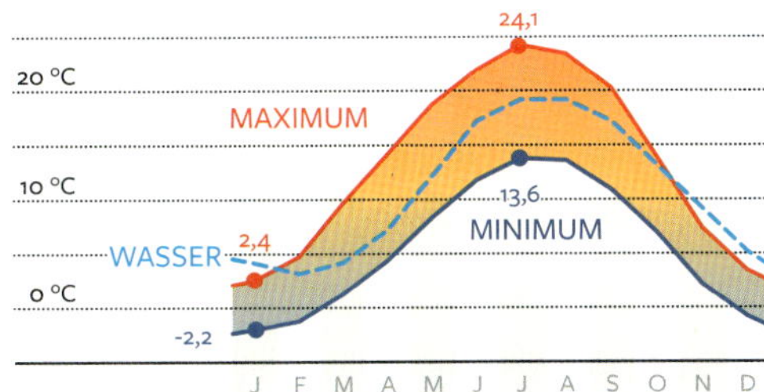

Niederschlag

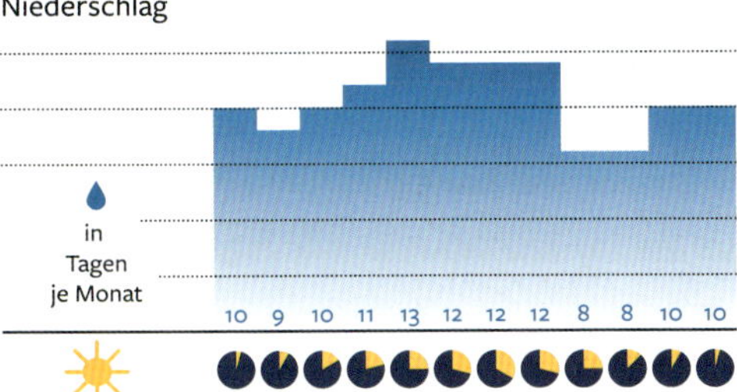

34 Prozent zur Schweiz und 11 Prozent zu Österreich. 1854 legten das Großherzogtum Baden und der Kanton Thurgau ihre Grenze nur im Bereich des Untersees verbindlich fest. Der auf drei Seiten von deutschem Territorium begrenzte Überlinger See gehört bis zur Linie von Meersburg bis Eichhorn (Konstanz) zu Baden-Württemberg. Im Obersee ist der Grenzverlauf nur für den Bereich des Konstanzer Trichters durch eine badisch-schweizerische Vereinbarung fixiert. Für den gesamten restlichen Obersee fehlt ein völkerrechtlich verbindliches Abkommen über die Gebietshoheit, sodass man hier von einem **»Niemandssee«** sprechen kann. Baden-Württemberg und die Schweiz plädieren für die Realteilung, der Freistaat Bayern hingegen für das Kondominium. Österreich vertritt die Haldentheorie. Seit dem Ende des Ersten Weltkrieges wird in allseitig stillschweigender Duldung ein **aus der Praxis erwachsener Grenzverlauf** angenommen, wie er z. B. im Schifffahrtsübereinkommen geregelt ist.

Wirtschaft

Obst, Wein, Gemüse

Die Bodenseeregion ist eines der größten Obstanbaugebiete Europas. Das milde Klima begünstigt den Anbau von Apfel-, Kirsch- und Birnenkulturen. Zur Zeit der **Obstblüte** im Frühling sind die Gärten und Plantagen rund um den See in ein Meer aus rosa und weißen Blüten getaucht. Während in der Schweiz ein beträchtlicher Teil der Ernte an Mostereien geht oder zu Konservenfrüchten verarbeitet wird, vermarkten auf der deutschen Seite Genossenschaften das Obst als regionale Spezialität. In der **Erntezeit** zwischen August und Oktober bieten es die Erzeuger an Straßenständen an. Die Reichenau im Untersee ist nicht nur als Kloster-, sondern auch als **Gemüseinsel** bekannt. Rund 170 kleine und kleinste Betriebe bauen auf dem nur 4,3 Quadratkilometer großen Eiland Tomaten, Gurken, Salat und anderes Gemüse auf Feldern und in Gewächshäusern an. Dabei fallen alljährlich bis zu drei Ernten an. Seit der Römerzeit ist die Bodenseeregion **Weinbaugebiet.** Zwar ist die bestockte Fläche seit der Hochzeit des Weinanbaus im 19. Jh. beträchtlich reduziert worden, dennoch finden sich rund um den See noch etliche Weingüter, die allerdings aufgrund der regionalen Grenzen nicht zu einem einzigen Weinbaugebiet gehören.

Tourismus

Der Bodensee zählt zu den beliebtesten Urlaubszielen in Österreich, Deutschland und der Schweiz. Zurzeit beträgt der Anteil des Tourismus an der Wertschöpfung in der Region zwar nicht mehr als fünf Prozent, dennoch wird er als Wirtschaftsfaktor immer wichtiger. Zu den Feriengästen, die ihren Jahresurlaub am Bodensee verbringen, gesellen sich mehr und mehr Wochenendausflügler und Kurzurlauber.

Ein guter Teil der Weinbauern arbeitet noch als Familienbetrieb.

Bodenseefischer

Die Bodenseefischerei blickt auf eine lange Tradition zurück. Seit einiger Zeit macht ausgerechnet die sich stetig verbessernde Qualität des Wassers den Fischern zu schaffen. Weil die Fische in dem sauberen See nicht genügend Nahrung finden, geht ihr Bestand kontinuierlich zurück. Während die Berufsfischer am Bodensee 2021 noch rund 107 Tonnen Felchen fingen, waren es 2022 nur noch 21 Tonnen. Mittlerweile muss der beliebte Speisefisch, der in Bayern »Renke« und in Norddeutschland »Maräne« heißt, importiert werden. Eine dreijährige Fangschonfrist ab 2024 und Aquakulturen sowie die Eindämmung des sich ausbreitenden gefräßigen Stichlings sollen dafür sorgen, dass die Felchen wieder aus dem Bodensee kommen (▶ S. 10).

Trinkwasserreservoir

Als geradezu unerschöpfliches Wasserreservoir hat der Bodensee eminente Bedeutung für die Trinkwasserversorgung (▶ Baedeker Wissen, S. 48). Schon 1894 war bei Rorschach ein erstes Seewasserpumpwerk für die Stadt St. Gallen errichtet worden, später bei Romanshorn eines für Amriswil. Die 1958 in Betrieb genommene Entnahmeanlage des Zweckverbandes **Bodensee-Wasserversorgung (BWV)** bei Sipplingen am Überlinger See beliefert die Bodenseeregion und den Mittleren Neckarraum bis zum Odenwald mit Trinkwasser.

High-tech vom Bodensee

Als Urlaubsziel ist die Bodenseeregion über die Grenzen der Anrainerstaaten hinaus in aller Munde. Weniger bekannt ist, dass sie ein hoch entwickelter Industrie- und Hightech-Standort ist. Bis heute sind hier Nachfolgeunternehmen der **Zeppelinwerke** wie die Motoren- und Turbinen-Union (MTU) Friedrichshafen, die Zahnradfabrik Friedrichshafen (ZF)und die Zeppelin-Metallwerke sowie verschiedene Unternehmen der **EADS** ansässig. Nicht wenige der Hightech-Schmieden produzieren **Rüstungsgüter.** Der wichtigste Gewerbesteuerzahler von Überlingen, Diehl Defence, produziert u. a. Minen und Lenkraketen. MTU/Tognum in Friedrichshafen bestückt Panzer und U-Boote mit Motoren, und in Immenstaad fertigt EADS Cassidian/Astrium Elektronikkomponenten für Kampfflugzeuge und Drohnen. Teile für den Kampfhubschrauber Eurocopter werden bei Liebherr Elektronik in Lindau gebaut. Die MOWAG schließlich stellt im schweizerischen Kreuzlingen Radpanzer her.

Reger Schiffsverkehr

Auf keinem anderen europäischen Binnensee sind so viele Schiffe unterwegs wie auf dem Bodensee. Zu den rund 60 000 registrierten Privatbooten kommen die 35 Motor- und Fährschiffe der seit 1952 in den Vereinigten Schifffahrtsunternehmen für den Bodensee und den Rhein zusammengeschlossenen Reedereien. Ihre berühmte **Weiße Flotte** befördert mittlerweile mehr als vier Millionen Passagiere pro Jahr. Zur Flotte gehört seit 2022 auch Deutschlands größtes Elektroschiff die »MS Insel Mainau«.

GESCHICHTE

Seit rund 20 000 Jahren leben Menschen am Bodensee. Der See selbst hat im Uferschlamm Zeugnisse der Pfahlbauer bewahrt. Im 15. Jh. bildeten sich die Grenzen zwischen Deutschland, Österreich und der Schweiz aus. Das Dritte Reich entzweite die Seeanrainer. Heute kommt es wieder zu grenzüberschreitenden Kooperationen.

Von der Steinzeit bis zu den Kelten

Pfahlbauten und keltische Siedlungen

Funde von Werkzeugen belegen, dass bereits die **Jäger und Sammler** der späten Altsteinzeit die Bodenseeregion durchstreiften. Mit dem Aufkommen von Ackerbau und Viehzucht im 5. Jt. v. Chr. begannen die Menschen, sesshaft zu werden und in Siedlungen zu leben. Die an und in den Seen des Voralpenraums entdeckten Überreste von **Pfahlbauten** geben Zeugnis davon. Allein am Bodensee haben Archäologen rund 400 Pfahlbaudörfer gezählt, das jüngste stammt aus der Bronzezeit (ca. 1800 – 800 v. Chr.). Das Pfahlbaumuseum in Unteruhldingen gewährt Einblicke in den Alltag der stein- und bronzezeitlichen Dorfbewohner.

Aus der um 800 v. Chr. einsetzenden Eisenzeit sind keine Pfahlbauten bekannt. Um 600 v. Chr. drangen die **Kelten** in die Bodenseeregion vor und gründeten dort spätestens ab dem 3. Jh. v. Chr. befestigte Siedlungen, aus denen später Städte wie Bregenz oder Konstanz erwuchsen.

Antike

Römer und Alemannen

Im Verlauf des 1. Jh. v. Chr. stießen die Römer über die Alpen in den keltischen Kulturraum vor und unterwarfen bis 15 v. Chr. die keltischen Vindeliker sowie die vermutlich illyrischen Räter. Der Bodensee, lateinisch »Lacus Brigantinus«, gehörte nun zur römischen **Provinz Raetia,** deren Grenzen in den folgenden beiden Jahrhunderten zunächst weiter nach Norden verschoben wurden. Im Zuge des Vordringens von **Germanenstämmen** mussten die Römer die Gebiete zwischen Rhein, Bodensee und Donau im 3. Jh. jedoch wieder aufgeben. Am Hochrhein und am Bodensee in Konstanz, Arbon und Bregenz entstanden stark befetigte Kastelle, die die Grenze schützen sollten und die Teil des neuen **Donau-Rhein-Iller-Limes** waren. Trotz der Anstrengungen drangen die Alemannen 259 bis über den Hochrhein vor. Zwar konnte Kaiser Constantius I. sie 298 schlagen. Doch nachdem die Westgoten um 400 bis in die Poebene vorgedrun-

gen waren, gaben die Römer ihre Gebiete nördlich der Alpen auf. Die **Alemannen** nahmen daraufhin das Land um den Bodensee in ihren Besitz. Etliche Siedlungen mit der Endung »-ingen«, wie z.B. Wollmatingen, weisen auf alemannische Gründungen hin.

Frühmittelalter

Heiden und Missionare

Das frühe Mittelalter stand ganz im Zeichen der Christianisierung der alemannischen Bevölkerung, die bereits um 500 den Merowingerkönigen tributpflichtig geworden war. Konstanz wurde 585 Bischofssitz und damit die wichtigste Stadt in der Region. Etwa zur gleichen Zeit wirkten der Mönch **Columban** und sein berühmter Schüler **Gallus** als Missionare am Bodensee. Die Einsiedelei des Letzteren bildete die Keimzelle des Klosters St. Gallen, das um 720 gegründet wurde. Wie das 724 von Pirminius auf der Insel Reichenau gegründete Benediktinerkloster entwickelte es sich schon bald zu einem geistigen Zentrum des Karolingerreichs. Die gesamte Bodenseeregion blühte dadurch auf.

Aufstieg der Städte

Der Staufer-Kaiser Friedrich Barbarossa erwarb große Besitzungen am Bodensee, um von dort die Alpenpässe wirksamer kontrollieren zu können. Im Konflikt mit den oberitalienischen Städten wurden 1153 und 1183 in Konstanz Friedensschlüsse vereinbart, die den Bodenseeraum zur **Drehscheibe des transalpinen Handels** machten. Unter der Dynastie der Habsburger, die mit Rudolf I. 1273 zum ersten Mal einen deutschen König stellten, erhielten die Städte im Heiligen Römischen Reich zusätzliche Privilegien. Auch Überlingen, Lindau und Konstanz profitierten davon. Um ihre Freiheiten gegenüber dem Adel besser verteidigen zu können, gingen die großen Bodenseestädte seit dem 14. Jh. untereinander Bündnisse ein.

Spätmittelalter und frühe Neuzeit

Konstanzer Konzil

Von 1414 bis 1418 trafen sich in Konstanz viele tausend kirchliche und weltliche Fürsten aus ganz Europa zu einem Konzil, mit dem das Große Abendländische Schisma von 1378 beendet werden sollte. Nach Absetzung bzw. Rücktritt der drei in Avignon, Rom und Pisa residierenden Päpste wurde Martin V. 1417 zum alleinigen Oberhaupt der Kirche gewählt und kehrte als allgemein anerkannter Papst nach Rom zurück. Obwohl König Sigismund ihm freies Geleit zugesagt hatte, wurde der tschechische Kirchenkritiker und Reformator

Das Pfahlbaumuseum in Unteruhldingen gibt Einblicke in das Leben der Menschen vom 5. bis 1. Jahrtausend vor Christus.

CHRONOLOGIE

VORGESCHICHTE UND ANTIKE

Ab 5000 v. Chr.	Errichtung von Pfahlbaudörfern
Um 600 v. Chr.	Kelten besiedeln den Bodenseeraum.
Ab 15 v. Chr.	Die Bodenseeregion wird römisch.
Nach 400	Alemannen nehmen die Region in Besitz.

FRÜHMITTELALTER

Um 500	Die Merowinger herrschen am Bodensee.
Um 610	Beginn der Christianisierung
720	Gründung des Klosters St. Gallen
724	Gründung des Klosters auf der Reichenau

SPÄTMITTELALTER

1414 – 1418	Das Konstanzer Konzil
1499	Die Schweizer Eidgenossenschaft wird unabhängig.
Ab 1521	Konstanz und Lindau werden kurzzeitig protestantisch.
1525	Niederschlagung der Bauernaufstände

VOM DREISSIGJÄHRIGEN KRIEG BIS 1815

1618 – 1648	Dreißigjähriger Krieg, Schwedenbelagerung
1806	Politische Neuordnung des Bodenseegebiets unter Napoleon

19.–21. JAHRHUNDERT

1848	Revolution: Ausrufung der deutschen Republik
1900	Flug des ersten Zeppelins
1939 – 1945	Zweiter Weltkrieg: wenig Zerstörungen
1972	Gründung der Internationalen Bodenseekonferenz
1983	Das Kloster St. Gallen wird UNESCO-Weltkulturerbe.
2000	Die Insel Reichenau wird UNESCO-Weltkulturerbe.
2011	Pfahlbauten werden UNESCO-Weltkulturerbe.
2024	Dreijähriges Fangverbot für Felchen.

Jan Hus während des Konzils als Ketzer zum Feuertod verurteilt und am 6. Juli 1415 in Anwesenheit des Königs verbrannt.

Die Eidgenossenschaft entsteht

Zwischen dem Ende des 13. und dem Beginn des 16. Jh.s war es immer wieder zu Auseinandersetzungen zwischen der sich formierenden Eidgenossenschaft und der Habsburger Dynastie gekommen. Bereits nach dem Tod Rudolf I. im Jahr 1291 hatten sich die sog. **Urkantone** Uri, Schwyz und Unterwalden aus Sorge, dass der Sohn und Erbe Rudolfs ihnen gegenüber als Feudalherr auftreten und Rechtsansprüche geltend machen würde, zu einem Bündnis zusammengeschlossen, dem im Laufe der Jahrhunderte immer mehr Städte und Gebiete der heutigen Schweiz beitraten. Die Konflikte konnten aber erst 1499 nach dem Sieg der Schweizer über das Heer der Habsburger beigelegt werden. Im **Frieden zu Basel** wurde die Unabhängigkeit der mittlerweile aus 13 Städten und Kantonen bestehenden Eidgenossenschaft anerkannt.

Reformation

Die Verbreitung der Lehren Martin Luthers führte auch am Bodensee zu einigen Umwälzungen. Freie Reichsstädte wie Lindau und Konstanz schlossen sich der reformatorischen Bewegung an und traten 1531 sogar dem Schmalkaldischen Bund bei, einem Bündnis protestantischer Fürsten. Nach der Niederlage des Bundes im Krieg gegen Kaiser Karl V. büßte zumindest Konstanz seinen Status als freie Reichstadt ein und wurde rekatholisiert.

Bauernkrieg

Wie andernorts wehrten sich im Zug der Reformation auch die Bauern am Bodensee gegen die immer drückender werdenden Lasten. 1525 schlossen sie sich zum **»Seehaufen«** zusammen und forderten die Abschaffung des Frondienstes und der Leibeigenschaft. Trotz anfänglicher Erfolge verloren sie am Ende den Kampf gegen die Truppen ihrer Feudalherren, viele von ihnen wurden gefoltert und hingerichtet.

Vom Dreißigjährigen Krieg bis Napoleon

Dreißigjähriger Krieg

Während des Dreißigjährigen Krieges war der Bodensee Schauplatz mehrerer Schlachten zwischen kaiserlich-katholischen und den protestantischen Truppen des Herzogs von Württemberg, denen sich Schweden angeschlossen hatten. Erst nach dem **Westfälischen Frieden von 1648** zogen sich alle kriegsführenden Parteien aus der Bodenseeregion zurück. Die schweizerische Eidgenossenschaft, die während des Kriegs neutral geblieben war, wurde durch das Vertragswerk endgültig als souveräner, vom Heiligen Römischen Reich unabhängiger Staat anerkannt.

Säkularisierung

Um 1800 brachten die Napoleonischen Kriege ein Ende der territorialen Zersplitterung Mitteleuropas. Zunächst führte der Reichsdeputationshauptschluss von 1803 dazu, dass die geistlichen Fürstentümer auf dem Gebiet des Heiligen Römischen Reichs aufgelöst wuden. In der Bodenseeregion waren die Reichsabtei Salem und das Kloster Reichenau davon betroffen. Im Zuge der politischen Neuordnung Deutschlands teilten die 1806 auf Betreiben Napoleons neu gegründeten Königreiche Württemberg und Bayern sowie das ebenfalls neu gegründete Herzogtum Baden die deutschen Bodenseegebiete unter sich auf. Die alte Schweizer Eidgenossenschaft war bereits 1798 nach der Besetzung des Landes durch napoleonische Truppen aufgelöst worden. An ihre Stelle trat die **»Helvetische Republik«**, ein Staat von Napoleons Gnaden.

Revolutionäre Zeiten

Hecker-aufstand

Im Revolutionsjahr 1848 machte Konstanz als Zentrum und Ausgangspunkt des sog. Heckeraufstandes von sich reden. Im April des Jahres unternahm der radikaldemokratische Revolutionsführer **Friedrich Hecker** zusammen mit einigen Freischärlergruppen den Versuch, von der Bodenseestadt in die badische Hauptstadt Karlsruhe zu ziehen, den Großherzog zu stürzen und eine deutsche Republik auszurufen. Eine Truppe des deutschen Bundes unter Führung von Friedrich von Gagern schlug den Aufstand aber schon drei Tage nach seinem Beginn nieder. Die Revolutionäre mussten in die Schweiz fliehen.

Industrielle Revolution

Die Industrielle Revolution des 19. Jh.s ging auch am Bodensee nicht spurlos vorüber. Um 1860 war die Textilproduktion in Vorarlberg und am Schweizer Seeufer so stark mechanisiert, dass man die Fabriken der Region mit denen im englischen Manchester verglich. Auf deutscher Seite sorgte der Start des ersten Zeppelins bei Friedrichshafen am 2. Juli 1900 für Aufsehen. Die goldene Ära der » Giganten des Himmels« ist zwar lange vorbei, doch seit 1993 stellt das Zeppelin-Werk in Friedrichshafen wieder Luftschiffe her.

Dampfschiffe und Eisenbahnen

Ab 1824 verbanden Liniendampfschiffe die Orte am Bodensee. Zwar machte ihnen seit der zweiten Hälfte des 19. Jh.s der Schienenverkehr rund um den See Konkurrenz, doch mit dem Anschluss der Region an das Eisenbahnnetz der Anrainerstaaten kamen auch immer mehr Touristen, die die Schiffe für Ausflüge nutzten.

20. und 21. Jahrhundert

Erster Weltkrieg

Während des Ersten Weltkriegs wurde die bis dahin mehr oder weniger offene deutsch-schweizerische Grenze weitgehend dicht gemacht und der kleine Grenzverkehr zwischen Konstanz und Kreuzlingen stark kontrolliert. Friedrichshafen entwickelte sich mit den dort ansässigen Unternehmen Luftschiffbau Zeppelin und Maybach-Motorenbau zu einem wichtigen Standort der Rüstungsindustrie. In den 1920er-Jahren kamen die Dornier-Werke hinzu, die in der Bodenseestadt bis 1935 Großflugboote zusammenbauten.

NS-Zeit

Während der Naziherrschaft regierten am deutschen Bodenseeufer und in Vorarlberg seit dem »Anschluss« Österreichs im Jahr 1939 Terror und Schrecken. In der Reichspogromnacht am 9./10. November 1938 zerstörten die Nazis die Synagogen von Konstanz, Gailingen, Wangen und Randegg (Gottmadingen). 1940 wurden 580 Patienten der psychiatrischen Heil- und Pflegeanstalt auf der Reichenau in Grafeneck vergast. Im KZ Überlingen-Aufkirch, einer Außenstelle

Die bislang letzte Seegfrörne und damit auch die letzte Eisprozession fand 1963 statt.

des KZ Dachau, arbeiteten sich von Herbst 1944 bis zu ihrer Befreiung durch die französische Armee im April 1945 mehr als 300 Häftlinge zu Tode. Von den Bombenangriffen des Zweiten Weltkrieges blieb die Bodenseeregion weitgehend verschont. Ausnahmen bildeten Friedrichshafen, das wegen der dort ansässigen Rüstungsindustrie fast vollständig zerstört wurde, und Bregenz, dessen Nazi-Führer die Übergabe der Stadt verhindern wollten. Die Schweiz blieb während des Zweiten Weltkriegs neutral.

Nach dem Zweiten Weltkrieg

Mit Ende des Zweiten Weltkriegs wurden die Gebiete am Bodensee von alliierten Truppen besetzt und den französischen Besatzungszonen in Deutschland und Österreich zugeordnet. In der Nachkriegszeit entwickelte sich der deutsche Bodenseeraum allmählich zu einem Ferien- und Erholungsgebiet. 1963 wurde die einzige **Seegfrörne** des 20. Jh.s wie ein Volksfest gefeiert. Um ihre Zusammenarbeit in Wirtschaft, Umweltschutz, Bildung und Wissenschaft zu intensivieren, gründeten die Anrainer des Bodensees und Liechtenstein 1972 die **Internationale Bodenseekonferenz** (IBK).

Das 21. Jh.

2000 verlieh die UNESCO der Klosterinsel Reichenau und 2011 den prähistorischen Pfahlbauten des Alpenraums den Titel eines **»Weltkulturerbes«.** Das Kloster St. Gallen besitzt ihn schon seit 1983. Konstanz feierte von 2014 bis 2018 mit einem breit gefächerten Kulturprogramm das 600-jährige Jubiläum des Kirchenkonzils. Die Fischbestände des Bodensees verringern sich seit einigen Jahren dramatisch, aus diesem Grund wurde 2024 ein dreijähriges Fangverbot für Felchen erlassen.

KUNSTGESCHICHTE

An eindrucksvollen Zeugnissen von Kunst ist am Bodensee kein Mangel. Höhepunkte sind die romanischen Wandmalereien in der Kirche St. Georg auf der Reichenau und barocke Schmuckstücke wie die Bibliothek des Klosters St. Gallen und die Wallfahrtskirche Birnau.

Romanik

Die Kirchen auf der Reichenau

Die Kirchen auf der Reichenau, seit dem Jahr 2000 ein UNESCO-Welterbe, zählen zu den großartigsten Zeugnissen frühmittelalterlicher Architektur. An den drei Gotteshäusern lässt sich die Entwicklung der romanischen Baukunst besonders gut studieren. So ist die Basilika **St. Georg in Oberzell** ein ausgezeichnetes Beispiel vorromanischen, spätkarolingischen Kirchenbaus. Die Wände des Langhauses sind reich mit Fresken bemalt, die wahrscheinlich ebenfalls in karolingischer Zeit entstanden und Szenen aus dem Leben Jesu zeigen. Das **Münster St. Maria und St. Markus in Mittelzell,** eine dreischiffige doppelchörige Basilika mit östlichem und westlichem Querhaus, präsentiert sich trotz späterer baulicher Veränderungen bis heute als ein frühromanischer Kirchenbau des 10. und 11. Jahrhunderts. Die Kirche **St. Peter und Paul** entstand an der Wende vom 11. und 12. Jh. an der Stelle eines abgebrochenen Vorgängerbaus als hochromanische Säulenbasilika.

Gotik

Kirchenbaukunst

Die Gotik ist in der Bodenseeregion u.a. mit dem **Münster der Zisterzienserabtei Salem** prominent vertreten. Der vermutlich um 1285 begonnene und 1414 während des Konstanzer Konzils geweihte Kirchenbau zeichnet sich allerdings durch den Verzicht auf Fassadenschmuck wie Pfeiler, Türmchen oder Statuen aus und wirkt im Vergleich zu seinen französischen Vorbildern eher schlicht. Auch ein himmelwärts stürmender Turm wie am Freiburger oder am Ulmer Münster fehlt, denn die strengen Ordensregeln der Zisterzienser verboten jede Form von Prunk und Prachtentfaltung. Innen verraten deshalb nur die Kreuzgewölbe und außen die maßwerkverzierten Spitzbogenfenster, die die Fassaden stark gliedern, den gotischen Ursprung der Basilika. Gegen Ende des 18. Jh.s erfuhr der Innenraum Umgestaltungen im Stil des Klassizismus.
Die wirtschaftliche Blüte, die Konstanz nach dem Konzil der Jahre 1414 bis 1418 erlebte, führte zu einer regen Bautätigkeit, während

St. Georg auf der Insel Reichenau ist ein Juwel unter den romanischen Kirchen. Die Malereien wurden aufwendig restauriert.

der auch das **Münster Unserer Lieben Frau** sein bis heute bestehendes spätgotisches Erscheinungsbild erhielt. Die Maßwerkfenster und Kreuzrippengewölbe der Seitenschiffe etwa stammen aus dieser Zeit. Besonders aber die Säulenreihen beiderseits des Mittelschiffs weisen auf die Romanik zurück, in deren Blütezeit um 1050 man mit dem Kirchenbau begann. Älter als das Langhaus sind die vielleicht schon um 850 angelegte Krypta und die Mauritiusrotunde im Osten des Münsters. Die kleine Kapelle wurde ursprünglich um 940 errichtet und um 1300 im Stil der Gotik neu gestaltet. Innen birgt sie eine Nachbildung des Heiligen Grabes in der Grabeskirche von Jerusalem. Der dem Freiburger Münsterturm nachempfundene Turm über der Westfassade wurde allerdings erst in der Mitte des 19. Jh.s angebracht. Er verdankt sich der Gotikbegeisterung jener Zeit.
Der größte spätgotische Kirchenbau am Bodensee, das **Münster St. Nikolaus** in Überlingen, ist gewissermaßen peu à peu durch Erweiterungen der eher bescheidenen Pfarrkirche enstanden. Zuletzt baute man die Hallenkirche im 16. Jh.s durch eine Erhöhung des Mittelschiffs zu einer Basilika mit niedrigen Seitenschiffen um. Größter Schatz der Kirche ist der von **Jörg Zürn** 1606 geschaffene, kunstvoll geschnitzte Hochaltar, mit dem der Manierismus aus Italien einen Abstecher an den Bodensee machte.

MALENDE MÖNCHE

Heute informiert sich auch der Abt über seine Handy-App. Doch in Zeiten als der Buchdruck noch nicht erfunden war, sorgten Wandermönche vom 8. bis zum 11. Jahrhundert in den Benediktinerklöstern des Bodenseeraums durch Abschriften wichtiger Bücher dafür, dass die Nachrichten in die Welt kamen. Damals entstanden in den Klöstern in St. Gallen und auf der Insel Reichenau die prachtvollsten und bedeutendsten Bilderhandschriften Europas.

Der St. Gallener Klosterplan wies das **Skriptorium** als ein geräumiges Gebäude aus und man vermutet, dass dort mindestens sieben schreibende und malende Mönche ständig tätig waren, die an Stehpulten kostbare Abschriften bearbeiteten. Schreiber sorgten für die kunstvolle Schrift, dem Miniator oblagen die Bildumrandungen und Initialen, die Anfangsbuchstaben sowie die farbigen Kapitelüberschriften. Die zum Teil ganzseitigen illustrativen Bildszenen dagegen schuf der Illuminator.

In den Schreibstuben

Geschrieben und gemalt wurde auf Pergament, auf geglätteter Tierhaut also, wobei die Ausschmückung der Seiten durch Rohrfeder mit Tusche über Pinselzeichnungen mit Wasserfarben bis zu aufwendiger Deckfarben- und Goldmalerei reichte. Zum Schluss wurde das Schreibwerk in einen prachtvollen Einband mit kunstvollen Beschlägen und Schließen gebunden. Hauptsächlich dienten die Abschriften zu Studienzwecken in der eigenen Klosterbibliothek. Vielfach gab es aber auch auswärtige Auftraggeber, häufig Geistliche, aber auch Fürsten und königlich-kaiserliche Familienmitglieder, welche die Bilderhandschriften zur Ehre Gottes, für ihr eigenes Seelenheil und für Kirchen und Klöster stifteten.

St. Gallener Psalter

Das lebhafte Interesse nicht zuletzt der karolingischen Herrscher führte bereits unter Abt Hartmut zur Aufwertung der Buchmalerei in St. Gallen, und so entstand der ihm gewidmete Folchart-Psalter um 870 als Prachthandschrift. Der Psalter war als liturgisches Buch eine Sammlung der 150 Psalmen des Alten Testaments für das Stundengebet. Unter dem von 890 bis 919 regierenden Abt Salomon III. gewann das St. Gallener Skriptorium europaweiten Ruf durch den Schreiber und Maler Sintram und den Dichter Notker Balbulus. Ihr Meisterwerk ist das Psalterium Aureum, der Goldene Psalter, benannt nach der goldenen Schrift und der reichen Goldornamentik, die zum Teil auf ganzseitigen Minaturen zum Ausdruck kommt. Die **St. Gallener Schule** entwickelte einen dekorativen Linienstil mit Rahmenleisten und bewegtem Umriss der Figuren, die auf dem purpurnen Hintergrund ausgespart waren.

Reichenauer Schule

Unter der Herrschaft Kaiser Ottos I. (962 – 973) verstärkte sich die staatskirchliche Tendenz. Die Schaffung von mächtigen Reichsklöstern war die Folge, verbunden mit einem starken Aufschwung regionaler Buchmalereizentren durch kaiserliche Förderung. Unter den sächsischen Kaisern profitierte am meisten davon das Kloster Reichenau, wo im 10./11. Jh. die kostbarsten und prächtigsten Handschriften des Reiches geschaffen wurden. Das Reichenauer Skriptorium stand stilistisch in der Nachfolge St. Gallens, erwarb sich aber durch seinen neuartigen zeichnerischen Realismus und das plastische Formverständnis eigene Verdienste. Berühmte Meisterleistungen sind der Egbert-Psalter (um 980) mit vielen Heiligen- und Bischofsdarstellungen sowie das Evangeliar Ottos III. (um 1000) und das Perikopenbuch Heinrichs II. (1002–1013). Ihre Vollendung findet die Reichenauer Schule in der **Monumentalmalerei** auf den Mittelschiffwänden der **St.-Georg-Klosterkirche** in Oberzell, auf denen die neun Wundertaten Christi (985 – 997) abgebildet sind. Der Zyklus zählt weltweit zu den bedeutendsten romanischen Wandmalereien. Der ins Langhaus eintretende Betrachter nimmt das Wundergeschehen in Teilszenen wahr, wobei die Rechteckbildfelder durch hervorragende Komposition und Farbabstufungen ebenso bestechen wie die nahezu perspektivische Sichtweise der Landschafts- und Architekturdarstellung. Nach 1050 schwindet die führende Rolle der Reichenauer Schule in der Buchmalerei. Heute sind von den bedeutendsten Handschriften in den Museen der Insel leider nur mehr **Faksimile** zu sehen. Doch sie vermitteln einen guten Eindruck vom mönchischen Alltag, der aus Gebet, Arbeit und Kunstschaffen bestand.

Das Evangeliar mit dem Bildnis Ottos III. gehört zu den kostbarsten Malereien von der Reichenau.

Renaissance, Barock und Rokoko

Eine Perle der Spätrenaissance

Schloss Heiligenberg im Linzgau zählt zu den spektakulärsten Profanbauten der Spätrenaissance nördlich der Alpen. Es entstand aus einer mittelalterlichen Burg, die Graf Friedrich von Fürstenberg, in dessen Besitz sie 1535 gelangte, zu der heute sichtbaren vierflügeligen Anlage ausbauen ließ. Der sich über zwei Stockwerke hinziehende Rittersaal beeindruckt durch eine kunstvoll geschnitzte Kassettendecke und ist ein typisches Beispiel für den Manierismus der Zeit.

Prachtvolle Kirchen und Schlösser

Unter den vielen Schmuckstücken barocker Architektur, die die Bodenseeregion zu bieten hat, stechen die **Fürstabtei St. Gallen,** das Neue Schloss in Meersburg und die Wallfahrtskirche Birnau besonders hervor. Die Klosteranlage, bereits seit 1983 UNESCO-Welterbe, ist ein Gemeinschaftswerk der Vorarlberger Baumeister **Peter Thum** und **Johann Michael Beer,** die mit ihren einschiffigen Kirchenbauten ein neues Bauschema in die Architektur einführten. Die Klosterbibliothek und die Stiftskirche, seit 1847 Kathedrale des Bistums St. Gallen, glänzen in verschwenderischer barocker Pracht und Fülle. Für die Innenausstattung beider konnten die Architekten bekannte Künstler aus dem süddeutschen Raum gewinnen: **Joseph Wannenmacher** malte die Deckenfresken und **Johann Georg und Matthias Gigl** schufen die Stuckaturen. Die vermutlich im 8. Jh. gegründete Bibliothek hortet Handschriften, Inkunabeln und Bücher von unschätzbarem Wert, darunter Buchmalerei von der Insel Reichenau. Kein Geringerer als **Balthasar Neumann**, der Erbauer der Würzburger Residenz, entwarf das Treppenhaus des Neuen Schlosses in Meersburg, eine der schönsten Barockanlagen Süddeutschlands und zwischen 1750 und 1803 Residenz der Konstanzer Fürstbischöfe. Die ebenfalls von Balthasar Neumann entworfene Schlosskapelle besticht durch üppgie Stuckaturen, Putti und Fresken im Stil des Rokoko, die der Maler **Bernhard Göz** und der Stuckateur **Joseph Anton Feuchtmayer** schufen. Beide Künstler waren auch an der Innenausstattung der **Wallfahrtskirche Birnau** beteiligt – einer anderen Rokoko-Perle am Bodensee. Die Kirche entstand zwischen 1746 und 1749 unter der Federführung von Peter Thumb.

Klassizismus und Historismus

Pierre Michel d'Ixnard

Als Antwort auf den Prunk barocker Repräsentations- und Sakralbauten entwickelte sich ab 1770 der Klassizismus, der auf antike Vorbilder zurückgriff und klare Linien und Formen bevorzugte. Am Boden-

Vier Geschosse voller Geschichten schnitzte Jörg Zürn für den Hochaltar im Überlinger Münster.

see bereitete ihm vor allen Dingen **Pierre Michel d'Ixnard** den Boden. Der französische Architekt gestaltete um 1774 den Altarraum des Konstanzer Münsters neu, sein Schüler Joachim Scholl baute ab 1773 die Stiftskirche in Salem im klassizistischen Stil um. Im Schweizer Kanton Appenzell Ausserrhoden findet sich ein besonders bemerkenswertes Beispiel klassizistischer Baukunst. Dort hat man das Dorf Heiden nach dem verheerenden Brand des Jahres 1838 mit klassizistisch-biedermeierlichen Bauten versehen.
Der sich in der zweiten Hälfte des 19. Jh.s vielerorts in Europa durchsetzende Historismus ist am Bodensee mit dem **Schloss Montfort** in Langenargen, einer Villa im maurischen Stil, vertreten.

Moderne und Postmoderne

Moderne Akzente

Friedrichshafen kann mit baulichen Zeugnissen der klassischen Moderne punkten: Kubische Formen kennzeichnen den Klinkerbau der **St.-Petrus-Canisius-Kirche** (1927/1928) von Hugo Schlösser und Friedrich Wilhelm Laur wie den 1933 errichteten Hafenbahnhof von Karl Hagenmeyer, in dem heute das Zeppelin Museum residiert.
Das 2000 eingeweihte **Salem College** von Arno Lederer setzt postmoderne Akzente in **Überlingen.** In Bregenz schuf Wilhelm Holzbauer von 1973 bis 1980 den Stahl-Beton-Bau des Vorarlberger Landtags, und Hans Hollein errichtete einen postmodernen Verwaltungsbau für eine Versicherung (1991 – 1993). Am Schweizer Bodenseeufer, in Altenrhein, leuchtet seit 2001 die bunte, vielförmige und turmbesetzte **Markthalle von Friedensreich Hundertwasser. Lindau** erhielt 2000 ein extravagantes **Spielbankgebäude** von Hans Lechner, ein weißer Zylinder mit zwei gläsernen Quadern. 1997 eröffnete das **Kunsthaus Bregenz** des Schweizer Architekten **Peter Zumthor.**

INTERESSANTE MENSCHEN

Wanderer zwischen den Welten: Otto Dix

1891–1969
Maler

Der im ostthüringischen Untermhaus, heute ein Stadtteil von Gera, geborene Otto Dix gilt als bedeutender Vertreter des **kritischen Realismus.** Nach dem Ersten Weltkrieg, an dem er noch als Freiwilliger teilgenommen hatte, entwickelte er sich zu einem scharfen Analytiker der gesellschaftlichen Situation in der Weimarer Republik, der mit seiner schonungslos detaillierten, manchmal ins Groteske gesteigerten, realistischen Malweise politische und gesellschaftliche Missstände anprangerte. 1927 wurde er zum Professor an der Kunstakademie Dresden berufen, von den Nazis aber 1933 entlassen und 1934 mit einem Ausstellungsverbot belegt. 1936 zog sich er sich nach Hemmenhofen auf der Höri zurück, wo er **unauffällige Landschaftsbilder** im altdeutschen Stil malte. Nach dem Krieg blieb Dix am Bodensee, kehrte aber zum expressionistischen Stil der Anfangsjahre zurück. In seinem Haus in Hemmenhofen sind Bilder aus seiner Zeit am Bodensee zu sehen. Die 1958 entstandenen Buntglasfenster der evangelischen Kirche von Öhningen-Kattenhorn gehören zu den Meisterwerken der Spätzeit. Otto Dix starb in Singen.

Flugzeugpionier: Claude Dornier

1884–1969
Ingenieur

Der in Kempten im Allgäu geborene Claude Dornier studierte an der Technischen Hochschule München Maschinenbau. Nach dem Studium, das er als Diplom-Ingenieur abschloss, arbeitete er zunächst als Statiker in verschiedenen Firmen. 1910 wechselte er zu den Friedrichshafener Zeppelinwerken, wo er eine steile Karriere begann. Bereits 1913 avancierte der erst 27-Jährige zum persönlichen wissenschaftlichen Berater von Graf Zeppelin. Seine Abteilung »Do X« wurde 1917 in »Zeppelin Werk Lindau GmbH« umbenannt und ab 1922 von ihm unter dem Namen »Dornier Metallbauten GmbH« als eigenständige Gesellschaft innerhalb des Zeppelin-Konzerns geführt. 1932 dann übernahm Dornier das Unternehmen als Alleingesellschafter. Dornier ist als Pionier besonders im Bau von Metallflugzeugen und in der Konstruktion von hochseefähigen Flugbooten hervorgetreten. Roald Amundsen beispielsweise brach mit einer »Do J – Wal« zum Nordpol auf, die legendäre **»Do X«** flog über den Atlantik. In der Nazi-Zeit wurde auf die Entwicklung und Produktion von Militärflugzeugen umgestellt. Nach dem Krieg hielt sich Dornier zunächst mit der Konstruktion und Fertigung von Webstühlen über Wasser, erst ab 1954 begann er in Immenstaad wieder Flugzeuge zu bauen. 1962 überließ der mittlerweile 78-jährige Dornier die Unternehmensführung seinen Söhnen. Zwischenzeitlich von Daimler übernommen, wurde die Firma später in den EADS Konzern integriert, dann vom schwedischen Konzern Vattenfall übernommen und firmiert seit 2020 wieder als Dornier Group.

Lebenselixier Bodensee: Annette von Droste-Hülshoff

1797–1848
Dichterin

Den Bodensee hat Annette von Droste Hülshoff erst relativ spät für sich entdeckt. Das erste Mal war sie zwischen September 1841 und Juli 1842 Gast **auf der Meersburg**, auf der ihre Schwester Jenny von Laßberg seit 1838 mit ihrer Familie lebte. Doch ließ die Gegend sie danach offensichtlich nicht mehr los. In den letzten Lebensjahren verbrachte sie mehr Zeit am Bodensee als bei ihrer Mutter auf dem Familiengut Rüschhaus bei Münster. Der Bodensee wurde zu einer Art Lebenselixier für sie und zu einer wichtigen Inspirationsquelle. Ihre wohl bedeutendsten Gedichte entstanden hier. Viele davon wie etwa »Am Bodensee«, »Das alte Schloss« oder »Am Thurme« nehmen auf die Landschaft Bezug, enthalten sich aber jeder romantischen Verklärung, sondern spiegeln die innere Zerrissenheit, die Ängste und Sehnsüchte der Dichterin wider. Ihr bekanntestes Werk, die 1842 erschienene Novelle »Die Judenbuche«, spielt allerdings in ihrer Heimat Westfalen. Der literarische Erfolg versetzte die Droste 1843 in die Lage, in Meersburg das sog. Fürstenhäusle als Rückzugsort zu ersteigern. Die seit Kindertagen kränkelnde Dichterin starb im Mai 1848 auf der Meersburg.

Posthumer Held: Georg Elser

1903–1945
Hitler-Attentäter

Als am 8. November 1939 im **Münchner Bürgerbräukeller** exakt um 21.20 Uhr eine Zeitbombe explodierte, die Hitler töten sollte, saß der Attentäter bereits fest. Weil seine Grenzkarte abgelaufen war und er sich auch sonst verdächtig machte, hatten Zollbeamte Georg Elser bereits 35 Minuten vor der Detonation an der Schweizer Grenze in Konstanz festgehalten. Nachdem er unter Folter gestanden hatte, den Anschlag geplant zu haben, wurde er als »Sonderhäftling des Führers« ohne Prozess gefangen gehalten und erst kurz vor Kriegsende, am 9. April 1945, auf Befehl Hitlers erschossen.

Dass Georg Elser, nachdem er die Bombe gelegt hatte, von München nach Konstanz floh, ist sicherlich kein Zufall. Die Stadt und der

Bodensee waren dem im württembergischen Hermaringen geborenen Kunstschreiner vertraut. Zwischen 1925 und 1932 hatte er an verschiedenen Orten rund um den See, u.a. in einer Konstanzer Uhrenfabrik und bei Dornier in Friedrichshafen, gearbeitet. Lange Zeit schien Elser vergessen, mittlerweile aber sind Straßen und Plätze in verschiedenen Orten der Republik nach ihm benannt. 2009 wurde in Konstanz eine Elser-Büste an der Schwedenschanze 10 enthüllt, genau an dem Ort, an dem er verhaftet wurde.

Legendenumrankt: Hl. Gallus

um 550–640
Missionar

Die Herkunft des hl. Gallus ist bis heute nicht eindeutig geklärt. Während einige Historiker immer noch die Ansicht vertreten, dass er aus Irland stammte, gehen andere davon aus, dass er ursprünglich in den Vogesen beheimatet war und sich 610 in Luxeuil-les-Bains im heutigen Département Haute-Saône dem irischen Mönch Columban anschloss, um die Alemannen zu missionieren. Wie dem auch sei, Gallus ist auf jeden Fall als **Gründer des Klosters St. Gallen** in die Geschichte eingegangen und bis heute Schutzpatron der Stadt wie des Bistums. Der Legende nach soll er von Arbon aus die Steinach hinauf in den Wald gezogen und dabei über einen Dornbusch gestolpert sein – für ihn ein göttliches Zeichen, hier zu verweilen. Während der Rast machte sich ein Bär über die Mahlzeit des Mönchs her. Doch Gallus bezwang das Tier, indem er versprach, ihm etwas von seinem Essen abzugeben, wenn er im Gegenzug Holz für ein Feuer beschaffe. Der Bär tat, wie ihm geheißen, und wurde danach nicht mehr gesehen. Um 612 baute Gallus »in der grünen Wildnis zwischen Bodensee und Säntis« eine Einsiedelei, an deren Stelle Otmar um 720 ein Kloster gründete, aus dem die Benediktinerabtei St. Gallen entstand. Gallus starb um das Jahr 640 in Arbon am Bodensee. Ein hoch aufgerichteter Bär schmückt bis heute das Wappen St. Gallens.

Kleine Fluchten: Hermann Hesse

1877–1962
Schriftsteller

Hesse wuchs als Sohn eines evangelischen Missionars im württembergischen Calw auf und wurde pietistisch-streng erzogen. Nach einer krisenhaften, spannungsreichen Jugendzeit arbeitete er zunächst als Buchhändler in Tübingen und Basel. 1904 gelang ihm mit der Erzählung »Peter Camenzid« der literarische Durchbruch. Der auch finanzielle Erfolg erlaubte es Hesse, als freier Schriftsteller zu leben und seine Jugendliebe, die Fotografin Maria Bernouilli, zu heiraten. Das Paar ließ sich im abgeschiedenen **Gaienhofen auf der Höri** nieder und bezog dort zunächst ein Bauernhaus ohne Wasser und Strom. Nach der Geburt des Sohnes 1905 ließ Hesse für sich und

OBEN: Hermann Hesse wollte »entweder Dichter werden oder gar nichts«. Gaienhofen war eine Station im Leben des Literaturnobelpreisträgers.

UNTEN: Otto Dix zog sich unter den Nazis auf die Höri zurück.

seine Familie am Ort ein Haus im Stil der Reformbewegung errichten. Doch schon 1912 zog es den unsteten Hesse weg vom Bodensee nach Bern. Reisen führten ihn durch halb Europa und nach Indien, bis er sich 1919 in Montagnola im Tessin niederließ. 1923 nahm Hesse die Schweizer Staatsbürgerschaft an, seine Ehe wurde geschieden, und er heiratete 1924 die Sopranistin Ruth Wenger. Bereits 1946 erhielt Hesse den Nobelpreis für Literatur und 1955 den Friedenspreis des deutschen Buchhandels.

Als Ketzer verurteilt, als Märyrer verehrt: Jan Hus

um 1370–1415
Refomator

Der im südböhmischen Husinec geborene Bauernsohn Jan Hus war zunächst Prediger in Prag an der Bethlehemskapelle, später Magister und Rektor an der dortigen Karlsuniversität. Seine Ideen zur **Reform der Kirche,** die durch die Lehren des englischen Reformators John Wyclif inspiriert waren und zugleich dem aufkeimenden tschechischen Nationalismus entgegenkamen, wirkten weit über die Grenzen Böhmens hinaus. Schon als Prediger wandte er sich gegen die absolute Autorität des Papstes, kritisierte den weltlichen Kirchenbesitz und forderte eine böhmische Nationalkirche. Nach Predigtverbot und Kirchenbann stellte Hus 1411 in der Streitschrift »De Ecclesia« (»Über die Kirche«) die Kirche als Gemeinschaft von gleichberechtigten Gläubigen dar, die nur Christus, nicht aber den Papst, als Haupt anerkennen dürfe. 1414 reiste Hus nach **Konstanz,** um dem dort tagenden Konzil seine Ansichten darzulegen. Obwohl ihm König Sigismund freies Geleit zugesichert hatte, wurde er dort schon bald nach seiner Ankunft im November 1414 verhaftet, im Juli 1415 zum Feuertod verurteilt und auf dem Scheiterhaufen verbrannt. Der Märtyrertod machte Hus zum Helden der kirchenreformerischen und sozialrevolutionären Bewegung der Tschechen, die sich nach ihm Hussiten nannten.

Expressiv und visionär: Franz Anton Maulbertsch

1724–1796
Maler

Der 1724 in Langenargen geborene Barockmaler lebte von 1739 bis zu seinem Tod in Wien. Nach der Ausbildung an der dortigen Kunstakademie, deren Mitglied (1759) und Professor (1770) er wurde, schuf er vor allem Deckengemälde für Kirchen, Schlösser und Bibliothekssäle in Österreich, Böhmen und Ungarn. Dabei verband er Visionäres und Expressives zu effektvoll-dramatischen Kompositionen. In den 1760er-Jahren wandte er sich allerdings dem Klassizismus zu. Im **Langenargener Museum** und im **Zeppelin Museum von Friedrichshafen** sind einige bedeutende Altarblätter von Maulbertsch zu sehen.

Die Phythia vom Bodensee: Elisabeth Noelle-Neumann

1916–2010
Demoskopin

Elisabeth Noelle-Neumann, in Berlin geboren, gilt als **Pionierin der Meinungsforschung** in Deutschland. Das von ihr 1948 gegründete Institut für Demoskopie Allensbach war das erste seiner Art in der Bundesrepublik und zählt bis heute zu den fünf renommiertesten Meinungsforschungsinstituten Deutschlands. Besonders die repräsentativen Umfragen zu den Parteipräferenzen der Bundesbürger und die Wahlprognosen haben das Institut und Allensbach republikweit bekannt gemacht. Ihr Handwerk lernte Elisabeth Noelle-Neumann in den USA, wo sie von 1937 bis 1938 als Stipendiatin des DAAD an der University of Missouri lernte. Nach der Rückkehr von einer Weltreise promovierte sie 1940 in Berlin über die Meinungs- und Massenforschung in den USA. Im Anschluss schrieb Noelle-Neumann, die Mitglied des nationalsozialistischen deutschen Studentenbundes war, Artikel für die von Joseph Goebbels herausgegebene Zeitschrift »Das Reich«. Dennoch genoss Noelle-Neumann einen exzellenten Ruf als Wissenschaftlerin. 1964 wurde sie an die Universität Mainz berufen, wo sie bis zu ihrer Emeritierung 1983 als Direktorin des Instituts für Publizistik wirkte. Dem Allensbacher Institut blieb sie bis zu ihrem Tod 2010 treu.

Der Mystiker vom Bodensee: Heinrich Seuse

1295–1366
Dominikanermönch

Heinrich Seuse oder auch Heinrich Suso wurde als Sohn eines Konstanzer Patriziers entweder in Konstanz oder Überlingen geboren. 1308 trat er als Novize in das Konstanzer Dominikanerkloster ein und ab 1323 studierte er in Köln Theologie bei dem berühmten Meister Eckhart. Da sein Lehrer 1325 der Häresie angeklagt wurde, konnte Seuse das ins Auge gefasste Amt des Lektors in Konstanz nicht antreten. Nach einigen Wanderjahren trat er schließlich in das Ulmer Kloster seines Ordens ein, wo er bis zu seinem Tod lebte. Seuses theologische Schriften sind von den Lehren des Thomas von Aquin und Meisters Eckharts beeinflusst. Seine Hauptwerke »Leben«, »Büchlein der Wahrheit«, »Büchlein der ewigen Weisheit« und »Briefbüchlein« verfasste er auf Deutsch. Bis heute wird Seuse als **dichterisch wohl begabtester deutscher Mystiker** geschätzt. Papst Gregor XVI. sprach ihn 1831 selig. Seinem Leben und seinen Lehren kann man im Suso-Haus in Überlingen nachspüren.

Avantgarde des Barock: Die Familie Thumb

17./18. Jh.
Architekten

Die Architektenfamilie aus dem Bregenzer Wald stellte namhafte Vertreter der **Vorarlberger Schule,** die um 1700 die süddeutsche barocke Baukunst vom italienischen Vorbild befreite und der sog. Wandpfeilerkirche zum Durchbruch verhalf. In den Raum ragende, breite Pilaster bzw. Wandpfeiler, zwischen denen kleine Kapellen eingerichtet sind, gliedern dabei das einschiffige, meist tonnengewölbte Langhaus. Galerien über den Kapellen sorgen für eine der Emporenbasilika ähnliche Raumwirkung. Die Gebrüder Michael Thumb (gest. 1690) und Christian Thumb (gest. 1726) errichteten gemeinsam u.a. die Schlosskirche in Friedrichshafen. Peter Thumb (1681 – 1766), der Sohn von Michael Thumb, ist der Erbauer der **Wallfahrtskirche Birnau** und der **Stiftskirche in St. Gallen**.

Ein Dichter und sein See: Martin Walser

1927–2023
Schriftsteller

Wohl kein anderer deutschsprachiger Schriftsteller der Gegenwart war so sehr **in seiner Heimatregion verwurzelt** wie der 1927 in Wasserburg bei Lindau geborene Martin Walser. Der Bodensee ist oft Schauplatz seiner Romane und Erzählungen oder bildet doch zumindest einen wichtigen Bezugspunkt ihrer Protagonisten. Dabei zeigen die Schilderungen von Land und Leuten am See, die das Werk durchziehen, wie sehr Walser an seiner Heimat hing. Der Autor gehört zu den sog. **Großschriftstellern** der Nachkriegszeit, die wie Heinrich Böll oder Günter Grass die Entwicklung der Bundesrepublik kritisch begleiteten. Seine Rede zur Verleihung des Friedenspreises des deutschen Buchhandels 1998, in der das Wort von der »Moralkeule Auschwitz« fiel, sorgte allerdings für Empörung. Mit dem Bronzebrunnen »Der Bodenseereiter« auf dem Landungsplatz in Überlingen hat der Bildhauer Peter Lenk Walsers Verhältnis zur deutschen Geschichte satirisch aufs Korn genommen. Die Brunnenskulptur zeigt den Autor als alternden Mann, der auf einem lahmen Gaul reitet. Walser lebte seit 1957 in Überlingen-Nußdorf, wo er am 26. Juli 2023 in seinem Haus verstarb. Bis zuletzt war Walser unermüdlich produktiv.

Eine Legende: Ferdinand Graf von Zeppelin

1838–1917
Offizier und Luftschiffbauer

Der Luftfahrtpionier wurde als Spross eines angesehenen württembergischen Adelsgeschlechts in Konstanz geboren. Seine Mutter entstammte einer reichen Schweizer Industriellenfamilie. Nach einem Studium an der Universität Tübingen und am Stuttgarter Polytechnikum schlug er, der Familientradition entsprechend, die Offizierslaufbahn ein und bekleidete hohe Staatsämter im Königreich Württemberg. 1863 hielt er sich als **militärischer Beobachter des amerikanischen Sezessionskrieges** in den USA auf und erlebte dabei den militärischen Einsatz von Fesselballons. Als Offizier nahm Zeppelin u. a. am Deutsch-

Französischen Krieg von 1870/71 teil. Nach kritischen Äußerungen zur Befehlsgewalt preußischer Generäle über württembergische Offiziere, die zu einer negativen Beurteilung durch seine Vorgesetzten führten, schied Zeppelin1891 aus dem aktiven Militärdienst aus und wandte sich der Luftschifffahrt und ihrem militärischen Potenzial zu. Dank eines großen ererbten Vermögens, seiner guten Verbindungen zum württembergischen König Wilhelm II. und zu Industriellenkreisen gelang ihm nach vielen Fehlschlägen, das **erste flugfähige Starrluftschiff** zu bauen (▶ Baedeker Wissen, S. 72). Am 2. Juli 1900 stieg »LZ 1« in Manzell am Bodensee auf. Dieser erste Zeppelin besaß bereits alle wesentlichen Eigenschaften der späteren so erfolgreichen Luftschiffe. Der Kaiser verlieh dem Grafen 1908 den Schwarzen Adlerorden – seine militärische Ehre war damit wiederhergestellt. Zeppelin starb in Berlin und wurde in Stuttgart beigesetzt.

Holzschnitzkunst vom Feinsten: Jörg Zürn

1583–1638
Bildhauer

Der Bildhauer entstammte einer **bedeutenden oberschwäbischen Steinmetz- und Holzschnitzerfamilie,** deren Sprösslinge im 17. und 18. Jh. in Süddeutschland und bis nach Olmütz in Mähren wirkten. Jörg Zürn richtete seine Werkstatt 1606 in Überlingen ein. Dort schuf er für das Münster St. Nikolaus u.a. den holzgeschnitzten, far-

Aufgeben war seine Sache nicht: Ferdinand Graf Zeppelin.

big gefassten Hochaltar und das Kalkstein-Sakramentshaus. Mit seinem überreichen Figurenschmuck gilt besonders der Altar als eines der originellsten Meisterwerke des deutschen Manierismus. Zürn greift hier noch einmal auf die Form der spätgotischen Schreinflügelaltäre zurück, in ihrer Umsetzung kündigt sich aber bereits die Renaissance an.

Der Erfinder des Reiseführers: Karl Baedeker

1801–1859
Verleger

Als Buchhändler kam Karl Baedeker viel herum, und überall ärgerte er sich über die »Lohnbedienten«, die die Neuankömmlinge gegen Trinkgeld in den erstbesten Gasthof schleppten. Nur: Wie sollte man sonst wissen, wo man übernachten könnte und was es anzuschauen gäbe? In seiner Buchhandlung hatte er zwar Fahrpläne, Reiseberichte und gelehrte Abhandlungen über Kunstsammlungen. Aber wollte man das mit sich herumschleppen? Wie wäre es denn, wenn man all das zusammenfasste?

Gedacht, getan: Zwar hatte er sein erstes Reisebuch, die 1832 erschienene »Rheinreise«, noch nicht einmal selbst geschrieben. Aber er entwickelte es von Auflage zu Auflage weiter. Mit der Einteilung in »Allgemein Wissenswertes«, »Praktisches« und »Beschreibung der Merk-(Sehens-)würdigkeiten« fand er die klassische Gliederung des Reiseführers, die bis heute ihre Gültigkeit hat. Bald waren immer mehr Menschen unterwegs mit seinen **»Handbüchlein für Reisende, die sich selbst leicht und schnell zurechtfinden wollen«.** Die Reisenden hatten sich befreit, und sie verdanken es bis heute Karl Baedeker.

Den Bodensee beschreibt er erstmals (sehr kurz) im 1842 erschienenen »Handbuch für Reisende durch Deutschland und den Oesterreichischen Kaiserstaat«.

»

Die Landschaft darf sich freilich mit der der Schweizer Seen nicht messen, indess werden die grosse blaue Wassermasse, die grünen Berge, die belebten Ufer, in der Ferne die Appenzeller Alpenkette, vor allem der schneebedeckte Säntis, und bei hellem Wetter östlich einzelne Schneegipfel der Vorarlberger Alpen nicht verfehlen, einen gewaltigen Eindruck auf den Wanderer zu machen, der die Schweiz noch nicht kennt.

«

Baedeker's Oesterreich, Süd- und Westdeutschland, 4. Auflage 1851

E

ERLEBEN & GENIESSEN

Überraschend, stimulierend, bereichernd

Mit unseren Ideen erleben und genießen Sie den Bodensee.

Segeln oder ein Zeppelinflug sind nur zwei von unedlich vielen Freizeitangeboten am See. ▶

GER
888
AUT
122
BOREAS

BEWEGEN UND ENTSPANNEN

Einmal um den ganzen See radeln, das ist der Klassiker unter den sportlichen Aktivitäten am Bodensee. Wer es entspannter angehen will, wandert in den sanften Hügeln des Hinterlands mit Blick auf den See oder betrachtet alles von oben und überlässt sich modernen Luftschiffen oder einem Heißluftballon. Wasserratten können sich unbeschwert in die Fluten stürzen, denn der Bodensee ist sauber wie Trinkwasser.

Abheben

Ein unvergessliches, wenn auch teures Erlebnis ist ein **Rundflug** mit dem neuen Zeppelin NT. Das Luftschiff, in dem 12 Passagiere Platz finden, startet zu Rundflügen zwischen 30 Minuten und 2 Stunden ab Friedrichshafen und fliegt in 300 m Höhe über den westlichen oder östlichen Bodensee (▶ Friedrichshafen). Nahezu lautlos kann man auch in einem **Heißluftballon** über den See dahin gleiten und man erhält bisweilen noch einen Blick übers Alpenmassiv. Die Flüge starten u.a. in Friedrichshafen, Konstanz, Kreuzlingen, Markdorf, Stockach und St. Margrethen. Auskunft erteilen u. a. die Touristeninformationen vor Ort (▶ Auskunft, S. 290).

Wandern ohne Grenzen

Am Bodensee lassen sich ungehindert Grenzen überschreiten. Der mit einem schwarzen Pfeil und einen blauen Punkt ausgeschilderte, 272 km lange **Bodensee-Rundwanderweg** führt in wechselnden Abständen zum Ufer und in wechselnden Höhenlagen um den ganzen See herum. Da man dabei deutsches, österreichisches und Schweizer Staatsgebiet durchwandert, sollte man allerdings immer einen gültigen Personalausweis oder Reisepass in der Tasche bei sich tragen. Wer nicht den ganzen See umrunden will, kann sich natürlich einzelne Streckenabschnitte heraussuchen.

Alle Wanderwege im Bodenseeraum sind akribisch beschildert. Vor Ort stellen die Touristeninformationen Wandervorschläge und -karten für die beliebten Wanderziele im Bodenseeraum bereit (▶ Auskunft, S. 290).

Inlineskating

Ein breites Netz asphaltierter Uferwege hat den Bodensee zu einem Paradies für Inlineskater werden lassen. Von der ca. 15 km langen Tour um die Insel Reichenau bis zur kompletten Runde um den See eröffnen sich viele Strecken, die sich mühelos kombinieren lassen. Besonders im schweizerischen Kanton Thurgau finden Inlineskater ideale Bedingungen vor. Fürs Skiken, einer Mischung aus Inlineskaten und Skilanglauf, stehen dieselben Strecken wie für die Inliner zur Verfügung.

Naturnah heißt die Devise im Bodenseeurlaub. Ob gemächliches Paddeln oder unangestrengtes Radeln – solange man den Weg weiß …

Reiten

Das Bodenseegebiet ist auch ein Paradies für Pferdenarren. Verschiedene **Reitställe und Reiterhöfe** bieten Reitunterricht und Wanderreiten an. Bei Familien mit Kindern sind Ausflüge mit der Kutsche oder dem Planwagen beliebt. Informationen erhält man unter: https://www.bodensee.travel/bodensee/reiten.html.

Mit dem Fahrrad unterwegs

Der gesamte **Bodensee-Radweg** hat eine Länge von etwa 273 km und kann in 7 bis 8 Tagen bewältigt werden (▶ Touren). Weil dabei die Schweizer Grenze passiert wird, sollte man immer einen gültigen Personalausweis oder Reisepass in der Tasche haben. Beste Zeit für einen Radurlaub ist die Vor- oder Nachsaison, da die Suche nach Quartieren für jeweils nur eine Übernachtung während der Saison oft schwierig ist.

Wer nicht den ganzen See umradeln möchte, kann in den Häfen auf ein Schiff wechseln. Die **Bodenseeschiffe** befördern Fahrräder gegen Gebühr zwar nur, solange genügend Platz ist, aber meistens klappt es. Eine Fahrradtageskarte kostet ab 7,50 € und ist auf allen fahrplanmäßigen Kursschiffen, ausgenommen die Strecke Reichenau – Schaffhausen sowie Überlingen – Bodman, gültig (www.bsb.de/de/fahrplan/preise/preise-fahrrad).

Fast überall am Bodensee kann man Fahrräder mieten. Anbieter sind Hotels, Sportgeschäfte, **Fahrradverleiher** oder die örtlichen Touristeninformationen. An den Bahnhöfen stehen ebenfalls in der Regel von April bis Ende Oktober, an manchen Stationen aber auch ganzjährig, Leihfahrräder – in der Schweiz Mietvelos genannt – zur Verfügung, die man an jedem Bahnhof zurückgeben kann.

Vor allem im hügeligen Hinterland sind E-Bikes eine Erleichterung. Mit Elektromotor und gut geladenem Akku verlieren selbst anspruchsvollere Rad-Regionen wie der Bregenzer Wald und das Appenzeller Land ihren Schrecken für Untrainierte. E-Bikes dürfen bis zu 25 km/h schnell sein, der Akku reicht je nach Fabrikat 80 bis 130 Kilometer weit. Viele Hotels, Touristeninformationen und private Radgeschäfte verleihen sie.

Ohne vollgepackte Satteltaschen loszuradeln, ist schon eine Erleichterung. Den **Bodensee-Radweg-Service,** einen gewerblichen Reiseveranstalter, der Koffer und Taschen transportiert, kann man bis zu sieben Tage im Voraus online oder per E-Mail buchen. Das Gepäck steht bis spätestens 18 Uhr am gewünschten Ziel bereit. Preis ab 17 €, Voraussetzung ist, dass man am Bodensee im Uhrzeigersinn radelt (https://www.bodensee-radweg.com/gepaecktransport).

Auf dem See

Da der Bodensee Trinkwasserspeicher und Rückzugsgebiet für viele Wassertiere und Vögel ist, bestehen zum Schutz der Umwelt strenge Verordnungen für Wasserfahrzeuge. Der See ist auf einer Länge von 300 m vom Ufer bzw. den Schilfzonen aus gesperrt für Motorboote, deren elektrischer Antrieb eine Leistung von mehr als zwei Kilowatt

ADRESSEN FÜR AKTIVE

WETTER

WETTERVORHERSAGE DES DEUTSCHEN WETTERDIENSTES

Tel. 0180 2 91 39 13
(Festnetzpreis 6ct/Anruf, Mobilfunkpreise maximal 42 ct/min innerhalb Deutschlands)
https://www.dwd.de

METEO SCHWEIZ

https://www.meteoschweiz.admin.ch

WETTERDIENST VORARLBERG

https://www.wetter.at/wetter/oesterreich/vorarlberg

RADFAHREN

ALLGEMEINER DEUTSCHER FAHRRAD-CLUB (ADFC)

Der Club bietet fach- und ortskundig geführte Fahrradtouren an. Im Kultur Rädle werden Fahrräder vermietet und kleinere technische Radprobleme gelöst.
ADFC Infoshop/Kultur-Rädle
Bahnhofplatz 29, Konstanz
Tel. 07531 273 10
https://kreis-konstanz.adfc.de,
http://www.kultur-raedle.de

RADWEG-REISEN

Die Firma hat sich auf den Bodenseeradweg spezialisiert und bietet Informationen zum Tourenverlauf, Übernachtungsmöglichkeiten und natürlich Leihfahrräder an. Der Gepäckservice transportiert das Gepäck von einem Ort zum nächsten.
Fritz-Arnold-Str. 16 a
D-78467 Konstanz
Tel. 07531 81 99 30
https://www.bodensee-radweg.com

VELOTOURS

Der Veranstalter aus Konstanz bietet seit mehr als 40 Jahren verschiedene Radtouren am und rund um den Bodensee auch mit Gepäcktransport an.
Bücklestr. 13, Konstanz
Tel. 07531 98 28-0
https://www.velotours.de

FLIEGEN

FLUGPLATZ LINDAU-WILDBERG

Der Veranstalter bietet Rundflüge nach Wunsch in verschiedenen Leichtflugzeugen an.
Tel. 0151 53 80 03 06
https://flugplatz-wildberg.de

LUFTSPORTCLUB FRIEDRICHSHAFEN

Die Flugschule bietet Rundflüge im Motor-, Segel- oder Ultraleichtflugzeug an.
https://www.luftsport-fn.de

BALLONFAHRTEN ALLGÄU-BODENSEE Air & Fun GmbH

Niederhofen 62
D-88299 Leutkirch
Tel. 07561 981 08 85
https://www.ballonfahrten-bodensee.de

DEUTSCHE ZEPPELIN-REEDEREI GMBH

Messestr. 132
D-88046 Friedrichshafen
Tel. 07541 59 00-0
https://zeppelinflug.de

SEGELN

BODENSEE-SEGLERVERBAND

Tel. 07543 54 75 93
https://www.bsvb.info

SEGELSCHULEN

WASSERSPORT SCHATTMAIER
Im Wassersportzentrum 12
D-88079 Kressbron-Gohren
Tel. 07543 60 54-0
https://schattmaier.com

SEGEL- UND WASSERSPORT-SCHULE WILDE FLOTTE
Hafen Wallhausen, Steg 3
D-78465 Konstanz-Wallhausen
Tel. 07533 9 97 88 02
https://www.wilde-flotte.de

BODENSEE SEGELSCHULE MONTFORT
Obere Seestraße 25/1
D-88085 Langenargen
Tel. 07543 20 02
https://www.segelschule-bsm.de

DELFINO SEGELSCHULE
Hauptstr. 12
CH-9422 Staad
Tel. 0041 71 8 45 40 20
https://www.delfinos.ch

KANU / SUP

LA CANOA – KANU-ZENTRUM
Robert-Bosch-Str. 4
D-78467 Konstanz
Tel. 07531 95 95 95
https://lacanoa.de

SURFEN

SURFBAUCH
Lindauer Str. 49
D-78464 Konstanz
Tel. 0177 318 72 88
https://dersurfbauch.de

SURFPLATZ UND SURFSCHULE RADOLFZELL
Karl-Wolf-Str. 31
D-78315 Radolfzell
Tel. 07732 62 92
https://www.surfschule radolfzell.de

SURFSCHULE BODENSEE
Schilfweg 1
D-88662 Überlingen
Tel. 07551 8 43 84 63
https://surfschulebodensee.de

---

aufweist. Kanus, Kajaks, Segelsurfboards, Schlauch- oder Ruderboot dürfen nicht länger als 2,50 Meter sein. Länderübergreifend hat man bereits 1976 die Zahl der Hafen-Liegeplätze für Boote auf insgesamt 24 000 fixiert.

Segeln

Der Bodensee ist ein sehr beliebtes, aber auch sehr anspruchsvolles Segelrevier. Gefürchtet und oft unterschätzt sind die plötzlich aufziehenden Gewitter, die **Warnleuchten** am Ufer ankündigen. Bei einem aufziehenden Gewitter blinken sie 40 mal in der Minute. Eine Sturmwarnung erfolgt, sobald Stürme mit Windgeschwindigkeiten von mehr als 47 km/h (25 Knoten) bevorstehen. Die Warnleuchten blinken dann 90 mal in der Minute, und Boote sollten sofort den nächsten Hafen anlaufen. Wer auf dem Bodensee mit einem Boot segeln will, dessen Segelfläche 12 m^2 übersteigt, braucht das **Bodensee-Schifferpatent.** Diese Pflicht gilt auch für Motorboote mit Motoren über 4,41 KW. Kurzurlauber, die bereits einen Segel- bzw. Motorbootschein besitzen, können bei der Schifffahrtsbehörde ein 30 Tage gültiges **Ferienpatent** beantragen (https://www.bodenseekreis.de/landkreis-tourismus/was

sersport/ferienpatent). Segelschulen bieten **Segelbootcharter** – z. T. auch mit Skipper – an. Ausführliche Übersichten liefern die Touristeninformationen der Hafenorte.

Kanu, Stand-Up-Paddling

Der Überlinger und der Untersee sowie der Hochrhein gehören zu den schönsten Kanurevieren Deutschlands. Hier verläuft auch der **Bodensee-Kanuweg** in verschiedenen Etappen. Das Kanu-Zentrum La Canoa in Konstanz bietet Kanuwanderungen und -reisen zu den schönsten Plätzen an. Auch Stand-Up-Paddling (SUP) lässt sich auf dem See prima erlernen. Auf die Bretter, fertig und lospaddeln – damit liegt man am Bodensee voll im Trend.

Tauchen

Bis auf wenige Ausnahmen ist der Bodensee für Sporttaucher frei zugänglich. Allerdings wird es ab fünf Meter Tiefe sehr kalt. Auch hier wird der See und die Gefahren, die in ihm drohen, oft unterschätzt. Immer wieder geraten Taucher mit wenig Reviererfahrung in lebensbedrohliche Situationen. **Tauchverbote** sollte man deshalb unbedingt beachten. Die heikelste Stelle ist der sog. **Teufelstisch** im Überlinger See bei Wallhausen, an dem sich zahlreiche schwere Unfälle ereigneten. Diese Felsformation fällt unter Wasser rund 90 m tief senkrecht in den See ab. Wer hier ohne Genehmigung taucht, dem droht eine hohe Geldstrafe. Die beste Lösung: Man schließt sich den Ausfahrten einer Tauchschule an (https://www.bodensee.travel).

ESSEN UND TRINKEN

Sterne, Kochmützen und Hauben beweisen es: Der Bodensee verspricht kulinarische Höhenflüge. Frische und Vielfalt sind das Geheimnis dieser Küche. In den Restaurants rund um den See kommen Obst, Gemüse und Fleisch von regionalen Erzeugern auf den Tisch. Natürlich darf auch lecker zubereiteter Bodenseefisch auf keiner Speisekarte fehlen. Viele Köche interpretieren die traditionellen landestypischen Spezialitäten modern oder kreieren mit heimischen Produkten ganz neue Köstlichkeiten.

Frische zählt

Saisonale Küche

Dank des milden Klimas gedeihen frische Zutaten für zahlreiche saisonale Gerichte quasi vor der Haustür der Bodensee-Restaurants. Die Bauern der Reichenau liefern Salat und Gemüse, die Obstplantagen im Hinterland Äpfel, Birnen und alle Arten von Beeren. Nicht nur Gourmets sehnen im Frühling den Beginn der **Spargelzeit** in Tett-

TYPISCHE GERICHTE

BAEDEKER WISSEN

St. Galler Bratwurst: Sie soll die beliebteste in der ganzen Schweiz sein. Zur Mischung aus Kalb- und Schweinefleisch (manche Metzger verzichten aufs Schwein) werden Speck, Milch, Brät, Salz, Pfeffer und diverse Gewürze gegeben. Nach dem Abfüllen in Naturdärme brüht man sie eine halbe Stunde lang im siedenden Wasser. Das Original kommt sodann auf den Grill und zählt kross gebräunt zu den Rennern bei allen Festen in St. Gallen. Frisch vom Rost wird sie mit Brot oder Bürli über den Tresen gereicht. Und niemals nach Senf fragen! Der hat auf einer St. Galler Bratwurst nichts zu suchen.

Felchen: Verbindendes Element über die Landesküchen hinweg ist das Felchen, der meistgefangene Speisefisch am Bodensees. Ob gebacken, gebraten oder geräuchert, er ist immer ein Genuss.

Rostbraten: Eines der beliebtesten Gerichte der schwäbischen Küche ist der Rostbraten, typischerweise mit Zwiebeln und brauner Bratensoße. Dazu gibt's wahlweise Spätzle, im Badischen auch Knöpfle genannt, Bratkartoffeln oder einfach ein rustikales Bauernbrot.

Vorarlberger Käsespätzle: Eine Köstlichkeit, die nicht nur Vegetariern schmeckt. Seinen besonderen Geschmack bezieht dieses Gericht von einem Käse, der aus dem Bregenzer Wald stammt. Geröstete braune Zwiebelringe krönen diese einfache, aber wohlschmeckende und sehr sättigende Speise. Auch im Schwäbischen zählen Käsespätzle zu den Klassikern. Wunderbar passt ein bunter Salat dazu.

Bülle-Dünne: Auf der Höri wächst noch eine regionale Zwiebelsorte, die Bülle. Aus ihr wird Bülle-Dünne gebacken, eine Art Zwiebelkuchen aus Hefeteig und Sauerrahm, der Belag manchmal auch mit Speck oder Fisch angereichert. Auf dem Höri-Fest am ersten Samstag im Oktober wird sie zusammen mit Süßmost genossen.

nang und Stein am Rhein herbei. Ob Geflügel, Rind oder Schwein: Dank kurzer Transportwege ist das Fleisch immer in bester, oft sogar in **Bioqualität** zu haben. Im Frühjahr bereichern Wiesenlamm, im Herbst Wildgerichte wie Reh- und Hasenrücken die Speisekarten.

Bodensee-fische

Der Star der Bodensee-Kulinarik ist allerdings der Fisch. Felchen, Kretzer, Seesaibling und Zander kommen immer noch **fangfrisch** in die Küchen und auf die Teller. Weil jedoch die Fangquoten sukzessive sinken (► S. 10) und Felchen wegen des ab 2024 geltenden, dreijährigen Fangverbotes nur importiert werden können, muss, wer Wildfisch aus dem Bodensee speisen will, heute tiefer in die Tasche greifen. Die Restaurants servieren die Fische entweder blau (im Sud gegart), nach Müllerinart (in Mehl gewendet und gebraten) oder in Weintunke gedünstet. Die Möglichkeiten einer einfallsreichen Fischküche sind immens und werden von den Köchen mit Leidenschaft umgesetzt. Die Schweizer filettieren die von ihnen Eglis genannten Barsche gerne, vor allem die in Bierteig gebackenen Egliknusperli

Felchen ist der Bodenseefisch schlechthin, sein Bestand ist allerdings extrem gefährdet. Bis 2027 besteht ein Fangverbot im Bodensee.

sind echte Leckerbissen. Welche Fischarten auf den Speiskarten landen und wie sie in den verschiedenen Ländern genannt werden, erklärt das kleine Fischlexikon:

Äsche: Sie bringt dank ihres zarten Thymianduftes die Gourmets zum Schwärmen, ist aber selten geworden. Wo sie auf der Speisekarte steht, sollte man die Gunst der Stunde nutzen!

Barsch: Wird in der Schweiz auch »Egli« und im Badischen wegen der stachelbewehrten Rückenflosse »Kretzer« genannt. Der Kretzer zählt zu den teuersten Fischen des Sees und wird gerne als Filet, umhüllt mit Panade oder Backteig, zubereitet. Das Fleisch ist fest, schneeweiß und wohlschmeckend. Viele stammen aus Aquakulturen.

Felchen: Heißt in Bayern auch »Renke«, in Norddeutschland »Maräne«. Der Brotfisch des Sees gehört wie Lachs und Forelle zur Familie der Salmoniden. Sein Fleisch ist weich und fettarm. Allerdings können die Fischer den Bedarf auch wegen des derzeitigen Fangschutzes nicht decken, sodass aus dem Ausland zugekauft wird, vorzugsweise aus Ungarn. Der Felchenkaviar, die Eier des Felchens, gilt als Delikatesse. In Buchenholz geräucherte Felchen sind eine besondere Spezialität und werden rund um den See angeboten.

Seeforelle: Der »Lachs des Bodensees« wird gekocht, gebacken, gebraten oder geräuchert. Von den Zuchtforellen ist sie optisch nicht zu unterscheiden. Im Zweifelsfall fragen, woher der Fisch stammt.

Seesaibling: Stammt ursprünglich aus Nordamerika und war bis in das 19. Jh. am Bodensee nicht bekannt. Seinen Schweizer Namen »Rötel« verdankt der Fisch dem leicht rötlichen Fleisch, das sehr zart ist. Küchenchefs kochen ihn gern im Ganzen in einem Sud. Geräucherter Seesaibling ist im Handel erhältlich.

Zander: Wird in Österreich bevorzugt im Salzmantel serviert. Fischfreunde schätzen sein festes, sehr schmackhaftes Fleisch.

Regionales im Aufwind

Sterne-restaurants und Landgasthöfe

Weil gute Produkte hier direkt vor der Haustür zu haben sind, hat sich am Bodensee schon lange vor dem Slow-Food-Trend eine Rückbesinnung auf die regionale Küche durchgesetzt. Inzwischen gibt es zahlreiche Landwirte, die auf hohe Qualität sowohl beim Anbau von Obst und Gemüse als auch bei der Erzeugung von Fleisch setzen. **Kleine Manufakturen** stellen feinste Käse- und Wurstwaren von Hand her. Da die meisten Gastwirte die Metzger, Bauern und Geflügelhalter der Umgebung persönlich kennen, wissen sie, wer wie seinen Acker bestellt und seine Kühe hält. Diese **enge Verflechtung von Produzent und Abnehmer** gibt dem gastronomischen Angebot eine besondere Note. Es gibt überdurchschnittlich **viele hochpreisige Sterne-Restaurants,** aber auch zahlreiche preislich vergleichsweise moderate Landgasthöfe. Der Bodenseeraum ist allerdings keine Region, die für billige Küche steht. Auf Schweizer Seite muss man, auch bedingt durch den starken Franken, für ein Essen im Restaurant am meisten berappen. Ein Hauptgericht kostet im Durchschnitt zwischen umgerechnet 40 und 50 € pro Person. Mit zunehmendem Abstand vom Seeufer fallen aber überall die Preise, im Hinterland erreichen sie normales Niveau.

Pilgermahlzeiten

Am Bodensee hat Gastfreundschaft eine lange Tradition. Schon im Mittelalter galt es, die vielen Pilger zu verköstigen, die die Wallfahrtsorte rund um den See aufsuchten. Während des epochemachenden Kirchenkonzils, das vor gut 600 Jahren in Konstanz stattfand, wollten sogar Zigtausende geistliche Würdenträger versorgt sein. Auch heute ziehen die Kirchen und Klöster rund um den Bodensee zahllose Pilger und Urlauber an. Am Untersee knüpfen einige Restaurants an die Tradition der Wallfahrer-Verpflegung an und offerieren ein Pilgermahl auf ihren Speisekarten oder bieten Wanderern eine Vesper zum Mitnehmen an. Für die Küchenchefs ist die Zubereitung der Mahlzeiten immer auch eine Herausforderung, denn es sollen nur Zutaten verwendet werden, die es bereits im Mittelalter gab. Kartoffeln, Paprika, Mais oder Tomaten sind deshalb verboten. Auf ein gutes Essen müssen Pilger wie Ausflügler dennoch nicht verzichten, denn heute wie im Mittelalter besteht das Pilgermahl aus herzhaftem Brot, Rauchfleisch, Wurst und Käse, aber auch aus Fisch oder Fleisch sowie Obst und Gemüse.

Drei Länder, drei Küchen

Regional- und Länderküchen

Wer um den Bodensee reist, kann die Spezialitäten mehrerer Regionalküchen probieren. Am baden-württembergischen Nordufer mischen sich Elemente der **badischen und schwäbischen Küche.** Die Restaurants in und um Lindau servieren **bayerische Schmankerln,** in Vorarlberg herrscht die **österreichische bzw. Wiener Küche** vor und in der Schweiz ist der **Einfluss der französischen und italienischen Küche** spürbar. Natürlich sind die Grenzen zwischen den verschiedenen Esskulturen fließend. Immer mehr Köche beziehen die kulinarischen Traditionen ihrer Nachbarn in ihre Kreationen mit ein.

Schwäbische und badische Küche

Die bodenständige schwäbische und die durch das nahe Elsass beeinflusste badische Küche ist am Nordufer des Bodensees überall präsent. Die berühmten schwäbischen Spätzle heißen dort **Knöpfle.** Hausgemacht und wie zu Omas Zeiten vom Brett ins kochende Salzwasser geschabt, schmecken sie am besten. Wenn man pürierte rohe Leber unter den Teig mischt, werden Leberspätzle daraus und Käsespätzle, wenn man geriebenen Käse unter die Spätzle mengt. **Linsen mit Spätzle und Saiten** (Würstchen) sind ein schwäbisches Nationalgericht. Nicht vergessen sollte man die **Maultaschen,** auch »Herrgottsbescheiße« genannt. Mönche des Klosters Maulbronn erfanden diese Spezialität während des Dreißigjährigen Krieges, als sie ausgerechnet in der Fastenzeit Fleisch geschenkt bekamen. Weil sie trotz des Verbots nicht darauf verzichten wollten, hackten sie es klein, mischten es mit Kräutern und versteckten es im Nudelteigmantel. Maultaschen gibt es heute mit unterschiedlichsten Füllungen. Sie werden als Suppeneinlage, mit Ei geröstet oder geschmälzt mit Zwiebeln gereicht. Flammkuchen, Quiche oder gebackene Bülle-Dünne, eine Art Zwiebelkuchen aus Hefeteig und Sauerrahm mit einem Zwiebel-Belag, der manchmal mit Speck oder Fisch angereichert ist, sind Spezialitäten der badischen Küche. Die **Bülle** ist eine ganz besondere Zwiebelsorte, die auf der Halbinsel Höri gedeiht und sehr mild im Geschmack ist.

Rund um Bregenz

In der Vorarlberger Küche spielt der Maisgrieß noch eine große Rolle, z. B. beim traditionellen **Hafaloab** aus Maisgrieß, Weizenmehl und Semmelbrösel mit Speck, Rübenkraut und gerösteten Zwiebeln. Auch Käsespezialitäten, **Tafelspitz**,und **Kaiserschmarrn** fehlen auf keiner Speisekarte.

Am Schweizer Ufer

Ein feines Bratkartoffelrezept haben sich die Schweizer ausgedacht, die gehobelten und knusprig gebratenen **Röschti.** Ein **Zwiebelrostbraten** (den es auch in der schwäbischen Küche gibt) ist nicht minder köstlich, denn er entpuppt sich als durchwachsenes Rindersteak mit Röstzwiebeln obendrauf. Die **beste Schweizer Bratwurst** kommt aus St. Gallen. Allerdings sollte man nicht nach Senf oder Ketchup fragen, denn so etwas gehört nicht auf eine St. Galler Bratwurst.

Käse

Streng hüten die **Appenzeller** das Geheimnis ihrer speziellen Kräutersulz, die für den charakteristischen würzigen Geschmack des Appenzeller Käses sorgt. Mindestens drei Monate wirkt die patentierte Sulz auf den Käse ein und sorgt in Abhängigkeit vom Reifegrad für ein Aroma von zart bis würzig. Sechs Monate reift der edelste Appenzeller mit dem schwarzen Etikett, er ist aus den besten Laiben gemacht. Weniger bekannt unter den Schweizer Käsesorten sind der **Arenenberger Halbweichkäse** und **Bloderkäse** oder Suurchäs, ein Sauermilchkäse, der ohne die Zugabe von Lab eingedickt wird. Käseliebhaber sollten beim österreichischen Nachbarn den würzigen **Ziegen- und Bergkäse aus dem Bregenzer Wald** probieren. In Vorarlberg stellen bis heute kleine Dorfkäsereien diese Spezialität her. Der Besuch der Käsereien lässt sich gut mit einer Wanderung auf der Käseroute rund um den Pfänder verbinden.

Josef-Rupp-Käse-Wanderweg: Start Bergstation der Pfänderbahn
Länge: 8 km | https://visitbregenz.com

RARE TROPFEN

BAEDEKER WISSEN

Der Bodensee ist die südlichste Weinbaugegend Deutschlands. Weil die Anbaufläche jedoch klein und der Durst der Einheimischen und Gäste groß ist, lohnt es sich, den Seewein gleich vor Ort zu probieren und ein paar Fläschchen mit nach Hause zu nehmen. Denn jenseits der Bodenseeregion wird man den Wein nur selten finden.

Einst galt die Rebsorte des Elblings am deutschen Seeufer als so sauer, dass Einheimische scherzten, es brauche vier Mann, um ihn zu trinken: Zwei zum Festhalten des Weintrinkers und einen, der den Wein einflößt. Was die Bauern am Bodensee früher lange Zeit kelterten, war ein sehr saurer Trank, der keinesfalls zum Verkauf taugte. Erst mit Einführung neuer Sorten und ausgefeilteren Methoden im 18. Jh. ließ sich der Wein verkaufen. Seitdem stark auf Qualität geachtet wird, ist dem Bodenseewein auch die Anerkennung von Experten gewiss.

Mildes Klima

Der See sorgt auf seine Weise für die Reben, wirkt doch die Wasseroberfläche wie ein gigantischer Spiegel, der das Sonnenlicht reflektiert und die Sonnenintensität noch in einer Entfernung von bis zu fünf Kilometern vom Ufer entfernt steigert. Das Wasser speichert darüber hinaus Wärme und gibt sie im Herbst und Winter wieder an die Umgebung ab. Am Bodensee liegt die **südlichste Weinbaugegend Deutschlands**, die vom milden Klima der Region profitiert. Am Hohentwiel werden auf 560 Metern sogar einige der höchstgelegenen Rebstöcke in Deutschland gepflegt. Keimzelle des groß angelegten Weinbaus am See war die Insel Reichenau, auf der bereits im 9. Jahrhundert Mönche die ersten Weinreben der Gegend anpflanzten. In Bodman liegt noch heute einer der ältesten Weinberge, dessen Weinstöcke schon Kaiser Karl III. 884 hat pflanzen lassen.

Erfolgswein Müller-Thurgau

Der bekannteste und meistverkaufte unter den Bodensee-Weißweinen ist der Müller-Thurgau. Gezüchtet wurde der Erfolgswein 1882 von Professor Hermann Müller, einem Schweizer aus Tägerwilen im Kanton Thurgau. Als Müller in Geisenheim am Institut für Pflanzenphysiologie arbeitete, versuchte er mit einer Neuzüchtung die Vorzüge des Rieslings mit der Rebsorte des Madeleine Royale zu verbinden. Was so vorzüglich gelang, dass Schmuggler aus Immenstaad die neue Rebsorte in einer Nacht- und Nebelaktion über den See entführten, um der **Weinqualität** auch am deutschen Seeufer endlich wieder auf die Beine zu helfen.

Im Blauburgunderland

Bei den Rotweinen überwiegt der samtig edle **Spätburgunder**, auch Blauburgunder oder Pinot Noir genannt. Er weist unter den Rotweinsorten die größte Anbaufläche rund um den See auf und wurde vor mehr als 1000 Jahren hier erstmals außerhalb des Burgunds angebaut. Der Spätburgunder liebt abwechslungsreiches Klima und eine gewisse Höhenlage, die für kühle Nächte sorgt. Beides war auch am Bodensee gegeben.

Der Müller-Thurgau verdankt seine Bekanntheit einer Nacht- und Nebelaktion, in der die Reben von der Schweiz über den Bodensee nach Immenstaad gebracht wurden.

Wer bietet was?

Im Weingut Vollmayer am Hohentwiel werden hauptsächlich Müller-Thurgau und Spätburgunder verkauft. Vom Weingut des Markgrafen von Baden kommen ein fruchtiger Müller-Thurgau und ein wohlschmeckender Spätburgunder. Das Staatsweingut Meersburg mit Lagen unterhalb des Schlosses baut einen guten Grauburgunder an. Besonders geschätzt wird daneben der Spätburgunder Weißherbst. Einzelne Winzer wie Weingut Aufricht in Meersburg gehören zu den Lieferanten bester Lokale. Familie Renn in Hagnau zählte zu den ersten Biowinzern am See. Die städtischen Kellereien in Überlingen und Konstanz sowie die Winzergenossenschaft in Hagnau bieten eine vielfältige Weinpalette an. Preisgekrönte Weine produziert auf der Schweizer Bodenseeseite u.a. das Weingut Stamm in Thayngen.

FEIERN

Ob Opernfestspiele oder Festival, ob christliche Prozession, Segelregatta oder Stadtfest: Am See ist fast immer etwas los. Der Festreigen beginnt früh im Januar mit der schwäbisch-alemannischen Fasnacht. Mit den ersten warmen Tage kommt dann richtig Schwung in das Fest-Geschehen. Der Kultursommer lockt jedes Jahr Hunderttausende von Besuchern an.

Klassik, Rock und Pop

Weltliche Feste

Zweifellos gehören die **Opernfestspiele in Bregenz** und das **Seenachtfest in Konstanz** mit seinem grandiosen Feuerwerk zu den Highlights am Bodensee. Der Kultursommer hat aber viel mehr zu bieten: Die **St. Galler Festspiele** bringen selten gespielte Opern auf die Bühne. Wer es etwas familiärer mag, dem sei **Kulturufer Friedrichshafen** mit einem bunten und doch anspruchsvollen Unterhaltungsprogramm empfohlen. Fans von Jazz, Rock und Pop dürfen das **Hohentwiel Festival** nicht versäumen. Die unzähligen Wein-, Hafen- und Dorffeste rund um den See bieten viel Kultur und Brauchtum.

Religion und Tradition

Am Bodensee finden einige feierliche Umzüge statt, die an bedeutende Ereignisse in der Geschichte erinnern. Oft sind sie über Jahrhunderte unverändert geblieben und werfen ein Licht auf die Sorgen der Menschen in längst vergangenen Zeiten. Die Bewohner von Moos auf der Höri setzen jedes Jahr an einem Montag im Juli in einer **Wasserprozession** mit blumengeschmückten Booten nach Radolfzell über. Sie folgen einem Gelübde, das ihre Vorfahren 1796 ablegten, als ihr Vieh durch eine Seuche bedroht war und sie die Stadtpatrone der Nachbargemeinde um Hilfe anriefen. Die Prozession ist der Höhepunkt des immer am dritten Sonntag im Juli stattfindenden **Radolfzeller Hausherrenfests** zu Ehren der Stadtpatrone. Seit 1634 gedenken die Überlinger im Mai und im Juli in den **»Schwedenprozessionen«** der Belagerung der Stadt durch die Schweden während des Dreißigjährigen Krieges und dem erfolgreichen Widerstand der Bürger. Nach einem Gottesdienst tragen Ministranten die »Schwedenmadonna« in einem feierlichen Umzug durch die Stadt. Im Juli führen in prächtige Trachten gekleidete Männer und Frauen im Anschluss an die Prozession den Schwertletanz auf. Wann die nächste Eisprozession stattfindet, ist indes ungewiss, denn um die Statue des hl. Johannes **von Münsterlingen nach Hagnau** zurückzubringen, müsste der Bodensee komplett zufrieren.

VERANSTALTUNGSKALENDER

GESETZLICHE FEIERTAGE

1. Januar: Neujahr (D, A, CH)
2. Januar: Berchtoldstag (CH)
6. Januar: Hl. Drei Könige (D, A)
Karfreitag (D, CH)
Ostern (D, A, CH)
1. Mai: Tag der Arbeit (D, A, CH)
Christi Himmelfahrt (D, A, CH)
Pfingsten (D, A, CH)
Fronleichnam (D, A)
1. August: Bundesfeiertag (CH)
15. August: Mariä Himmelfahrt (A)
3. Sonntag im Sept.: Dank-, Buß- und Bettag (CH)
3. Oktober: Tag der Deutschen Einheit (D)
26. Oktober: Nationalfeiertag (A)
1. November: Allerheiligen (D, A)
8. Dezember: Mariä Empfängnis (A)
24. Dezember: Heiligabend (D, A, CH)
25./26. Dezember: 1. und 2. Weihnachtsfeiertag (D, A, CH)

FESTE UND EVENTS

JANUAR – MÄRZ

FASNACHT

Hochburgen der (schwäbisch-alemannischen) Fasnacht (► S. 278) sind Überlingen, Konstanz, Friedrichshafen, ganz Oberschwaben, St. Gallen und Appenzell. In Stockach tagt das »Grobgünstige Narrengericht«, und Lindau lädt zum Narrensprung. Alle drei Jahre findet in Ermatingen drei Wochen vor Ostern die »Groppenfasnacht« statt.

MÄRZ

INTERNATIONALE SCHLOSSKONZERTE

Meersburg lädt bis in den Herbst hinein hochkarätige Interpreten ins Neue Schloss.
https://www.meersburg.de

BREGENZER FRÜHLING

Ein bunter Strauß kultureller Veranstaltungen locken in die österreichische Stadt am See (bis Mai).
https://www.bregenzerfruehling.com

APRIL

MARKUSFEST

Am 25. April feiern die Bewohner der Reichenau das Fest des Inselheiligen mit Trachtenparade, Prozession und Festgottesdienst. Eine Woche nach Pfingstmontag findet dann das »Heilig-Blut-Fest« statt.

BODENSEE-WEIN-MESSE

Zum Auftakt des Weinjahres stellen Weinbaubetriebe die aktuellen Jahrgänge im Dornier Museum in Friedrichshafen vor (meist Sa. im April).

MAI

ANNETTE-VON-DROSTE-HÜLSHOFF-LITERATURTAGE

Meersburg feiert die berühmte Dichterin in der ersten Maiwoche mit vielen Lesungen.
https://www.meersburg.de

INTERNATIONALE BODENSEEWOCHE

Ende Mai stechen die Segler bei Konstanz zu Segel- und Ruderregatten in See.
https://www.internationale-bodenseewoche.com

JUNI

ALMAUFTRIEB

Im Appenzeller Land und im Bregenzer Wald treiben Senner in Tracht ihre Kühe auf die Alm. Auf der

DIE FÜNFTE JAHRESZEIT

Die schwäbisch-alemannische Fastnacht ist ein hintergründiges und höchst urwüchsiges Vergnügen. Zwischen Dreikönig und Aschermittwoch sind in der Bodenseeregion die Narren los. Nur ein kleines Fischerdorf in der Schweiz darf die Welt noch ein wenig länger zum Narren halten.

»Ore Ore« heißt der Ruf der Menge, der an Fasching durch die Straßen von Bregenz hallt. Abgeleitet wurde das Wort ursprünglich von »haarig«, weil es in der Fastnacht zum einen meist recht haarig zugeht und die Narren gerne auch Perücken und Bärte mit langen Haaren tragen. Nach dem Ore-Ore-Schlachtruf der Bregenzer Narren ist auch die schmalste Gasse der Stadt benannt, das **Ore-Ore-Gässele**, das gleichzeitig bei Zechern zum Promillemessen herhalten muss. Denn wer durch diese enge Gasse laufen kann, ohne an der Wand anzustoßen, gilt als noch zu nüchtern zum Feiern.

Die Narren bestimmen

In Konstanz sausen die Narren auch ohne Promillegehalt schon geschwind durch die Altstadtgässchen, denn hinter ihnen ist der Teufel her. Hänsele, Blätzle oder auch Fleckle-Häs genannte Gestalten, die früher volkstümliche Bezeichnungen für den **Teufel** waren, toben in auffälligen, aus vielen bunten Flicken genähten Narrengewändern durch den Ort. Mit dem traditionellen **Butzenlauf**, einer der ältesten Fastnachtstraditionen Süddeutschlands, haben die Narren dann vollständig das Regiment über die Stadt übernommen. Bestimmt begegnet man auch dem Hemdglonker, der mit weiß geschminktem Gesicht und auch sonst ganz in Weiß im traditionellen Nachthemd daherkommt. Er erinnert beiläufig daran, dass in der ehem. Bischofsstadt weiß gekleidete Gestalten häufig anzutreffen waren.

Sinnbilder verdrängter Ängste

Neben vielen traditionellen gibt es auch einige neu geschaffene Maskentypen, die sich auf lokale Sagen und Legenden beziehen. Die Hopfenbauern von Tettnang erfanden beispielsweise einen **Hopfennarren** samt seiner Gegenspielerin, einer roten Spinne, die als Schädling oft die Hopfenernte bedroht. So zeigt sich, dass die Fastnacht nicht nur komödiantische Unterhaltung ist, sondern auch mit den leidvollen Erfahrungen des Lebens zu tun hat. Ob Teufel, Hexe, Gespenst oder Zierfratze, die Fastnachtsfiguren gelten als Sinnbilder verdrängter Ängste, von denen sich die Gemeinschaft mit ihren Narren auf spielerische Weise befreien will.

Kulturerbe der UNESCO

Das lärmende und oft derbkomische Spektakel der schwäbisch-alemannischen Fasnet lebt von uralten Riten der **Winteraustreibung**, von Vorstellungen der verkehrten Welt und von der Erneuerung der Ordnung nach Überwindung von Chaos und Völlerei. Die Obrigkeit scheiterte regelmäßig beim Versuch, die ausgelassenen Feiern zu verbieten, und selbst die Kirche arrangierte sich seit dem Spätmittelalter mit den Fastnachtsbräuchen. Seit 2014 zählt die Fasnet sogar zum immateriellen Kulturerbe der UNESCO.

Im Fasnet-Fieber

Vielerorts spielt sich das Fastnachtstreiben vor allem auf der Straße und in den umliegenden Wirtschaften ab. Verkleidet mit »Larve« und »Häs«, wie vor Ort die Maske und das Gewand genannt werden, treiben die skurrilen Gestalten allerlei Schabernack mit den Zuschauern. Und so ziehen immer noch jedes Jahr an kalten Februartagen Hexe, Wilder Mann, Faselhannes und Blätzlesnarr lärmend durch die Altstadtgassen der Bodenseestädte. Am **Aschermittwoch** ist dann alles vorbei und die Fasnet wird symbolisch begraben oder auf lodernden Scheiterhaufen verbrannt.

Die letzte Fastnacht der Welt

Nur im Fischerdorf Ermatingen im Thurgau darf nach altem Brauch länger gefeiert werden. Bis zum vierten Sonntag der Fastenzeit dauert dort die **Groppenfasnacht**. Papst Johannes XXIII. soll einst die Einwohner des Ortes mit dieser letzten Fastnacht der Welt belohnt haben, weil sie ihm während des Konstanzer Konzils Zuflucht gaben und ihn mit gebackenen Groppen, einer Fischsorte des Sees, verköstigten. Während andernorts bereits gefastet wird, ziehen die Narren in Ermatingen mit einem riesigen Fisch aus Pappmaschee noch ausgelassen um die Häuser.

Die Narren sind los – hier beim Umzug in Friedrichshafen.

Schwägalp legen die Hirten vom Säntis eine Jodelpause ein.

BLÜTENZAUBER

Viele Gärten rund um den Bodensee, auch Privatgärten, öffnen ihre Pforten.
https://www.bodenseegaerten.eu

OPEN AIR ST. GALLEN

Rund 90 000 Musikfans kommen zum ältesten Open-Air-Festival der Schweiz.
https://www.openairsg.ch

JULI

HOHENTWIELFESTIVAL

In Singen treffen sich nationale und internationale Stars aus Jazz, Pop und Rock.

HAUSHERRENFEST UND MOOSER WASSERPROZESSION

Am dritten Sonntag im Juli wird mit einem großen Volksfest der Radolfzeller Stadtpatrone gedacht. Höhepunkt: Die Wasserprozession vom Moos nach Radolfzell.

SEEHASENFEST

Vier Tage lang steht Friedrichshafen Mitte Juli im Zeichen des bunten Heimat- und Kinderfests.

UHLDINGER HAFENFEST

Eines der witzigsten Feste am See ist die Schrottregatta: Mehrere Teams mit selbst gebastelten Wasserfahrzeugen treten gegeneinander an. Drumherum gibt es ein Hafenfest mit Livemusik und Kunsthandwerkermarkt.

BRENNENDER HIMMEL

Orangefarben brennt im Sommer der Himmel über dem Bodensee zum Sonnenuntergang. Die Aussicht im Seegarten von Allensbach hinüber zur Insel Reichenau passt perfekt ins Bild. Auf der Bühne direkt am See finden wöchentlich von Mai bis September Konzerte statt (https://www.allensbach.de/de/kultur).

SCHWEDENPROZESSION
Überlingen erinnert am zweiten Sonntag des Monats mit Prozession und Schwerttanz an den Abzug der schwedischen Belagerer im Dreißigjährigen Krieg.

Winzer-Festival Komm und See
Musikalisch, künstlerich und kulturell umrahmt genießt man in Wasserburg die Vielfalt der Seeweine.
http://www.kommundsee.de

JULI/AUGUST

BREGENZER FESTSPIELE
Ganz große Oper: Das berühmteste Kulturereignis am Bodensee findet auf einer ins Wasser gebauten Bühne statt.
https://bregenzerfestspiele.com

AM KULTURUFER
Das Festival entlang dem Bodenseeufer von Friedrichshafen bietet eine Plattform jenseits des Mainstreams mit Weltmusik, Tanzperformances, Theater und avantgardistischem Jazz.
https://kulturufer.de

GNADENSEESCHWIMMEN
Gemeinsam rein ins Wasser heißt es beim Volksschwimmen zwischen der Reichenau und Allensbach.

AUGUST

BUNDESFEIERTAG
Schweizer Nationalfeiertag am 1. August: vielerorts Straßenfeste.

SEENACHTFEST
In Konstanz und Kreuzlingen herrscht Ausnahmezustand, wenn am zweiten Samstag des Monats das größte Fest am See mit viel Musik gefeiert wird. Höhepunkt ist das Seefeuerwerk.

SANDSKULPTURENFESTIVAL
Aus fein rieselndem Sand werden Kunstwerke im XXL-Format. Wie, das zeigen echte Könner am zweiten Augustwochenende in Rorschach.
https://www.sandskulpturen.ch

SUMMERDAYS FESTIVAL
Im schweizerischen Arbon lockt eines der erfolgreichsten Festivals am See mit legendären Rockstars und jungen Talenten.
https://www.summerdays.ch

WEIN- UND FISCHERFEST
Am Yachthafen Herrenbrücke genießt man in Reichenau alljährlich eines der beliebtesten Weinfeste des Bodensees.

SEPTEMBER

LANGE NÄCHTE DER BODENSEEGÄRTEN
Von der Blumeninsel Mainau über Schloss Arenenberg und die Kartause Ittingen bis hin zu Schloss Salem und vielen Privatgärten: Im September öffnen alle wie bereits bei Blütenzauber im Juni bis nach Einbruch der Dunkelheit ihre Pforten für Konzerte, Führungen, Aperitifs im Grünen, Lesungen und Musik.
https://www.bodenseegaerten.eu

SEPTEMBER / OKTOBER

BODENSEEWEINFEST
Meersburg zeigt, was Keller und Fass hergeben.

LINDAUER GENUSSHERBST
14 Tage lang wird man mit kulinarischen Veranstaltungen, Führungen oder Verkostungen in den Genussherbst eingeführt.

DEZEMBER

WEIHNACHTSMARKT
Glühweinduft, Kerzenlicht und Weihnachtsschmuck prägen nun Lindau, Konstanz und Meersburg.

SHOPPEN

Der Bodensee ist ein Shopping-Paradies für Individualisten. Souvenirnippes gibt es kaum, dafür umso mehr ausgefallene Dinge und kulinarische Leckerbissen, die sich zu Hause mit einer schönen Erinnerung an die Reise genießen lassen.

Klein, aber fein

Die Altstadtgassen von Konstanz, Bregenz, Meersburg, Lindau oder St. Gallen bilden die richtige Kulisse für stressfreies Stöbern und Shoppen. Hier behaupten sich noch viele **kleine Läden und Edelboutiquen** gegen große Marken und Designerlabels. Vor allen Dingen in der Modestadt St. Gallen ist man beim Kauf von St. Galler Spitze oder den in der Stadt produzierten Luxusstoffen trotz der **Outlet Stores** schnell sehr viel Geld los.

Märkte

Bei einem Bummel über einen der Märkte zeigt sich die große **Vielfalt an regionalen Produkten.** Die Stände quellen von feinen Wurst- und Wildspezialitäten, geräucherten Felchen und Saiblingen, frischem Krustenbrot, saftig-prallem Obst und vielen Käsesorten über. Viele Bauern bieten ihre Äpfel, Birnen, Zwetschgen und Himbeeren im **Straßenverkauf oder erntefrisch ab Hof** an. Im Bregenzer Wald finden sich entlang der **Käsestraße** viele Direktvermarkter, die ihren selbst erzeugten, hervorragenden Käse offerieren. Auf der Insel Mainau können sich Blumenliebhaber vor Ort mit Topfpflanzen und Kakteen aller Art eindecken und ein wenig mit den Blumenexperten fachsimpeln oder sich Rat rund um die Blumenpflege für zu Hause holen. Auf der Schweizer Seite des Sees bremst der hohe Kurs des Schweizer Franken mitunter die Kauflust. Gleichwohl sind Schweizer Schokolade, Appenzeller Käse oder die Gottliebener Hüppen, eine Waffelspezialität, vergleichsweise preiswert zu haben. (▶ Weitere Shoppingtipps unter A - Z).

ÜBERNACHTEN

In der Bodensee-Hotellerie stehen Tradition und Individualität hoch im Kurs. Große Bettenburgen gibt es nicht, dafür viele kleine oder mittlere Familienbetriebe. Ob Schlosshotel, Klosterzelle oder Campingplatz: Am Bodensee findet jeder die Unterkunft, die zu ihm passt.

Am Bodensee bieten manche Hotels außergewöhnliche Urlaubserlebnisse in extravaganten Unterkünften. **Im Ruedi Fasshotel** in der

Nähe von Schaffhausen kann man wie einst Diogenes im Weinfass übernachten. **Schloss Freudenthal** oder das **Kloster Hegne** bei Allensbach und die **Kartause Ittingen** bei Stein am Rhein sind ideale Rückzugsorte für stressgeplagte Menschen, die mal eine Auszeit brauchen. Das **Hotel Helvetia** in Lindau bietet Übernachtungen auf der hoteleigenen Yacht an.

Facettenreiche Hotellerie

Wer es lieber konventionell mag, für den gibt es Hotels, Pensionen und Gasthöfe in allen Kategorien. Auch das Angebot an Ferienwohnungen und Ferienhäusern sowie an Zimmern von Privat ist groß. Allerdings gilt: Je näher man dem See kommt, umso teurer wird es in der Regel, erst recht, wenn das Hotel über einen direkten Seezugang verfügt. Die familiengeführten Traditionsherbergen sind überdies zumindest in der Hauptsaison mit Stammgästen belegt. Nicht alle Häuser haben auch im Winter geöffnet.

Camping/ Glamping

Der Bodensee ist schon lange ein beliebtes Campingrevier. Viele der rund 80 Plätze liegen direkt am See. Entengeschnatter, Wellengluck-

BAEDEKER MAGISCHE MOMENTE

HIMMELBETT IM OBSTHAIN

Einschlafen unterm Sternenhimmel und Aufwachen inmitten blühender Obstbäume: In den Bubble-Hotels übernachtet man (fast) in freier Natur. Die durchsichtigen Kugelzelte werden im Thurgau von April bis Oktober immer dort aufgestellt, wo es jahreszeitlich am schönsten ist (ab 250 CHF inkl. Frühstück u. 2 Fahrrädern, https://himmelbett.cloud/de).

CAMPINGPLÄTZE UND JUGENDHOTELS

CAMPING

CAMPINGPLATZ HORN

Ein besonders für Familien mit kleinen Kindern empfehlenswerter schöner Platz direkt am See. Ungewöhnlich sind die Rondells: Je 12 Stellplätze bilden eine Wagenburg. Die Kids können sich im Kinderzirkus vergnügen und sich auf dem riesigen Spielplatz austoben. Der Campingplatz vermietet auch Wohnwagen, XL-Schlaffässer, verleiht Fahrräder sowie E-Bikes und liegt am Bodensee-Radweg, so dass man schnell nach Stein am Rhein oder Radolfzell fahren kann.
Strandweg 3 – 18
D-78343 Gaienhofen-Horn
Tel. 07735 6 85
https://camping-horn.de

CAMPINGPLATZ KLAUSENHORN

Der Platz liegt direkt am Überlinger See inmitten idyllischer Natur und neben einem Strandbad. Ein breit gefächertes Ferienprogramm sorgt für die Unterhaltung der Kids. Es gibt einen Bauernmarkt, Mitmach-Zirkus und eine Campingkirche. Der Campingplatz vermietet auch Wohnwagen, Schlaffässer, Bauwagen und Tinyhäuser aus naturbelassenem Holz.
Hornwiesenstr. 40/42
D-78465 Konstanz-Dingelsdorf
Tel. 07533 63 72
https://www.camping-klausenhorn.de

CAMPINGPLATZ IRISWIESE

Für Naturliebhaber ist die Iriswiese ein Traum: Sie liegt direkt am See und besitzt einen außergewöhnlich langen Strandbereich, an dem viele alte Bäume Schatten spenden. Der Platz versteht sich als Ort der Ruhe und nicht als Partymeile – Jugendlichen wird das ausdrücklich eingeschärft.
Tunau 16, D-88079 Kressbronn
Tel. 07543 80 10
https://www.campingplatz-iriswiese.de

CAMPINGPARK GOHREN

Der größte Campingplatz am Bodensee bietet nicht nur Wohnwagenstellplätze und Zeltwiese, sondern auch Glamping in Minilodges oder Ferienchalets. Der platzeigene Naturstrand ist 2 km lang. Das Wassersportzentrum gleich nebenan hat die größte Marina am Bodensee und hält ein umfangreiches Angebot an Segel-, Surf-, Tauch- und Wasserskikursen für alle Altersgruppen bereit.
Zum Seglerhafen
D-88079 Kressbronn/Gohren
Tel. 07543 60 59-0
https://www.campingplatz-gohren.de

PARK-CAMPING LINDAU

Der Platz am See bietet Sportplätze, darunter einen Beachvolleyball-, einen Boule- und einen Bolzplatz. Für Kids gibt es einen Abenteuerspielplatz und in den Ferien ein buntes Unterhaltungsprogramm.
Fraunhoferstr. 20
D-88131 Lindau
Tel. 08382 889 99 99
https://www.park-camping.de

JUGENDUNTERKÜNFTE

JUFA-GÄSTEHAUS

Das Gästehaus für Jugendliche, Familien, Vereine und Schulklassen liegt mitten in der Meersburger Altstadt. Alle Zimmer haben ein eigenes Bad.
Vorburggasse 1 – 3
D-88709 Meersburg
Tel. 07532 4 45 80 92
https://www.jufahotels.com

JUGENDHERBERGE KREUZLINGEN
Eine Jugendherberge der besonderen Art: Hier residiert man in der Jugendstilvilla Hörnliberg inmitten eines großen Parks. Vom Bett bis ins »Schwäbische Meer« sind es keine 200 Meter.
Promenadenstr. 7, Kreuzlingen
Tel. 071 6 88 26 63
https://www.youthhostel.ch/de/hostels/kreuzlingen

---

sen und Rauschen des Schilfs begleitet die nächtlichen Träume, im Morgengrauen hört man den melodischen Weckruf der Rotkehlchen und Amseln. Zahlreiche Plätze besitzen einen flachen Strand, der Kindern einen sicheren Einstieg bietet. Campen ist längst mehr als nur die Zeltstangen in den Boden rammen oder das Wohnmobil abstellen. Mit Fernsehanschluss, WLAN, Kinderprogramm, Fahrrad- und Bootverleih, Tischtennis, Beachvolleyball, frischen Brötchen, eigenem Laden und Restaurant und vielem mehr zählt eine **Rundumversorgung der Gäste** vielerorts zum Standard. Besonders im Sommer herrscht auf den beliebtesten Plätzen Hochbetrieb. Vielerorts sollte man deshalb Monate im Voraus buchen.
Von der Mülltrennung bis zur Solaranlage legen viele Betreiber inzwischen großen Wert auf Nachhaltigkeit und Umweltschutz und sind mit dem **EcoCamping-Label** zertifiziert (unter https://ecocamping.de). Auch am Bodensee liegt die luxuriöse Variante des Camping, »glamourous camping« oder kurz **»Glamping«** genannt, voll im Trend. Am See bieten mittlerweile zahlreiche Camping-Plätze entsprechende Unterkünfte an. Da kann man dann in Tipi-Zelten, kleinen Chalets oder Safari-Lodges, im Zirkuswagen oder auch im rustikalen Holzfass Urlaub machen (https://glamping.info).

Jugendherbergen

Jugendherbergen gibt es in Konstanz, Überlingen, Friedrichshafen sowie Lindau und im österreichischen Hard an der Mündung des Neuen Rheins in den Bodensee. In der Schweiz finden sich in Dachsen am Rheinfall, in Schaffhausen, Stein am Rhein sowie Kreuzlingen, Romanshorn und St. Gallen Youth Hostels. Alle Gäste erhalten, sofern sie noch keinen besitzen, beim Einchecken einen Jugendherbergsausweis. Wie bei allen anderen Unterkünften gilt auch hier: In der Hochsaison ist Voranmeldung zu empfehlen.
https://www.jugendherberge.de
https://www.oejhv.at
https://www.youthhostel.ch

Ferien auf dem Bauernhof

Viele Landwirte im Bodenseeraum bieten für Familien mit Kindern Ferien auf dem Bauernhof an. Die Kids können helfen, die Tiere zu füttern, sehen, wie die Kühe gemolken werden und bisweilen mit Ponys ausreiten. Etliche Höfe haben sich zusammengeschlossen und organisieren Gemeinschaftsveranstaltungen. Ein besonderer Gag sind Übernachtungen im Heu.

P
PRAKTISCHE INFOS

Wichtig, hilfreich, präzise

Unsere Praktischen Infos helfen in allen Situationen am Bodensee weiter.

Das Auto kann man stehen lassen. Mit der Möve geht's vom Konstanzer Hafen direkt zur Bodenseetherme oder zum Freibad Hörnle. ▶

MÖWE
DLRG

ANREISE · REISEPLANUNG

Mit der Bahn

Zugverbindungen

Der Bodenseeraum ist mit der Bahn aus allen Richtungen gut erreichbar. Die InterCity-Express- (ICE), EuroCity- (EC), InterCity- (IC) und InterRegio-(IR)-Züge bieten eine große Anzahl an Direktverbindungen und bequemes Umsteigen. Von Österreich aus erreicht man Bregenz mit der Arlbergbahn Bregenz via Innsbruck. In der Nordwestschweiz ist das Eisenbahnnetz besonders dicht, so dass das schweizerische Bodenseeufer leicht erreichbar ist. Den Bodensee selbst kann man meist in einiger Entfernung vom Seeufer mit verschiedenen Linien umfahren (► Verkehr).

Mit dem Auto

Autobahnen

Von Hamburg aus gelangt man über die A 7, A 3 und A 81 von Berlin über die A 9, A 6 und die A 81 via Stuttgart nach Singen. Von dort führt die B 33 nach Konstanz. Die B 31 verläuft von Stockach-Ost über Friedrichshafen nach Lindau. Die A 96 verbindet München mit dem Bodensee. Von Zürich gelangt man auf der A 1 an den östlichen Bodensee. In Österreich führt die A 12 nach Bregenz und damit an den östlichen Seezipfel.

Mautgebühren

Die Benutzung der Autobahnen ist in der Schweiz und in Österreich mautpflichtig. In der Schweiz kostet die Jahresvignette 40 CHF. Sie ist online (https://digitale-vignette-schweiz.de, Bearbeitungsgebühr!), an Tankstellen und Autobahnraststätten oder vor der Reise beim ADAC erhältlich. In Österreich kostet das »Pickerl« 96,40 Euro im Jahr, für zwei Monate 28,90 Euro, für zehn Tage 11,50 Euro. Neuerdings gibt es auch eine Vignette für einen Tag, sie kann allerdings nur online zum Preis von 8,60 Euro (https://shop.asfinag.at) erworben werden. Für das Motorrad zahlt man 4,60 Euro für 10 Tage. Wer die Vignettenpflicht umgehen will, kann den Bodensee auch problemlos auf Landstraßen umrunden. In Deutschland verlangen einige Gemeinden Feinstaubplaketten.

Mit dem Flugzeug

Flughäfen

Die Region ist durch den **Bodensee-Airport Friedrichshafen** an das internationale Flugnetz angeschlossen. Mehrfach täglich bestehen

FLUGHÄFEN

BODENSEE-AIRPORT FRIEDRICHSHAFEN
Tel. 07541 2 84-0
https://www.bodensee-airport.eu

FLUGHAFEN ST. GALLEN
Tel. 0041 71 858 51 60
https://www.peoples.ch

FLUGHAFEN ZÜRICH
https://www.flughafen-zuerich.ch

FLUGHAFEN STUTTGART
https://www.flughafen-stuttgart.de

BAHNUNTERNEHMEN

DEUTSCHE BUNDESBAHN
Tel. 030 29 70
https://www.bahn.de

SCHWEIZERISCHE BUNDESBAHNEN
Tel. 0848 44 66 88
https://www.sbb.ch

ÖSTERREICHISCHE BUNDESBAHN
Tel. 05 17 17
https://www.oebb.at

Verbindungen nach Frankfurt am Main. Zudem gibt es regelmäßig Flüge in verschiedene wichtige Tourismusziele wie Gran Canaria, Kreta oder Hurghada. Die Stadt Friedrichshafen selbst ist vom Flughafen aus mit dem Bus in 15 Minuten erreichbar. Der Zug (Bodensee-Oberschwaben-Bahn) benötigt 10–15 Minuten (Ticket 2,70 Euro), eine Taxifahrt ins Zentrum kostet ca. 15 Euro. Vom **Flughafen Zürich** aus ist Konstanz in einer Stunde mit dem Bus erreicht. Vom **Flughafen Stuttgart** bestehen Zugverbindungen nach Konstanz und Friedrichshafen (Fahrt ca. 3 Std.). Außerdem bestehen Flugverbindungen zwischen dem **Flughafen St. Gallen-Altenrhein** und dem Wiener Airport.

Ein- und Ausreisebestimmungen

Ausweis- und Fahrzeugpapiere

Bürger der Europäischen Union brauchen in den EU-Mitgliedsländern Deutschland und Österreich keinen Pass. Da aber **Ausweispflicht auf Flug- und in Schiffshäfen** besteht, sollten alle Besucher bei einem Grenzübertritt einen gültigen **Personalausweis** oder **Reisepass** in der Tasche haben. Besucher aus Nicht-EU-Ländern benötigen dies sowieso. Wer aus der EU in die Schweiz einreisen möchte, muss sich ebenfalls ausweisen. Kinder unter 16 Jahren benötigen einen Kinderpass. Autofahrer müssen immer den nationalen **Führerschein** und den **Kraftfahrzeugschein** mitführen. Kraftfahrzeuge müssen ein **Euronummernschild** haben. Außerdem sollte man die **grüne Internationale Versicherungskarte** dabei haben.

Haustiere

Wer einen Hund oder eine Katze mit über die Grenze nehmen möchte, muss eine tierärztliche Tollwutimpfung vorlegen, die nicht länger als ein Jahr und nicht weniger als 30 Tage zurückliegen darf. In der

Schweiz und in Österreich müssen die mitgeführten Hunde und Katzen durch einen Mikrochip gekennzeichnet sein, zudem wird für jedes Tier ein EU-Heimtierausweis benötigt.

Zollbestimmungen

Innerhalb der Europäischen Union (EU) ist der Warenverkehr für private Zwecke weitgehend zollfrei, muss aber dem Eigenbedarf entsprechen. Darunter versteht man u. a. folgende Obergrenzen: 800 Zigaretten, 400 Zigarillos, 200 Zigarren, 1 kg Rauchtabak; 10 l Spirituosen, 90 l Wein (davon max. 60 l Schaumwein) und 110 l Bier. Für Reisende aus Nicht-EU-Ländern (u.a. Schweizer Staatsbürger) liegen die Freimengengrenzen für Personen über 17 Jahren bei 200 Zigaretten oder 100 Zigarillos oder 50 Zigarren oder 250 g Tabak, ferner bei 4 l Wein oder 1 l Spirituosen mit mehr als 22 % Alkoholgehalt oder 2 l Spirituosen mit weniger als 22 % Alkoholgehalt, 500 g Kaffee, 50 g Parfüm oder 0,25 l Eau de Toilette. Abgabenfrei sind Waren bis zu einem Wert von 430 Euro für Flug- und Seereisende und bis zu 300 Euro für Bahn- und Autoreisende. In die Schweiz dürfen Personen ab 17 Jahren folgende Waren abgabenfrei einführen: 200 Zigaretten oder 50 Zigarren oder 250 g Tabak, 5 l alkoholische Getränken mit bis zu 18 % Alkoholgehalt und 1 l mit mehr als 18 % Alkoholgehalt. Waren bis zu einem Wert von 300 CHF sind zollfrei.

AUSKUNFT

ADRESSEN

DEUTSCHE ZENTRALE FÜR TOURISMUS (DZT)

Beethovenstr. 69
D-60325 Frankfurt am Main
Tel. 069 9 74 64-0
https://www.germany.travel.de

SCHWEIZ TOURISMUS

https://www.myswitzerland.com

ÖSTERREICH WERBUNG

Vordere Zollamtsstraße 13
A-1030 Wien
Tel. 0043 1 5 88 66-0
https://www.austria.info

REGIONALE TOURISMUSVERBÄNDE

INTERNATIONALE BODENSEE-TOURISMUS GMBH (IBT)

Hafenstr. 6
D-78462 Konstanz
Tel. 07531 90 94 30
https://www.bodensee.eu

DEUTSCHE BODENSEE TOURISMUS GMBH

Karlstraße 13
D-88045 Friedrichshafen
Tel. 07541 37 83 40
https://www.echt-bodensee.de

OBERSCHWABEN-TOURISMUS GMBH
Neues Kloster 1
D-88427 Bad Schussenried
Tel. 07583 92 63 80
https://www.oberschwaben-tourismus.de

HEGAU TOURISMUS E. V.
Industriestraße 9
78224 Singen
Tel. 07731 59 00 14 01
https://www.hegau.de

WESTLICHER BODENSEE
Obere Laube 71
78462 Konstanz am Bodensee
Tel. 07531 13 30 40
https://www.bodenseewest.eu

TOURIST INFORMATION KONSTANZ
Bahnhofplatz 43
im Bahnhofsgebäude
D-78462 Konstanz
Tel. 07531 13 30 32
https://www.konstanz-info.com

SCHAFFHAUSERLAND TOURISMUS
Vordergasse 73
CH-8200 Schaffhausen
Tel. 0041 52 632 40 20
https://schaffhauserland.ch

THURGAU TOURISMUS
Friedrichshafnerstr. 55a
CH-8590 Romanshorn
Tel. 0041 71 531 01 31
https://thurgau-bodensee.ch

ST. GALLEN-BODENSEE TOURISMUS
Bankgasse 9
CH-9001 St. Gallen
Tel. 0041 71 2 27 37 37
https://st.gallen-bodensee.ch

BODENSEE-VORARLBERG TOURISMUS
Römerstraße 2
A-6900 Bregenz
Tel. 0043 55 74 43 44 30
https://www.bodensee-vorarlberg.com

INTERNET

BODENSEE.EU
Die IBT GmbH (Betreiber der Seite) ist die internationale Organisation der gesamten am Bodenseetourismus teilhabenden Tourismusorganisationen. Dazu zählen u. a. deutsche Landkreise und schweizerische sowie österreichische Tourismusverbände.

DIEMUSEEN.ORG
Nach Sachgebieten und Orten aufgeschlüsselte, umfangreiche Museumsliste.

BODENSEEGAERTEN.EU
Der Bodensee gilt als die Wiege der europäischen Gartenbaukultur. Viele Gärten haben sich in diesem Netzwerk zusammengeschlossen und informieren über Touren und Veranstaltungen.

WWW.IGKB.ORG
Die Internationale Gewässerschutzkommission Bodensee informiert in ihrer Hauszeitung »Seespiegel« über alle Belange des Bodensees von der Wassererwärmung über den Hochwasserschutz bis zu Kleinlebewesen.

WWW.BODENSEE-STIFTUNG.ORG
Die Bodensee-Stiftung informiert über nachhaltige Entwicklungen in der Bodenseeregion sowie Umwelt- und Naturschutz.

GELD

Währungen, Devisen

In Deutschland und Österreich ist der Euro (€) Zahlungsmittel, in der Schweiz der Schweizer Franken (CHF). Der derzeitige Kurs liegt bei: 1 € = 0,96 CHF, 1 CHF = 1,04 €. In Deutschland, Österreich und der Schweiz bestehen Beschränkungen für die Ein- und Ausfuhr von **Devisen** oder Geld der jeweiligen Landeswährung. Wer mehr als 10 000 € über die Landesgrenzen nehmen will, muss dies beim **Zoll** anmelden.

Geldwechsel

Obwohl im schweizerischen Grenzgebiet auch der Euro akzeptiert wird, empfiehlt es sich, eine angemessene **Bargeldmenge in CHF** mitzunehmen. Wechselgeld wird in Franken ausbezahlt. Wechselstuben findet man an den größeren Grenzübergängen, Bahnhöfen und Flughäfen sowie bei Banken vor Ort.

LESETIPPS

Bildband

DuMont Bildatlas Bodensee, DuMont Verlag, Ostfildern 2024. Ein bunter Bilderbogen mit einführenden Texten, Tipps, Übersichtskarten und Reportagen bietet einen guten Einstieg für einen Urlaub am Bodensee und animiert zu Entdeckungstouren.

Romane, Erzählungen

Hermann Hesse: Luftreisen, Betrachtungen, Gedichte, Bilder über das Fliegen, Insel Verlag, Frankfurt a. M. 2000. Der Dichter beschreibt hier einen Flug im Jahr 1911 mit dem Zeppelin »Schwaben«.

Horst W. Geißler: Der liebe Augustin. Die Geschichte eines leichten Lebens, Hanser, München 2021. Der Schelmenroman erzählt die abenteuerliche Lebensgeschichte des Lindauer Spieldosenmachers Augustin Sumser. Er erschien erstmals 1921 und gehört zu den erfolgreichsten Bodenseeromanen des 20. Jahrhunderts.

Bodensee-Blues, Gmeiner Verlag, Meßkirch 2017. Kurzkrimis von 10 namhaften Krimiautoren und -autorinnen. Zentrales Thema ist das »mörderische« Speditionsgewerbe.

Johannes Winter (Hrsg.): Geschichten vom Bodensee, Insel Taschenbuch, Berlin 2012. Anthologie mit interessanten Bodenseegeschichten namhafter Autoren, u.a. Martin Walser, Arnold Stadler, Hermann Hesse und Robert Gernhardt.

Elmar L. Kuhn und Lorenz L. Göser: Nirgends wäre ich lieber als hier. Mit Martin Walser unterwegs am Bodensee, Weißbook Verlag 2020. Zum 90. Geburtstag des 2023 verstorbenen Autors haben die Herausgeber die schönsten Bodensee-Texte in Walsers Werken aufgespürt und zu einem literarischen Reiseführer zusammengestellt, der genau 90 Schauplätze beschreibt.

NOTRUFE

Seenotrettung

Für den Rettungsdienst auf dem Bodensee sind die Wasserschutzpolizei (Deutschland), die Seepolizei (Österreich) und Seepolizei (Schweiz) zuständig. Die Seenotrettung ist über die Notrufnummer 112 zu erreichen. Rund um den Bodensee befinden sich mehr als 60 Blinkleuchten für Vorsichtsmeldungen, die vor aufziehendem Sturm warnen. Dabei kündigen 40 Blitze in der Minute an, dass in etwa 60 Minuten ein Sturm aufzieht, 90 Blitze pro Minute signalisieren, dass der Sturm kurz bevorsteht. In der Wintersaison leuchten die Sturmwarnlampen nur bei akuter Sturmgefahr auf.

DEUTSCHLAND

NOTRUF / FEUERWEHR
Tel. 112

POLIZEI
Tel. 110

ADAC-NOTRUFZENTRALE
Pannenhilfe: Tel. 089 20 20 40 00
aus dem Ausland:
Tel. +49 89 22 22 22

SCHWEIZ

NOTRUF
Tel. 112

POLIZEI
Tel. 117

FEUERWEHR
Tel. 118

SCHWEIZER RETTUNGSFLUGWACHT
Tel. 14 14

SCHWEIZER PANNENHILFE
Tel. 0800 140 140

ÖSTERREICH

NOTRUF / FEUERWEHR
Tel. 112

POLIZEI
Tel. 133

RETTUNGSDIENST
Tel. 144

ÖMTC-PANNENHILFE
Tel. 120

ÄRZTEFLUGAMBULANZ
Tel. 141

PREISE · VERGÜNSTIGUNGEN

Auch am Bodensee ist es zweifellos am schönsten, direkt am See zu essen und zu übernachten, aber auch am teuersten. Wer es etwas preiswerter liebt, sollte ein Feriendomizil im idyllischen Hinterland wählen. Familien mit Kindern urlauben aber auch mit Gästekarten kostengünstiger. Zusätzlich zu den im folgenden genannten Angeboten geben einige Gemeinden Gästekarten für ihren Ort aus. Informationen hierzu gibt es bei den örtlichen Touristeninformationen.

GÄSTEKARTEN FÜR DIE GESAMTE BODENSEEREGION

BODENSEE CARD PLUS

Eine einzige Karte beschert Ihnen 160 einmalige Erlebnisse. Sie haben damit kostenfreien Zutritt beispielsweise zur Burg Meersburg, zum Zeppelin-Museum oder Affenberg Salem, aber auch zur Säntis-Schwebebahn oder zum Kunsthaus Bregenz. Die Linienschifffahrt ist ebenfalls inklusive. Die Bodenseecard gilt ein ganzes Jahr, man kann sie an drei oder sieben flexibel auszuwählenden Tagen nutzen, kann sie also bei mehreren Kurzurlauben oder einem längeren Aufenthalt einsetzen. Für eine Geltungsdauer von drei Tagen kostet die Bodensee Card Plus 68,40 € (72,90 CHF), für sieben Tage 108,90 € (115,20 CHF).
https://www.bodensee.eu

1 TICKET – 3 LÄNDER

Grenzenlos lässt sich die Bodenseeregion mit dem Bodensee Ticket erleben. An 1 oder 3 Tagen können Sie unbeschwert mit Bahn, Bus und den beiden Fähren innerhalb der gelösten Zonen fahren wohin und so oft Sie wollen. Das Bodensee Ticket (je nach Region ab 17 €) gilt länderübergreifend in Deutschland, Österreich und in der Schweiz und ist in die drei Zonen Ost, West und Süd (Appenzellerland) aufgeteilt.
https://www.bodensee-ticket.com

GÄSTEKARTEN FÜR TEILREGIONEN

ECHT BODENSEE CARD

Die Karte ist kostenlos erhältlich, wenn man mindestens einmal in einem der 15 im Bodo-Verbund zusammengeschlossenen Orte (darunter Überlingen, Friedrichshafen und Lindau) übernachtet. Sie bietet freie Fahrt in den Bussen und Bahnen des Verkehrsverbunds (bodo). Dazu Vorteile sowie Preisnachlässe bei mehr als 200 Attraktionen und Ausflugszielen in der kompletten Vierländerregion Bodensee.
https://www.echt-bodensee.de

BODENSEE CARD WEST

Die Karte ist kostenlos erhältlich ab einer Übernachtung in einem der im Verbund zusammengeschlossenen Orte und bietet freie Fahrt in Bussen und Bahnen des Verkehrsverbunds sowie Vorteile bei Ausflugszielen.
https://www.bodenseewest.eu

BODENSEE-VORARLBERG FREIZEITKARTE

Die Inklusivkarten gibt es für ein bis drei Tage zum Pauschalpreis. Die Tageskarte kostet 16 Euro. Dafür hat man freie Fahrt mit Bus & Bahn in ganz Vorarlberg sowie freien Eintritt zu vielen Attraktionen in der Region. https://www.bodensee-vorarlberg.com

OSKAR – DIE OSTSCHWEIZER GÄSTEKARTE (SCHWEIZ)
Die Inklusivkarte zum Pauschalpreis von 15 CHF pro Tag gibt es für bis zu acht Tage und ist erhältlich ab zwei Übernachtungen in den teilnehmenden Partnerhotels. Dafür hat man in der gesamten Ostschweiz freie Fahrt mit Bus & Bahn und freien Eintritt zu vielen Attraktionen in der Teilregion. https://www.oskarferien.ch

REISEZEIT

Hauptreisezeit

Der Bodensee ist ganzjährig ein beliebtes Reiseziel. Wenn das Wetter mitspielt, beginnt die Hauptreisezeit schon im April zur Zeit der eindrucksvollen **Obstbaumblüte.** Radler und Wanderer sind vor allen Dingen im Frühjahr und im Herbst unterwegs. Die eigentliche Badesaison setzt selten vor Juli ein und endet oft erst im Oktober. Im **Juli/August** herrscht **Hochbetrieb** am See. In Bregenz ist Festspielsaison, und vielerorts werden Hafenfeste gefeiert. Höhepunkt der Seefeste ist das mit Kreuzlingen gemeinsam veranstaltete Konstanzer Seenachtfest im August mit großem Feuerwerk. Der Herbst, die Zeit der **Obsternte** und der **Weinlese** sowie zahlreicher Weinfeste, ist nicht weniger attraktiv als das blütenreiche Frühjahr. Im Winter sammeln sich mit den Zugvögeln auch die Vogelfreunde, um Tausende Wasservögel vor allem in den Naturschutzgebieten zu beobachten. Viele Hotels haben allerdings im Winter zeitweilig geschlossen.

VERKEHR

Schifffahrt

Verbund

Die vier größten den Bodensee befahrenden Schifffahrtsunternehmen sind im **Verband der Vereinigten Schifffahrtsunternehmen für den Bodensee und Rhein (VSU)** zusammengeschlossen und bilden mit ihren Motorschiffen und -booten die Weiße Flotte Bodensee.

Linienverkehr

Die **Weiße Flotte** fährt alle wichtigen Orte rund um den See an. **Fährverkehr** besteht zwischen **Friedrichshafen** und **Romanshorn** sowie zwischen **Konstanz-Staad** und **Meersburg.** Auf dem Rhein

(Hochrhein, Untersee, Seerhein) verkehren mehrmals täglich Linienschiffe zwischen **Schaffhausen und Kreuzlingen.** Der halbjährlich erscheinende Schiffsfahrplan der Weißen Flotte ist bei den Touristeninformationen vor Ort oder unter https://www.bsb.de/de/fahrplan erhältlich.

Schiffsausflüge

Im Sommer stehen in allen größeren Orten am See **Schiffsausflüge** auf dem Programm. Abend- und Tanzfahrten gehören ebenso dazu wie Frühstücks- und andere kulinarische Touren. Zu speziellen Events wie dem Seenachtfest in Konstanz oder den Bregenzer Festspielen bieten die Veranstalter Sonderfahrten an.
https://www.bsb.de

Schiffscharter

Das ganze Jahr über können Schiffe für Betriebs-, Vereins- und Familienfeiern sowie für Tagungen und Verkaufsfahrten gechartert werden. Auf Wunsch werden auf den Schiffen Programme mit Bewirtung und Musik individuell arrangiert.
https://www.bsb.de

Tickets

Mit der Saison Card hat man zum Preis ab 260 Euro ein Jahr lang freie Fahrt auf allen VSU-Kursschiffen. Ein Tages-Familienticket kostet für 1 Erwachsenen mit allen Kindern (zw. 6 J. und 15 J.) 25,80 € und bei 2 Erwachsenen mit allen Kindern 46,80 €. Fast alle Schiffe sind barrierefrei und einige mit Aufzügen ausgestattet.

Museumsschiffe

Die »Hohentwiel«, das letzte Dampfschiff auf dem Bodensee, wurde 1911/1912 bei Escher-Wyss in Zürich gebaut. Nach dem Zweiten Weltkrieg diente es der Deutschen Bundesbahn bis Anfang der 1960er-Jahre als Passagierschiff. Dann erwarb der Yachtclub Bregenz den Schaufelraddampfer und nutzte ihn etwa zwanzig Jahre lang als Klubhaus. Die Internationale Bodenseekonferenz prüfte 1983, ob die »Hohentwiel« als Museum für die Geschichte der Bodenseeschifffahrt erhalten werden kann. Nach der Restaurierung befährt das Schiff seit 1990 wieder den Bodensee. Angeboten werden Ausflüge und Erlebnisfahrten aller Art. Auch das erste Motorschiff auf dem Bodensee, die Oesterreich (Baujahr 1928), wurde restauriert und ist mit Schwerpunkt Kunstausstellungen im Einsatz.
Historische Schifffahrt Bodensee (HSB): Hafen, Hafenstraße 15
Büro: Kirchstraße 16, A-6971 Hard, Tel. 00 43 5574 635 60
https://www.hs-bodensee.eu

Bahn

Regionalverkehr

Das Nordufer des Bodensees wird von dem **DB ZugBus Regionalverkehr Alb-Bodensee (RAB)** mit Zügen und Bussen erschlossen.

INFOS/VERKEHR

AUTOFÄHREN

KONSTANZ–STAAD–MEERSBURG
Stadtwerke Konstanz
Max-Stromeyer Str. 21 – 29
D-78467 Konstanz
Tel. 07531 8 03-0
https://www.stadtwerke-konstanz.de

FRIEDRICHSHAFEN – ROMANSHORN
Bodensee-Schiffsbetriebe
Hafenstraße 6
D-78462 Konstanz
Tel. 07531 36 40-0
https://www.bsb.de

PERSONENFÄHREN

ALLENSBACH – REICHENAU
Schifffahrt Baumann
Brunnengasse 3
D-78476 Allensbach
Tel. 07533 9 88 48
https://www.schifffahrtbaumann.de

BODMAN – ÜBERLINGEN
CMS-Schifffahrt
Alte Owinger Str. 90
D-88662 Überlingen
Tel. 07551 91 69 04
www.cms-schifffahrt.de

HÖRI-FÄHRE MS SEESTERN
Erbringstr. 24
D-78343 Gaienhofen Horn
Tel. 07735 88 91
https://www.schifffahrtlang.de

SOLARFÄHRE REICHENAU
An der Schiffslände 1
D-78479 Reichenau
Tel. 0178 5 81 00 80
www.solarfaehre-reichenau.de

SCHIFFSBETRIEBE

VEREINIGTE SCHIFFFAHRTSUNTERNEHMEN FÜR DEN BODENSEE UND RHEIN (VSU)
https://schiffe-am-bodensee.ch

BODENSEE-SCHIFFSBETRIEBE
Hafenstr. 6
D-78462 Konstanz
Tel. 07531 36 40-0
https://www.bsb.de

VORARLBERG LINES
Seestr. 4
A-6900 Bregenz
Tel. 0043 5574 4 28 68
https://www.vorarlberg-lines.at

SCHWEIZERISCHE BODENSEE SCHIFFFAHRTSGESELLSCHAFT AG (SBS)
Friedrichshafener Str. 55 a
CH-8590 Romanshorn
Tel. 0041 71 4 66 78 88
https://bodensee-schiffe.ch

SCHWEIZERISCHE SCHIFFFAHRTSGESELLSCHAFT UNTERSEE UND RHEIN (URH)
Freier Platz 8
CH-8200 Schaffhausen
Tel. 0041 52 6 34 08 88
https://www.urh.ch

Die Regionalbahn **»Seehäsle«** verbindet am nördlichen Bodenseeufer die Städte Radolfzell, Überlingen, Markdorf, Friedrichshafen und Lindau. Der **»Seehas«** (Bodensee-S-Bahn) verkehrt zwischen Konstanz und Engen und hält an allen größeren Orten auf der

BAHN

DB ZUGBUS ALB-BODENSEE REGIONALVERKEHR (RAB)
D-88045 Friedrichshafen
Tel. 0731 15 50-0
https://meine-rab.de

SSB KUNDENCENTER SEEHAS
Bücklestraße 1b
D-78467 Konstanz
Tel. 07531 91 51 09
https://www.sbb-deutschland.de

THURBO – DIE REGIONALBAHN
Bahnhofstrasse 31
CH-8280 Kreuzlingen 1
Tel. 0041 71 554 00 00
https://www.thurbo.ch

VERKEHRSVERBUND VORARLBERG (VVV)
https://www.vmobil.at

BUS

BODENSEE-OBERSCHWABEN-VERKEHRSVERBUND »BODO«
Bahnhofpl. 5,
D-88214 Ravensburg
Tel. 07541 3 61 41 41
https://www.bodo.de

SCHWEIZER POSTAUTO
https://www.postauto.ch

Strecke. Von Konstanz fährt die SBB-Tochter Thurbo ins schweizerische Weinfelden. Von dort gelangen Reisende aus dem Hegau ebenfalls mit Thurbo bzw. S-Bahn nach Zürich bzw. zum Flughafen Zürich-Kloten. Von Kreuzlingen fährt die S 8 nach St. Gallen mit Halt an den großen Orten am Südufer des Sees.

Busse

Reisebusse und ÖPNV

Viele deutsche, schweizerische und österreichische **Busunternehmen** veranstalten Halbtages-, Tages- und Mehrtagesfahrten. Informationen über das aktuelle Angebot sind u. a. bei Reisebüros, Verkehrsämtern und Gemeindeverwaltungen erhältlich. Die Seelinie der **RAB** fährt auch alle Orte am Nordufer des Bodensees zwischen Friedrichshafen und Radolfzell an. Bequem und schnell kommt man mit dem **RAB-Städte-Schnellbus** über den See, und zwar von Friedrichshafen-Flughafen nach Konstanz. Die Busse werden mit der Fähre übergesetzt. Der Postautodienst der Schweizer PTT bedient die schönsten Ausflugsziele abseits der großen Touristenströme, z. B. ab St. Gallen bis nach Arbon am Bodensee.

Fahrkarten

Mit der Echt Bodensee Card (EBC) erhält man, sofern man mindestens einmal in einem der im Bodo-Verbund zusammengeschlossenen Orte übernachtet, freie Fahrt in den Bussen und Bahnen des Verkehrsverbunds Bodensee-Oberschwaben (bodo, https://www.echt-bodensee.de). Das Bodensee Ticket (je nach Region ab 17 €) gilt länderübergreifend in Deutschland, Österreich und in der Schweiz und ist in die drei Zonen Ost, West und Süd (Appenzellerland) aufgeteilt. An 1 oder 3 Tagen kann man mit Bus, Bahn und beiden Fähren innerhalb der gelösten Zonen fahren wohin und so oft man will (https://www.bodensee-ticket.com).

VORWAHLEN

Die **Vorwahlen** sind:
Deutschland 0049
Schweiz 0041
Österreich 0043

Roaming-Gebühren

Nach der geltenden **EU-Roaming-Verordnung** vom 1. Juli 2022 (gültig bis 30. Juni 2032) telefonieren, simsen und surfen Sie mit dem Smartphone in der EU zu den Konditionen Ihres nationalen Tarifes und zahlen grundsätzlich keine Roaming-Gebühren mehr. Die EU-Roaming-Verordnung gilt nur für EU-Mitgliedstaaten, nicht aber für die **Schweiz** und nicht für Mobilfunknetze von Flugzeugen und Schiffen. Beachten Sie, dass insbesondere bei der Anwahl von Sonderrufnummern aus dem Ausland zusätzliche Kosten entstehen können und unter Umständen nicht Ihr volles Datenvolumen zur Verfügung steht. Informieren Sie sich hierzu bitte vorher bei Ihrem Anbieter.

REGISTER

A

B

C

D

E

L

M

N

O

P

Q

R

S

T

U

V

W

Z

BILDNACHWEIS

akg-images 15 (oben)
Culinarium / R. Kuehne 268 (oben)
Dieterich 104 (oben), 249
Dornbirner Seilbahn GmbH 65
DuMont Bildarchiv / Rainer Kiedrowski 71, 161, 217 (unten)
Dumont Bildarchiv / Krüger 104 (unten)
DuMont Bildarchiv / Johann Scheibner 3 (oben), 7, 8/9, 12/13, 15 (unten), 16/17, 29, 32, 41, 46, 56 (unten), 75, 83, 88 (oben), 98, 106, 109, 112, 116, 121, 130/131, 135, 140, 146, 148/149, 151, 166 (2x), 172, 176, 181, 184, 192/193, 217 (oben), 224, 229, 235, 238, 261, 263 (unten), 287
Fischer Meier 10 (oben)
Getty Images / Westend61 2, 227
GlowImages / ImageBROKER 152
GlowImages / Prisma 44
Huber Images / Reinhard Schmid 24
istockphoto 268 (unten)
Karl Baedeker Verlag U 6
Karolingische Klosterstadt (Campus Galli) 26
Kohl, Margit 10 (unten)
Look-Foto / Daniel Schoenen 280
Look-Foto / Travel Collection 27
mauritius images / Alamy / Jan Schuler 279
mauritius images / Alamy / tbkmedia.de 20
mauritius images / Stefan Arendt 263 (oben)
mauritius images / imageBROKER / Alexander Schnurer 18
mauritius images / Katja Kreder 270
mauritius images / pitopia / Bernd Jürgens 269 (oben)
mauritius images / Westend61 / Holger Spiering 23, 91
mauritius images / Bernd Zoller 231
pa 3 (unten), 254 (2x), 258
pa / Artcolor 247
pa / Harry Flesch 243
pa / rtn - radio tele nord 56 (oben)
Pfänderbahn AG 60
Shutterstock / Maria Kovaleva 269 (unten)
Shutterstock / Majonit 157
Shutterstock / makasana photo 142
Stadler 125
Stankiewicz, Thomas 88 (unten),198
Thurgau Tourismus 5, 283
Wrba, Ernst 245, 275

Titelbild: Frank Heuer/laif (Blick über den See auf das Schweizer Ufer mit dem Säntis-Massiv)

VERZEICHNIS DER KARTEN UND GRAFIKEN

ATMOSFAIR

Reisen verbindet Menschen und Kulturen. Doch wer reist, erzeugt auch CO2. Der Flugverkehr trägt in erheblichem Maße zur globalen Erwärmung bei. Wer das Klima schützen will, sollte sich nach Möglichkeit für die schonendere Reiseform entscheiden (wie z.B. die Bahn). Gibt es keine Alternative zum Fliegen, kann man mit atmosfair klimafördernde Projekte unterstützen.
atmosfair ist eine gemeinnützige Klimaschutzorganisation unter der Schirmherrschaft von Klaus Töpfer. Flugpassagiere spenden einen kilometerabhängigen Betrag und finanzieren damit Projekte in Entwicklungsländern, die den Ausstoß von Klimagasen verringern helfen. Dazu berechnet man mit dem Emissionsrechner auf **www.atmosfair.de** wieviel CO2 der Flug produziert und was es kostet, eine vergleichbare Menge Klimagase einzusparen (z.B. Berlin – London – Berlin ca. 10 €). atmosfair garantiert die sorgfältige Verwendung Ihres Beitrags. Alle Informationen dazu auf www.atmosfair.de. Auch MairDumont fliegt mit atmosfair.

BAEDEKER VERLAGSPROGRAMM

Viele Baedeker-Titel sind auch als E-Book erhältlich.

A
Ägypten
Algarve
Allgäu
Amsterdam
Andalusien
Australien

B
Bali
Baltikum
Barcelona

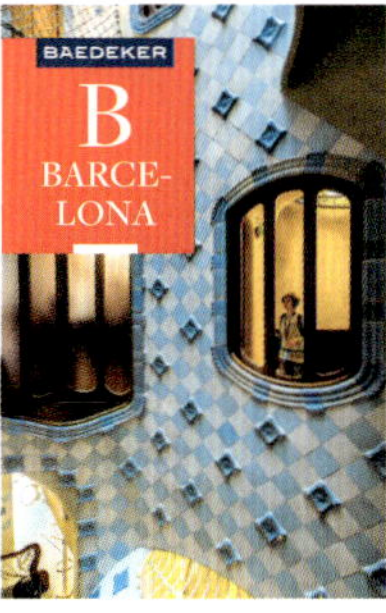

Belgien
Berlin · Potsdam
Bodensee
Böhmen
Bretagne
Brüssel
Budapest
Burgund

C
China

D
Dänemark
Deutsche Nordseeküste
Deutschland
Dresden
Dubai · VAE

E
Elba
Elsass · Vogesen
England

F
Finnland
Florenz
Florida
Frankreich
Fuerteventura

G
Gardasee

Golf von Neapel
Gomera
Gran Canaria
Griechenland

H
Hamburg
Harz
Hongkong · Macao

I
Irland
Island
Israel · Palästina
Istanbul
Istrien · Kvarner Bucht
Italien

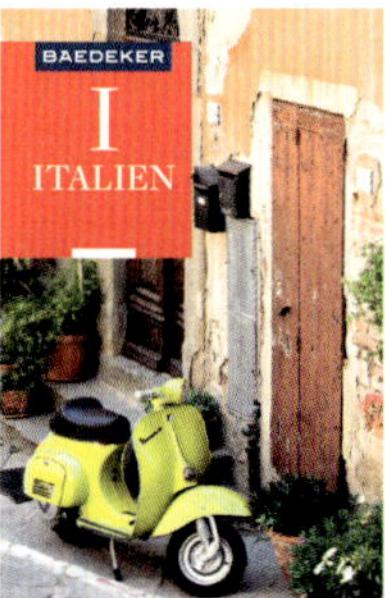

J
Japan

K
Kalifornien
Kanada · Osten
Kanada · Westen

Kanalinseln
Kapstadt · Garden Route
Kopenhagen
Korfu · Ionische Inseln
Korsika
Kreta
Kroatische Adriaküste · Dalmatien
Kuba

L
La Palma
Lanzarote
Lissabon
London

M
Madeira
Madrid
Mallorca
Malta · Gozo · Comino
Marrokko
Mecklenburg-Vorpommern
Menorca
Mexiko
München

N
Namibia
Neuseeland
New York
Niederlande

Norwegen

O
Oberbayern
Österreich

P
Paris
Polen
Polnische Ostseeküste · Danzing · Masuren
Portugal
Prag
Provence · Côte d'Azur

R
Rhodos
Rom
Rügen · Hiddensee
Rumänien

S
Sachsen
Salzburger Land
Sankt Petersburg
Sardinien
Schottland
Schwarzwald
Schweden
Schweiz
Sizilien
Skandinavien
Slowenien
Spanien
Sri Lanka
Südafrika
Südengland
Südschweden · Stockholm
Südtirol
Sylt

T
Teneriffa
Thailand
Thüringen
Toskana

U
USA · Nordosten
USA · Südwesten

USA · Westküste
Usedom

V
Venedig
Vietnam

W
Wien

Z
Zypern

IMPRESSUM

Ausstattung:
90 Abbildungen, 30 Karten und Grafiken, eine große Reisekarte

Text:
Margit Kohl, mit Beiträgen von Carmen Galenschovski, Helmut Linde, Dina Stahn, Reinhard Strüber

Bearbeitung:
Baedeker-Redaktion (Birgit Borowski)

Kartografie:
Christoph Gallus, Hohberg, Klaus-Peter Lawall, Unterensingen, KOMPASS-Karten GmbH, A-6020 Innsbruck; MAIRDUMONT, D-73751 Ostfildern (Reisekarte)

3D-Illustrationen:
jangled nerves, Stuttgart

Infografiken:
Golden Section Graphics GmbH, Berlin

Gestalterisches Konzept:
RUPA GbR, München

15. Auflage 2024

Printed in China

Trotz aller Sorgfalt von Redaktion und Autoren zeigt die Erfahrung, dass Fehler und Änderungen nach Drucklegung nicht ausgeschlossen werden können. Dafür kann der Verlag leider keine Haftung übernehmen.
Kritik, Berichtigungen und Verbesserungsvorschläge sind jederzeit willkommen. Schreiben Sie uns, mailen Sie oder rufen Sie an:

Verlag Karl Baedeker / Redaktion
Postfach 3162
D-73751 Ostfildern
Tel. 0711 4502-262
info@baedeker.com
www.baedeker.com

Meine persönlichen Notizen

Meine persönlichen Notizen

Meine persönlichen Notizen

Meine persönlichen Notizen

Meine persönlichen Notizen

Villingen-
-Schwenningen
Bad Dürrheim
Donau-eschingen
Hüfingen
Geisingen
Blumberg
Tengen
Stühlingen
Randen
Schaffhausen
Neuhausen
Rheinfall
Jestetten
Rheinau
Andelfingen
Eglisau
Rhein
Bülach
Kloten
Zürich
Thalwil
Küsnacht
Horgen
Meilen
Wädenswil
Zug
Zugersee
Ägerisee
Einsiedeln
Sihlsee
Spaichingen
Mühlheim
Tuttlingen
Witthoh
860
Hegau
Engen
Aach
Hohenstoffeln
Hohentwiel
Thayngen
Singen
Stein a.Rhein
Eschen
Hausen
Donau
Wildenstein
Fridingen
Donauversickerung
Neuhausen
Meßkirch
Sigmaringen
Krauchenw
DEUTSCHL
Pfullendorf
Stockach
Ludwigs-hafen-
-Bodman
Radolfzell
Zellersee
Reichenau
Allensbach
Steckborn
Ermatingen
Arenenberg
Konstanz
Kreuzlingen
Mainau
Überlinger See
Überlingen
Birnau
Uhldingen-
-Mühlhofen
Meersbur
Hagna
Immen
Heiligenberg
Salem
Linzgau
Denki
Pfyn
Weinfelden
Frauenfeld
Amriswil
Wängi
Bischofszell
Sitter
Thur
Wil
St. Galle
Gossau
Herisau
Winterthur
Kyburg
Turbenthal
SCHWEIZ
Toggenburg
Hörnli
1133
Töss
Pfäffikon
Uster
Wetzikon
Hinwil
Wald
Bütschwil
Lichtensteig
Wattwil
Urnäsch
Wildkirchli
805
Rickenpass
Chräzerenpass
1300
Säntis
2502
Neu-St. Johann
Rapperswil
Zürichsee
Stäfa
Lachen
Speer
1950
Churfirsten
2306
Weesen
Walensee
Walenstad
Innerthal
Wägitaler See